Eva Eckstein

Radtouren

Schwäbische Alb, Schönbuch, Neckartal

Oertel+Spörer

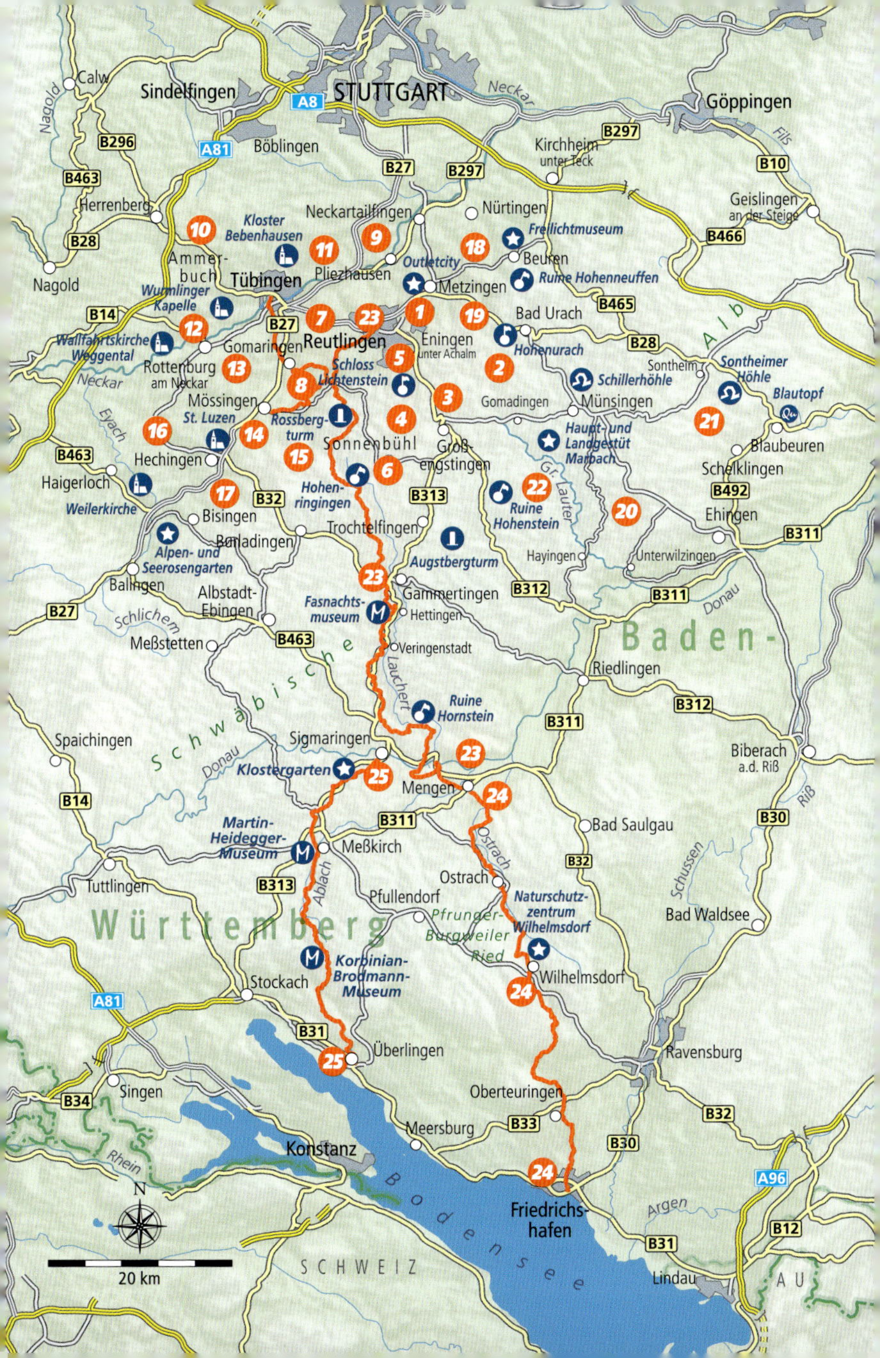
STUTTGART
Sindelfingen
Calw
Göppingen
Böblingen
Kirchheim unter Teck
Geislingen an der Steige
Herrenberg
Nagold
Neckartailfingen
Nürtingen
Kloster Bebenhausen
Freilichtmuseum
Ammerbuch
Tübingen
Pliezhausen
Outletcity
Metzingen
Beuren
Ruine Hohenneuffen
Wurmlinger Kapelle
Reutlingen
Bad Urach
Wallfahrtskirche Weggental
Gomaringen
Eningen unter Achalm
Hohenurach
Rottenburg am Neckar
Schloss Lichtenstein
Sontheim
Sontheimer Höhle
Schillerhöhle
Blautopf
Mössingen
St. Luzen
Rossbergturm
Sonnenbühl
Gomadingen
Münsingen
Haupt- und Landgestüt Marbach
Blaubeuren
Großengstingen
Hechingen
Schelklingen
Haigerloch
Weilerkirche
Hohenringingen
Ruine Hohenstein
Ehingen
Bisingen
Trochtelfingen
Augstbergturm
Alpen- und Seerosengarten
Bodelshausen
Hayingen
Unterwilzingen
Balingen
Albstadt-Ebingen
Fasnachtsmuseum
Gammertingen
Hettingen
Meßstetten
Veringenstadt
Baden-
Riedlingen
Ruine Hornstein
Spaichingen
Sigmaringen
Biberach a.d. Riß
Schwäbische Alb
Klostergarten
Mengen
Martin-Heidegger-Museum
Meßkirch
Bad Saulgau
Ostrach
Tuttlingen
Pfullendorf
Naturschutzzentrum Wilhelmsdorf
Pfrunger-Burgweiler Ried
Bad Waldsee
Württemberg
Korbinian-Brodmann-Museum
Stockach
Wilhelmsdorf
Ravensburg
Überlingen
Singen
Oberteuringen
Meersburg
Konstanz
Friedrichshafen
Bodensee
SCHWEIZ
Lindau
AU
20 km
N

Inhalt

Erklärung der Symbole

- Gaststätte
- Rastplatz
- Schutzhütte
- Parkplatz
- Wohnmobilstellplatz
- Quelle
- Bademöglichkeit
- Höhle
- Mühle
- Burg
- Ruine
- Turm
- Kirche, Kloster
- Museum
- Denkmal
- Aussicht
- Sehenswertes an der Route
- Flugplatz
- familienfreundliche Strecken
- E-Bike/Ladestation für E-Bike
- durchgehend asphaltiert und auch mit dem Rennrad befahrbar
- Fahrtrichtung
- Positions-Nr. im Höhenprofil
- Touranfang
- Tourende
- Touren-Nr.

Vorwort zur 5. Auflage

5. Auflage! Was für ein Erfolg! Nie hätte ich mir träumen lassen, dass mein Buch so gut ankommt. Schon gar nicht seit immer mehr Menschen hauptsächlich digital auf verschiedensten Outdoor-Portalen unterwegs ist. Da ist ein Buch doch altmodisch. Dachte ich. Ich wurde eines Besseren belehrt. Mittlerweile durfte ich beim Oertel + Spörer Verlag sechs Radwanderführer veröffentlichen. Einige davon wurden bereits mehrfach neu aufgelegt. Das freut mich und motiviert mich. Derzeit arbeite ich am siebten Buch und hoffe, dass auch das gerne gelesen wird. Die Radtouren im Buch sollen Inspiration sein, die Hinweise auf Sehenswürdigkeiten und Besonderheiten auf der Strecke können natürlich auch einfach so als Ausflugstipps verstanden werden.
Es gibt Wunderschönes hier zu entdecken! Ich habe das Glück, in einer der schönsten Regionen Deutschlands zu wohnen. Wir Einheimischen hatten sie lange Zeit praktisch für uns, weil sie kaum bekannt war. Das ändert sich gerade. Das Albvorland mit seinen Streuobstwiesen, die Schwäbische Alb mit ihren markanten Kalksteinklippen, den vielen Burgen und Ruinen und den kargen Wacholderheiden, der Schönbuch mit seinem prächtigen Baumbestand, das Neckartal und seine Seitentäler mit römischen, keltischen und mittelalterlichen Spuren, Kultur und Geschichte, Weinbergen, Wiesen und Auen – sie alle sind eine Reise wert. Ich freue mich, wenn meine Begeisterung für meine Heimat überspringt und die Radtouren in diesem Buch Freude bereiten. Weitere Radtouren in der Region gibt es im Buch „Radtouren. Neckar, Echaz, Steinlach, Erms, Schwäbische Alb, Schönbuch“.
Alle Touren beginnen und enden an Bahnhöfen. Für die, die lieber mit dem Auto anreisen, wird auf Parkplätze hingewiesen. Auch auf Stellplätze für Wohnmobile, auf Campingplätze und eBike-Ladestationen wird hingewiesen. Alle Touren des Buches eignen sich auch für das eBike.
Der Streckenverlauf in Reutlingen orientiert sich am Masterplan Radverkehr. Da ist noch nicht alles umgesetzt und manchmal fehlt es auch an der Beschilderung. Daher fahren wir im Buch noch den einen oder anderen Schlenker.

Ich wünsche allen Freude am Radfahren, an den Radtouren und natürlich mit diesem Buch!

Und jetzt? Geht’s los! Viel Spaß!

Eva Eckstein
im Sommer 2025

Liebe Leserin, lieber Leser,

unsere Region ist reich gesegnet mit landschaftlicher Vielfalt. Die Schwäbische Alb mit ihren Wacholderheiden und mittelalterlichen Burgen und Ruinen auf nahezu jedem Felssporn, das milde und fruchtbare Neckartal, das schon von den Kelten und Römern geschätzt wurde, das Albvorland mit seinen Streuobstwiesen und den steil abfallenden Kalkklippen des Albtraufs, der Schönbuch mit seinem weiten Waldbestand – schwer zu sagen, wo es schöner ist.

Die Radtouren in diesem Buch führen Sie durch schöne Täler, auf weite Höhen und zu Sehenswürdigkeiten und Besonderheiten rechts und links des Weges.

Wenn Sie auch im Alltag ab und zu mit dem Fahrrad unterwegs sind und die eine oder andere Steigung nicht scheuen, dann ist die Auswahl richtig für Sie. Da ich aus Erfahrung weiß, dass es bei vielen Partnern und Familien, die gerne zusammen unterwegs sein wollen, unterschiedliche Fitness- und Leistungsvermögen gibt, habe ich bei vielen Touren Varianten aufgezeigt. Diese ermöglichen es, gemeinsam loszufahren, einen Teil der Tour zusammen zu genießen und sich dann zu trennen. Die, die noch Lust und Kraft haben fahren weiter, wer nicht mehr mag, steigt in den Zug.

Die Radtouren sind zwischen 35 und 85 km lang und oft sportlich. Viele haben ordentlich Steigung, zum Beispiel hinauf auf die Schwäbische Alb. Für das leichte Zurechtfinden sind sie in verschiedene Schwierigkeitsgrade eingeteilt:

sind Touren, die bis zu 40 km lang sind und nicht mehr als 350 Höhenmeter aufweisen.

sind Touren, die bis zu 80 km lang sind und/oder eine Höhendifferenz von 350 bis 600 Höhenmeter haben.

sind Touren ab 80 km Länge und/oder einer Höhendifferenz von 600 und mehr Höhenmetern.

Familienfreundlich sind Touren,

- die auch gut mit einem Anhänger befahren werden können
- bei denen die Tourenlänge variiert werden kann
- die Spielplätze, Rastplätze, Badeplätze und anderes Entdeckenswertes am Wegesrand aufweisen.

Diese Touren können auch gut mit dem Rennrad befahren werden, da sie durchgehend asphaltiert sind.

Alle Touren können auch mit einem E-Bike gefahren werden. Bei der Auswahl der Touren empfehle ich dennoch, was die Tourenlänge angeht, sich nicht zu überschätzen. 50 km sind lang, wenn man es nicht gewohnt ist, solche Strecken öfter zu fahren.
Wer lange nicht Fahrrad gefahren ist und nun neu mit dem E-Bike (wieder) anfängt, sollte zunächst mit den kürzeren blauen Touren beginnen.
Ladestationen für E-Bikes gibt es häufig an Marktplätzen und Bahnhöfen. Aber auch in der Gastwirtschaft oder in der Touristinformation darf man oft seinen Akku wieder aufladen. Viele der Touren sind jedoch gut mit einer Akkuladung zu fahren.

Sämtliche Radtouren beginnen und enden an Bahnhöfen. Die Anreise kann also mit öffentlichen Verkehrsmitteln erfolgen. Häufig kann dadurch auch die Länge der Tour variiert werden.
Auskunft: www.bahn.de. Für die, die lieber mit dem Auto und/oder Wohnmobil anreisen, wird auf Parkplätze und Wohnmobilstellplätze hingewiesen.

Im Buch sind Karten und Höhenprofile zu den jeweiligen Touren gezeichnet. Wegverlauf und Varianten sind vermerkt. Die Touren können gut nur mit der Kartengrundlage und Wegbeschreibung im Buch gefahren werden. Eine eigene Karte dabei zu haben, ist jedoch immer empfehlenswert. Die Touren sind auch als GPX-Tracks auf meiner Internetseite zu finden: **www.eckstein-radtouren.de.**

GPX-Dateien können im Allgemeinen problemlos auf jedwedes Navigationsgerät geladen werden. Meine Tracks basieren auf Open Street Maps und wurden mit dem Programm von Sigma erstellt. Alle Touren bin ich persönlich geradelt. Zum Zeitpunkt der Erstellung haben die Touren funktioniert. Allerdings: Änderungen in der Wegeführung gibt es immer wieder und auch temporäre Baustellen können in einem Buch natürlich nicht berücksichtigt werden. Meist sind die Wege gut ausgeschildert. Umleitungen oft nicht so gut oder auch gar nicht. Augen auf also!

Die angegebenen Zeiten sind so berechnet, dass kleinere Trink- und Aussichtspausen mit drin sind. Da aber jeder mit anderer Geschwindigkeit unterwegs ist, probieren Sie es bitte an einer Tour aus. Viele Wege sind asphaltiert.

Viele sind jedoch nur befestigt – und das mal mehr, mal weniger gut. Mit einem normalen Fahrrad, einem Mountainbike, Tourenrad oder E-Bike sind sie gut zu fahren. Für die Touren mit Steigung ist ein gutes Rad mit mehreren Gängen unerlässlich.

Zum Radeln empfehle ich Sportbekleidung. Sie trocknet schneller und hält den Körper dadurch warm. Einen Helm halte ich für unverzichtbar. Regenzeug empfiehlt sich ebenfalls. Auch wenn es allenthalben Gaststätten gibt, ist es immer gut, Wasser und etwas zu Essen dabei zu haben. Und im Sommer gern auch Badezeug!
Wo es Einkehrmöglichkeiten, Ladestationen, Rast-, Spiel- und Badeplätze gibt, ist jeweils zu Beginn der einzelnen Touren-Beschreibung nachzulesen.

Die Beschreibung der Radtouren gliedert sich in Wegbeschreibung und Sehens- und Bemerkenswertes. Wer also nur wissen will, wo es langgeht, kann die Passagen mit den Hintergrundinformationen einfach überspringen.

Wer eher Tipps für Ausflugsziele möchte, vielleicht auch etwas über Geschichte und kulturelle Hintergründe erfahren möchte, erhält hier viele interessante Hinweise und Details.

Wer gerne mehr Radtouren in dieser Region fahren möchte, wird in „Radtouren – Neckar, Echaz, Steinlach, Erms, Schwäbische Alb, Schönbuch" und in „Radtouren zu Aussichtstürmen in Baden-Württemberg" fündig. Denen, die in die Ferne schweifen möchten, lege ich „Radtouren – Bodensee mit Hinterland", „Radtouren – Oberschwaben und Allgäu", „Erlebnisreiche Radtouren – Unterwegs im Nationalpark Schwarzwald und Naturpark Schwarzwald Mitte/Nord" ans Herz. Infos auf www.eckstein-radtouren.de

Falls Sie eine Rückmeldung geben möchten: Über konstruktive Kritik, Änderungsvorschläge oder ein freundliches Feedback freue ich mich immer! Schreiben Sie doch einfach eine mail an info@eckstein-radtouren.de.

Viel Freude mit dem Buch!
Viel Freude auf dem Rad!

Ihre Eva Eckstein

Tour 1: Zu den Streuobstwiesen im Ermstal

Ins fruchtbare Ermstal führt diese Tour. Ob im Frühling, wenn die Obstbäume blühen, im Sommer, wenn die Kirschen reif sind oder im Herbst, wenn es Saft, Most und Wein gibt – hier hat jede Jahreszeit ihren Reiz. Highlight: Das Obstbaumuseum in Glems.

Start- und Endpunkt: Reutlingen Hauptbahnhof

Streckenverlauf: RT Hbf – Eningen – Glems – Dettingen – Kappishäusern – Metzingen – RT Hbf

: Am Südbahnhof und in Bad Urach Bei den Thermen

Gesamtstrecke: 33 km

Schwierigkeitsgrad:
Höhendifferenz: 418 Hm

Dauer: 2,5 Stunden

Varianten: Tour kombinierbar mit Tour 18, 60 km
bis Dettingen Bhf 15 km; bis Metzingen Bhf 24 km

Einkehrmöglichkeiten: Stauseehotel; Sportheim Kappishäusern; Almresi Outletcity

Rastplätze: Stausee; Grillplatz am Dettinger Kirschenweg; Florian

Badeplätze: Freibad Metzingen; Freibad Dettingen

RT Hbf/Listplatz; Metzingen PP Adlergarten; am Stauseehotel Glems; Dettingen Rathausplatz

Los geht's: Vom Hauptbahnhof in Reutlingen geradeaus, über die Karlstraße, hier links und gleich wieder rechts in die Kaiserstraße fahren. Kurz darauf links in die Schulstraße abbiegen, die Bismarckstraße queren und danach rechts auf die Charlottenstraße abbiegen. Auf dieser Fahrradstraße bis zum Ende bleiben und weiter über den Eninger Weg zur Kreuzung am Südbahnhof radeln. Hier über die Brücke und auf dem Radweg weiter nach Eningen radeln. In Eningen fahren wir mitten durch den Ort immer den Schildern nach Metzingen nach. Durch ein Wohngebiet geht es den Berg hinauf, bis wir oben am Kreisel ankommen. Dort führt der Radweg parallel zur Straße weiter. Auf der Höhe angekommen, biegen wir auf die Straße nach Glems rechts ab. Kurvenreich mit schönen Ausblicken auf die Streuobstwiesen und den Albtrauf bringt sie uns hinunter Richtung Ermstal.

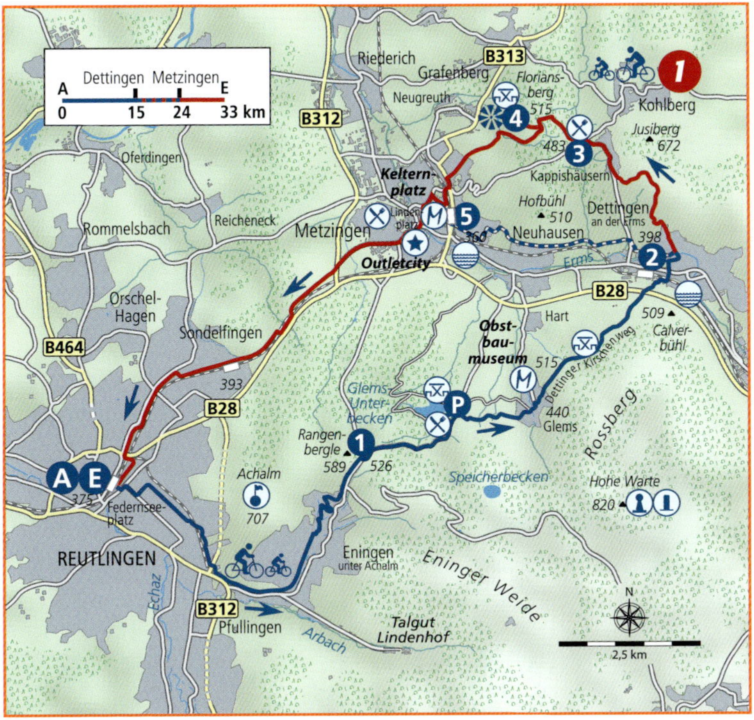
A Dettingen Metzingen E
0 15 24 33 km
1
Riederich
Grafenberg
Neugreuth
Floriansberg 515
Kohlberg
Jusiberg 672
483
Kappishäusern
Keltern-platz
Lindenplatz
Metzingen
Outletcity
Hofbühl 510
Dettingen an der Erms
398
360
Neuhausen
Erms
Oferdingen
Reicheneck
Rommelsbach
Orschel-Hagen
Sondelfingen
393
Hart
509
Calver-bühl
Obst-bau-museum
515
Dettinger Kirschenweg
Glems Unter-becken
Rangen-bergle 589
526
440 Glems
Rossberg
Achalm 707
Speicherbecken
Hohe Warte 820
375
Federnsee-platz
REUTLINGEN
Eningen unter Achalm
Eninger Weide
Echaz
Pfullingen
Arbach
Talgut Lindenhof
2,5 km
B313
B312
B464
B28

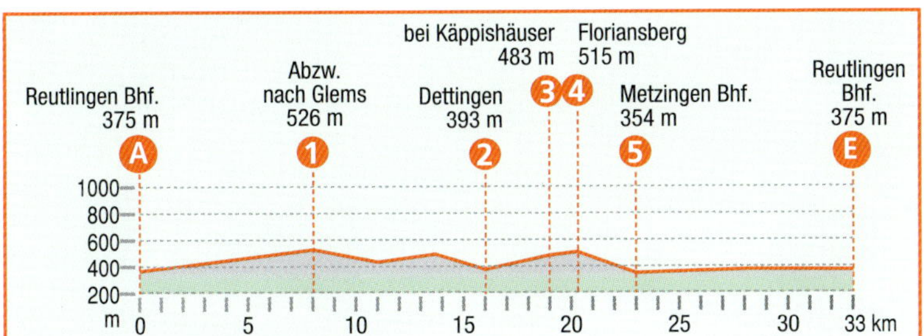
Reutlingen Bhf. 375 m
Abzw. nach Glems 526 m
Dettingen 393 m
bei Käppishäuser 483 m
Floriansberg 515 m
Metzingen Bhf. 354 m
Reutlingen Bhf. 375 m
A 1 2 3 4 5 E
1000 800 600 400 200 m
0 5 10 15 20 25 30 33 km

Wer mag, kann am Abzweig zum Stausee nach links abbiegen und es sich entweder auf der Terrasse des Stauseehotels gut gehen lassen oder mit dem Rad eine Runde um den Stausee drehen. Besonders auf der Mauer entlang zu fahren, ist ein Erlebnis.

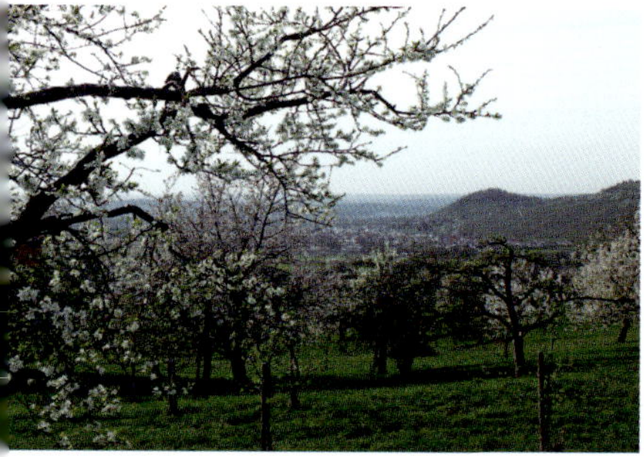

Blick auf die Streuobstwiesen und Metzingen vom Ermstal-Radweg

Wir biegen am Abzweig zum Stausee hingegen nach rechts ab und folgen dem Wanderweg mit dem blauen Dreieck nach Glems und zum Obstbaumuseum.

Obstbau wird hier seit Jahrhunderten betrieben. Seit 2004 befindet sich in der historischen Glemser Kelter ein Obstbaumuseum. Im Frühjahr 2022 wurde es grundlegend neu gestaltet. Mit vielen interaktiven Projekten wird Obstbau vom Pflanzen eines Obstbaums bis zur Verarbeitung der Früchte dargestellt. Öffnungszeiten April bis Oktober Sonn- und Feiertag 14 bis 17 Uhr. Anmeldung für Gruppen: 07123/87623 www.obstbaumuseum-glems.de.

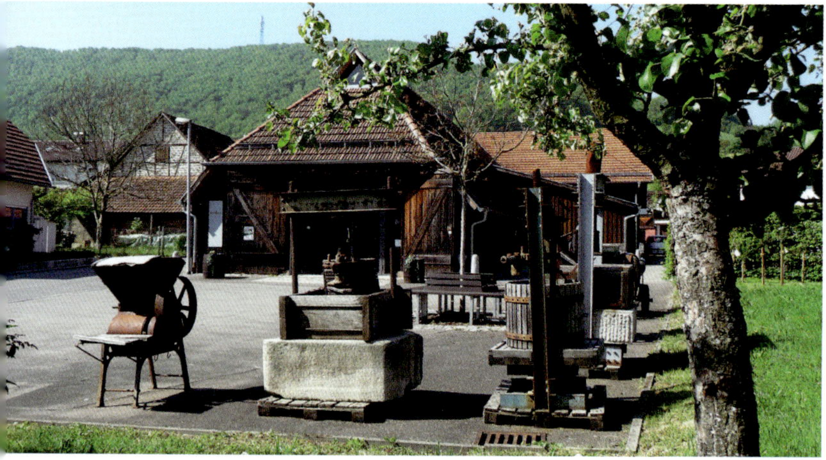

Obstbaumuseum Glems

Wir fahren die steile Straße hinab ins Zentrum von Glems. Dort biegen wir kurz nach rechts auf die Hauptstraße ein und dann gleich wieder nach rechts Richtung Dettingen (Schild: R15: Dettingen) und kurz danach nach links auf die Dettinger Straße. Es geht zunächst sehr steil bergauf und dann kurvenreich mit schönem Blick über die Streuobstwiesen des Ermstals hinab.

Zwischen der Gemarkung Glems und dem Calverbühl verläuft der Dettinger Kirschenweg. Ein Weg zum „Probieren und Studieren". Während der Reifezeit dürfen Radler oder Wanderer an etwa 100 blau markierten Bäumen über 50 verschiedene Kirschensorten probieren und vergleichen. Ein wahres Schlaraffenland für Kirschenliebhaber! Und im Frühling sind die blühenden Kirschbäume eine Augenweide!

In Dettingen führt der Weg nach rechts, dann parallel zu den Eisenbahnschienen bis zur Unterführung. Diese durchqueren wir. Wer mit dem Zug nach Metzingen zurück möchte, fährt hier direkt nach links zum Bahnhof. Wer abkürzen und im Tal nach Metzingen fahren möchte, fährt geradeaus über die Erms. Wir fahren ebenfalls geradeaus über die Erms und folgen der Neuffener Straße und dann der Jusistraße bergauf,

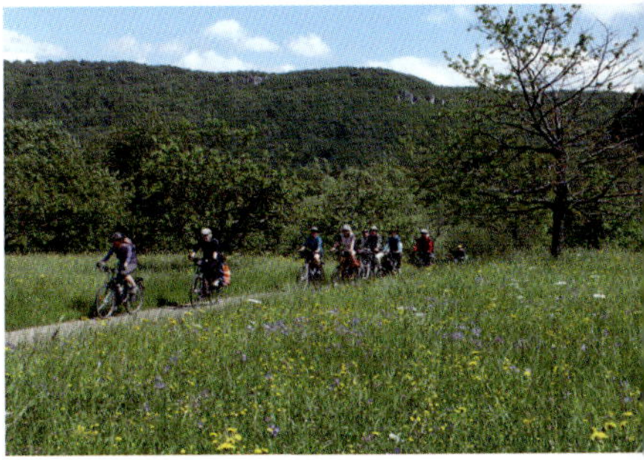

Auf dem Weg nach Glems

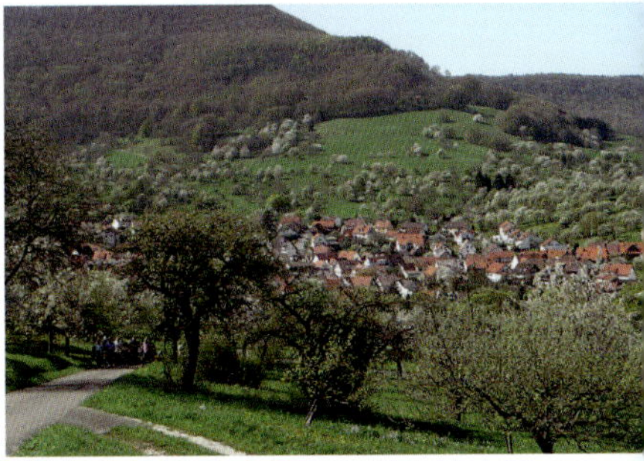

Blühende Obstbäume bei Glems

immer geradeaus bis zum Ortsende. Hier windet sich der Weg hinauf durch Gütle und Streuobstwiesen.

An der ersten Gabelung halten wir uns rechts, am Naturdenkmal (Vogelwäldle) ebenso. Hier befindet sich linkerhand ein sehr schönes Bänkle, das zum Verschnaufen und Panorama genießen einlädt. Am nächsten Abzweig fahren wir links, obwohl das handgemalte Schild auf eine Sackgasse hinweist. Der befestigte

Weg bringt uns nach einigen Windungen hinein nach Kappishäusern, wo wir nach rechts auf die Hauptstraße einbiegen.

In Kappishäusern fahren wir Richtung Metzingen bis zur Landesstraße. (Wer mit Tour 18 kombinieren möchte, kann nach rechts weiter Richtung Kohlberg fahren.) Nach Überquerung der Straße Richtung Sportheim führt der Weg an der beliebten Gaststätte vorbei in den Wald hinein. Nach ca. 500 m zweigt ein Wanderweg (blaues Dreieck) nach links ab, dem wir folgen.

Kurze Zeit später kommt nach rechts der Abzweig zum Floriansberg. Hier kann man die Räder abstellen und den kurzen Aufstieg zu Fuß machen. Man wird mit grandioser Aussicht belohnt! Den Jusi und Neuffen im Rücken, Metzingen und Grafenberg zu Füßen und in blauer Ferne der Hohenzollern.

Anschließend folgen wir weiter dem Wanderweg, der uns durch Streuobstwiesen und über einen kleinen Bach sicher hinab nach Metzingen führt. An der Straße in Metzingen angekommen, biegen wir nach links ab und gleich wieder nach rechts über die Eisenbahnbrücke. Auf der Brücke kurz nach Überqueren der Gleise folgen wir den Wegweisern zum Bahnhof nach links und sehen ihn

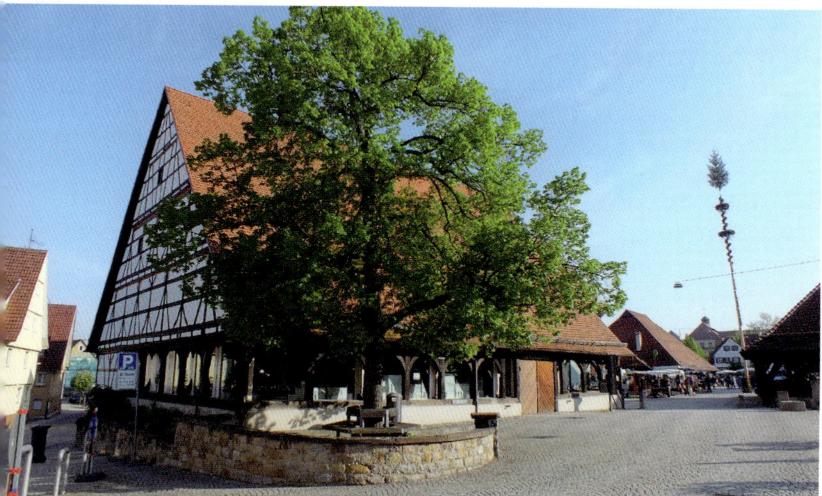

Kelternplatz in Metzingen

auch schon nach kurzer Fahrt vor uns liegen. Von hier aus kann, wer mag, mit dem Zug zurück nach Reutlingen fahren. Wir fahren nach rechts zum Kelternplatz.

Auf dem Kelternplatz in Metzingen steht ein einmaliges Ensemble aus sieben historischen Keltern. In alter Zeit, als das Kloster Bebenhausen noch die Herrschaft über Metzingen hatte, wurde hier Wein gekeltert. Heute befinden sich in den Keltern unter anderem die Weingärtnergenossenschaft und das Weinbaumuseum, wo man den hiesigen Wein probieren und kaufen kann. Im Weinbaumuseum zeigen Exponate wie Kelterbaum, Räuberkarren und Wengertschütz, wie der Weinbau in Metzingen und Umgebung seit bald tausend Jahren praktiziert wird. Öffnungszeiten: Freitag 17–20 Uhr, Samstag 11–14 Uhr, Sonntag 14–17 Uhr, www.weinbaumuseum-metzingen.de.

Vom Kelternplatz geht es durch die verkehrsberuhigte Zone weiter Richtung Zentrum und Marktplatz. Am Marktplatz biegen wir nach links ab in die Reutlinger Straße, der wir entgegen der Fahrtrichtung bis zum Lindenplatz folgen.

Hier schlägt das Herz der Outletcity Metzingen. Auf dem neu gestalteten Hugo-Boss-Platz kann man sich bei der „Almresi" sogar in die Alpen versetzen lassen. Architekturbegeisterte kommen allerdings auch auf ihre Kosten. Nicht ohne Grund wird Metzingen in den letzten Jahren als Architekturhauptstadt des Landes bezeichnet.

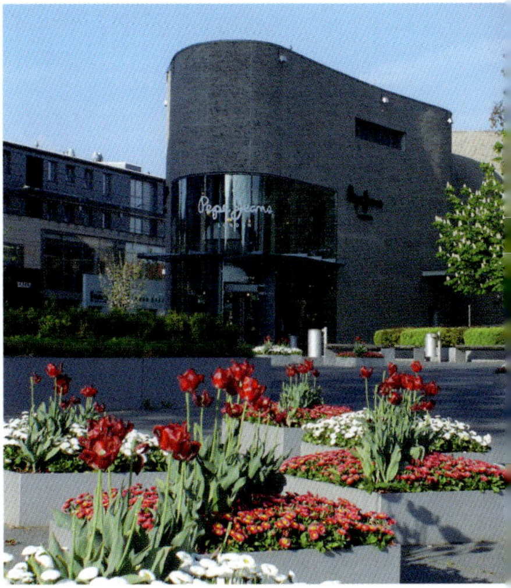

Outletcity Metzingen

Wir durchqueren die Outlet-City – wenn viel los ist, zu Fuß – und radeln an ihrem Ende die Reutlinger Straße bergauf und geradeaus aus der Stadt hinaus.

Durch Felder und Wiesen, am Tierheim vorbei, entlang der Bahnstrecke und über die Sondelfinger Straße fahren wir zurück nach Reutlingen. Am Ende der Sondelfinger Straße biegen wir nach links ab, fahren über die Eisenbahnbrücke und danach direkt nach rechts zum Bahnhof.

Tour 2: Rutschenfelsen und Seeburger Tal

Natur mit tollen Ausblicken, spektakulären Felsen, einer schmalen Schlucht, dem fruchtbaren Ermstal und einem Schloss zum Bestaunen.

Start- und Endpunkt: Reutlingen Hauptbahnhof

Streckenverlauf:
RT Hbf – Eningen – Gestütshof St. Johann – Rutschenfelsen – Upfingen – Rietheim – Seeburg – Metzingen – RT Hbf

: RT Am Südbahnhof; Bad Urach Bei den Thermen

Gesamtstrecke: 64 km

Schwierigkeitsgrad: ■
Höhendifferenz: 755 Hm

Dauer: 5 Stunden

Kürzere Variante: bis Bad Urach Bhf 43 km

Einkehrmöglichkeiten:
Naturfreundehaus Rohrauer Hütte, in Metzingen und Bad Urach

Rastplätze:
Am Rutschenfelsen mit schöner Grillstelle; Im Seeburger Tal

Badeplätze:
Höhenfreibad Bad Urach, Freibad Dettingen, Freibad Metzingen

RT Hbf/Listplatz; Upfingen Dorfgemeinschaftshaus Bohnengasse 2; Bad Urach Entdeckerwelt/Touristinfo; Metzingen PP Adlergarten

Los geht's: Vom Hauptbahnhof in Reutlingen geradeaus, über die Karlstraße, hier links und gleich wieder rechts in die Kaiserstraße fahren. Kurz darauf links in die Schulstraße abbiegen, die Bismarckstraße queren und danach rechts auf die Charlottenstraße abbiegen. Auf dieser Fahrradstraße bis zum Ende bleiben und weiter über den Eninger Weg zur Kreuzung am Südbahnhof radeln. Hier über die Brücke und auf dem Radweg weiter nach Eningen radeln. Am Ortseingang biegen wir rechts ab, überqueren die Straße und fahren nach rechts ins Industriegebiet von Eningen (Radwegweiser St. Johann). Der Weg führt durchs Arbachtal zum Talgut Lindenhof. Kurz danach biegt er nach links ab, führt einen steilen Stich hinauf und mündet dann rechts in die alte St. Johanner Steige. Oben beim Albgut Lindenhof angekommen, folgen wir den Wegweisern zum Gestütshof St. Johann und zur Hohen Warte. Am ehemaligen Gestütsgasthof geht es rechts, auf einer schönen Allee zum Fohlenhof und von dort aus wieder rechts zu den Rutschenfelsen. Wer einkehren möchte, biegt kurz

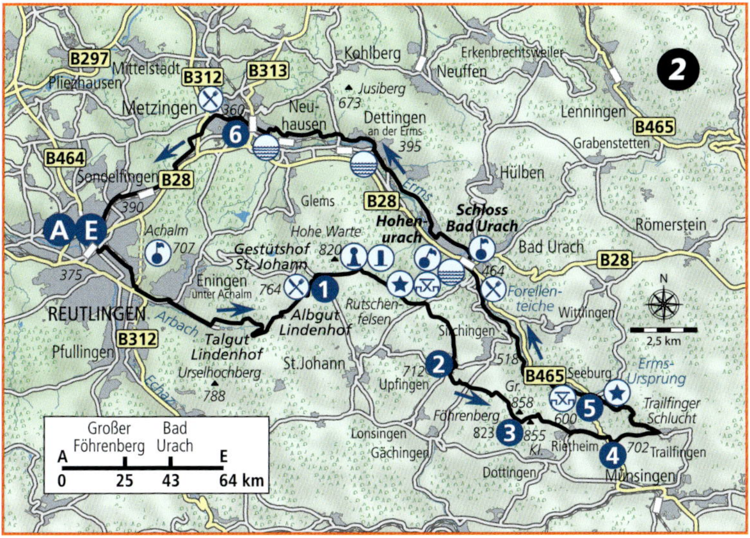
2
Kohlberg
Erkenbrechtsweiler
Neuffen
Mittelstadt
Pliezhausen
Metzingen
Neuhausen
Jusiberg 673
Dettingen an der Erms 395
Lennigen
Grabenstetten
Sondelfingen
390
Glems
Hülben
Erms
Schloss Bad Urach
Römerstein
Hohenurach
Hohe Warte
Achalm 707
Gestütshof St. Johann 820
Bad Urach
464
Eningen unter Achalm
764
Forellenteiche
Wittlingen
REUTLINGEN
375
Arbach
Albgut Lindenhof
Rutschenfelsen
Sirchingen
Talgut Lindenhof
Pfullingen
St. Johann
518
Urselhochberg 788
712 Upfingen
Seeburg
Erms-Ursprung
Echaz
Gr. 858
Föhrenberg 823
855 Kl.
600
Trailfinger Schlucht
Lonsingen
Gächingen
Rietheim
702
Trailfingen
Dottingen
Münsingen
2,5 km
N
Großer Föhrenberg
Bad Urach
A
E
0
25
43
64 km

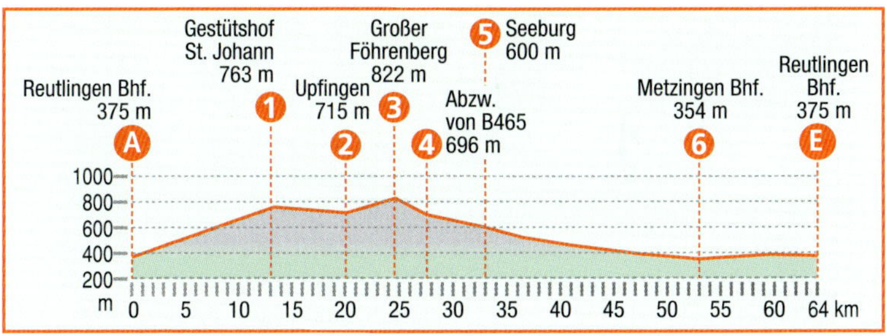
Reutlingen Bhf. 375 m
Gestütshof St. Johann 763 m
Upfingen 715 m
Großer Föhrenberg 822 m
Abzw. von B465 696 m
Seeburg 600 m
Metzingen Bhf. 354 m
Reutlingen Bhf. 375 m
1000
800
600
400
200
m
0 5 10 15 20 25 30 35 40 45 50 55 60 64 km

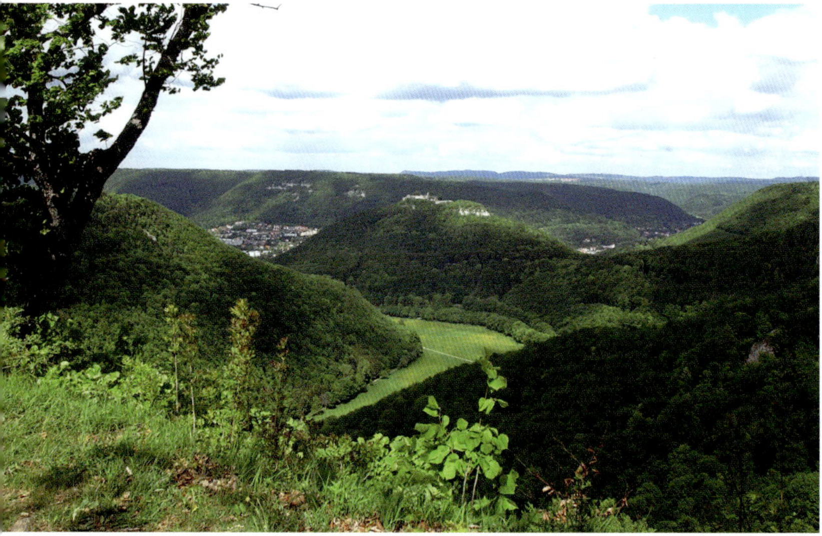

Blick von den Rutschenfelsen

vor den Felsen nach rechts ab zur Rohrauer Hütte.

Von den Rutschenfelsen aus hat man einen fantastischen Blick über die Uracher Alb und hinunter auf die Burgruine Hohenurach. Die Kalksteinfelsen fallen hier steil in die Tiefe ab. Dass dies zu Zeiten des Jurameers einmal ein Riff – womöglich mit Korallen besiedelt – war, kann man sich gut vorstellen.

Wir folgen dem Wegweiser R 13 nach Upfingen. In Upfingen biegen wir vor der Kirche links ab (R 13 Lonsingen), fahren jedoch an der Kreuzung mit Sitzbank und Aussicht geradeaus weiter (Wanderweg 15 und 16). Wir überqueren die Landstraße, fahren am Skilift vorbei und biegen nach etwa 800 m nach links ab.

Diesem Weg folgen wir nur kurz und biegen dann rechts auf den Wanderweg (gelbes Dreieck) nach Rietheim ab, dem wir auch bis Rietheim folgen. Der Weg führt durch den Wald zwischen dem Großen und dem Kleinen Föhrenberg hindurch.

Am Waldrand angekommen, hat man einen herrlichen Blick auf Rietheim und die Münsinger Alb. In rasanter Fahrt geht es nach

Rietheim hinunter. Im Ort kommen wir auf die Hauptstraße, der wir bis zur Einmündung in die B465, die von Münsingen nach Bad Urach führt, den Berg hinab folgen. Wir überqueren die Bundesstraße und fahren weiter auf der Kreisstraße nach Trailfingen ein Stück den Berg hinauf. Gleich am Ortseingang von Trailfingen, direkt nach dem Ortsschild, biegen wir scharf nach links ab in den Schanzweg.

Dieser Weg bringt uns auf den Rad- und Wanderweg zur Trailfinger Schlucht (gelbes Dreieck). Der Weg führt durch eine schmale Schlucht mit moosbewachsenen Felsen hinab zum Ermsursprung im Seeburger Tal und weiter nach Seeburg.

Hier die Straße überqueren und an der Erms entlang dem Rad- und Wanderweg nach Bad Urach talabwärts folgen.

An den Forellenteichen kann, wer mag, sich einen Fisch zum Abendessen angeln oder am Kiosk eine küchenfertig präparierte Forelle kaufen. Zu Hause kurz

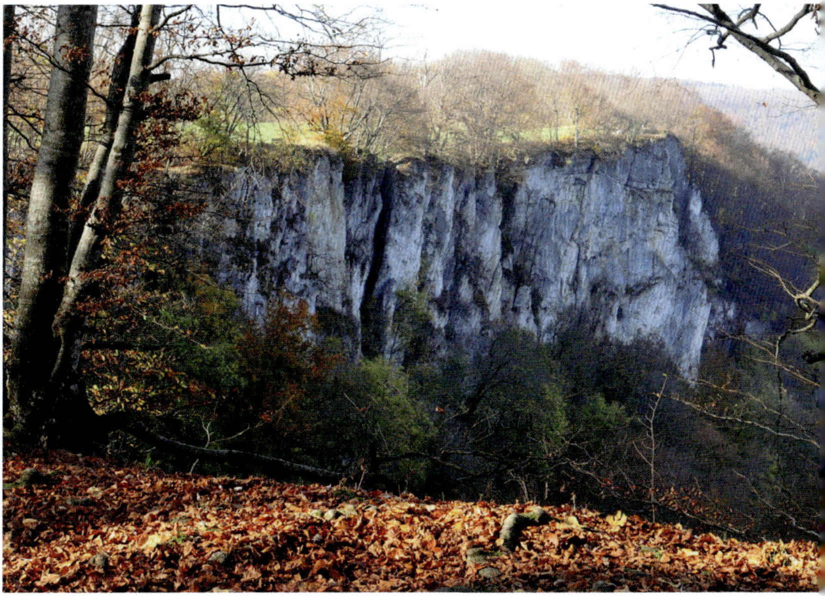

Die Rutschenfelsen – steil abfallende Kalkklippen mit prächtiger Aussicht.

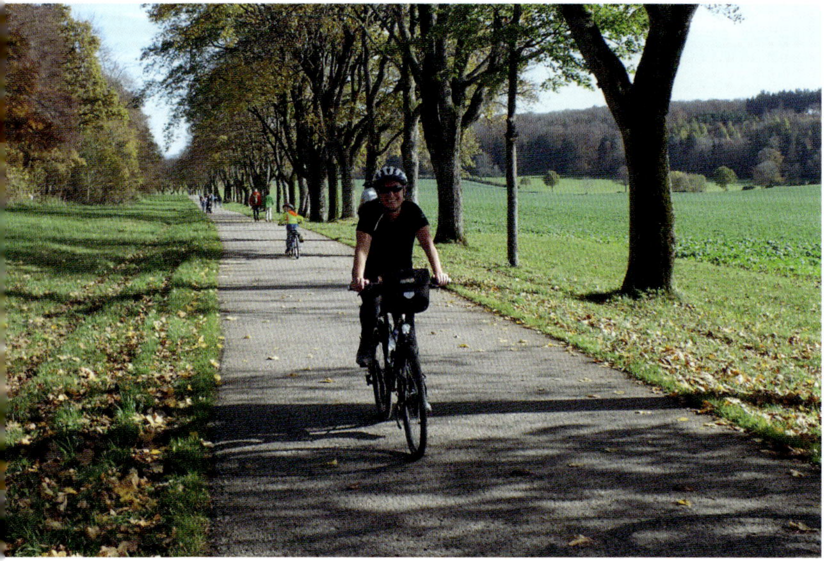

Auf der Allee am Gestüt St. Johann

waschen, trocken tupfen, mit Kräutern (Rosmarin, Thymian, Petersilie) und zerdrücktem Knoblauch füllen, mit Öl einstreichen und mit Weckmehl bestreuen, ein paar Kartoffeln in kleine Würfel schneiden und alles auf ein geöltes Backblech legen und für etwa 30 Min. bei 200 Grad in den Ofen schieben. Ein einfaches und leckeres Essen für müde Radler!

In Bad Urach besteht die Möglichkeit, in den Zug zu steigen und über Metzingen nach Reutlingen zurückzufahren. Der Radweg selbst biegt nach rechts ab, durch die Innenstadt und am Residenzschloss Bad Urach vorbei. An heißen Tagen lohnt es sich jedoch, noch ein Stück geradeaus und hinauf zum Höhenfreibad Bad Urach zu fahren. Es liegt landschaftlich wunderschön und ein Bad entspannt gar herrlich die müden Beine. Zumal es an der Erms zunächst weiter bergab geht.

Das größte Ereignis, das in diesem Schloss stattfand, war sicherlich die Hochzeit des Grafen Eberhard mit der italienischen Fürstin Barbara von Gonzaga. Im Schloss werden Führungen angeboten, die dem Besucher dieses Ereignis nahe bringen.

Infos zu den aktuellen Öffnungszeiten und möglichen Führungen: www.schloss-urach.de.

Vorbei am Schloss fahren wir hinunter Richtung Kurkliniken und an der Erms entlang nach Dettingen. Von dort geht es am Fuß der Weinberge weiter talabwärts nach Metzingen. Wir fahren durch die Unterführung bei der Volkshochschule und folgen der Straße geradeaus bis zur Nürtinger Straße. Hier biegen wir links ab. An der Ampel fahren wir nach rechts auf die Hauptstraße, biegen aber gleich wieder links ab und direkt rechts in die Schützenstraße. Ab hier ist der Radweg nach Reutlingen ausgeschildert.

Durch Felder und Wiesen, am Tierheim vorbei, entlang der Bahnstrecke und über die Sondelfinger Straße fahren wir zurück nach Reutlingen. Am Ende der Sondelfinger Straße biegen wir nach links ab, fahren über die Eisenbahnbrücke und danach direkt nach rechts zum Reutlinger Bahnhof.

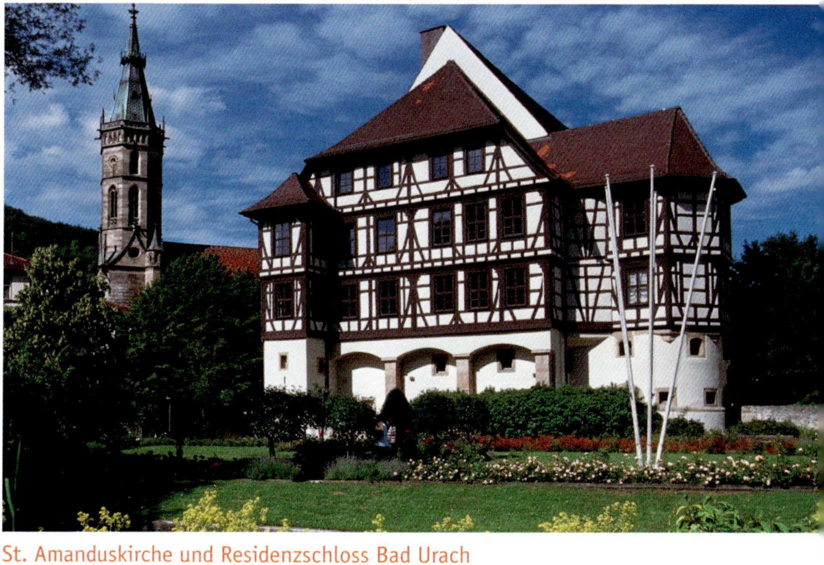

St. Amanduskirche und Residenzschloss Bad Urach

Tour 3: Lonsinger Tal und Lauterquelle

Die Tour führt über die Schwäbische Alb durch ein für die karstige Alb so typisches Trockental zum ehemaligen Kloster Offenhausen mit Gestütsmuseum. Dort entspringt auch die Große Lauter, deren Quelle wunderschön eingefasst ist – ein Platz zum Verweilen und Träumen.

Start- und Endpunkt: Reutlingen Hauptbahnhof

Streckenverlauf:
RT Hbf – Pfullingen – Lichtenstein – Stahleck – Gomadingen – Sternberg – Engstingen – RT Hbf

: RT Am Südbahnhof; Pfullingen Freibad; Stahlecker Hof; Gomadingen Freizeitanlage

Gesamtstrecke: 51 km

Schwierigkeitsgrad:
Höhendifferenz: 577 Hm

Dauer: 3,5 Stunden

Einkehrmöglichkeiten:
Stahlecker Hof; Gasthaus zum Lamm in Gomadingen, Gestütsgasthof Offenhausen

Rastplätze:
Lauterquelle Offenhausen; Rastplatz bei der Hütte am Hart

Badeplätze:
Freibad Honau, Freibad Pfullingen

RT Hbf/Listplatz, Pfullingen Freibad; Stahlecker Hof

Los geht's: Vom Hauptbahnhof in Reutlingen geradeaus, über die Karlstraße, hier links und gleich wieder rechts in die Kaiserstraße fahren. Kurz darauf links in die Schulstraße abbiegen, die Bismarckstraße queren und danach rechts auf die Charlottenstraße abbiegen. Auf dieser Fahrradstraße bis zum Ende bleiben und weiter über den Eninger Weg zur Kreuzung am Südbahnhof radeln. Hier unter der Straße hindurch und längs der alten Bahnlinie durch Pfullingen radeln. Eine Allee von Obstbäumen säumt den Weg, was im Frühling für Farbenpracht und Duftrausch sorgt und im Sommer wunderbar Schatten spendet. Am Ortsausgang überqueren wir auf einer alten Eisenbahnbrücke die ehemalige Bundesstraße.
Rund 500 Meter nach dem Ortsbeginn von Unterhausen den Echaztal-Radweg verlassen, die B 312 überqueren und geradeaus in die Scheffelstraße fahren. Dann links in die Hölderlinstraße, an deren Ende rechts und gleich wieder links auf die Göllesbergsteige – Radwegweiser Würtingen.

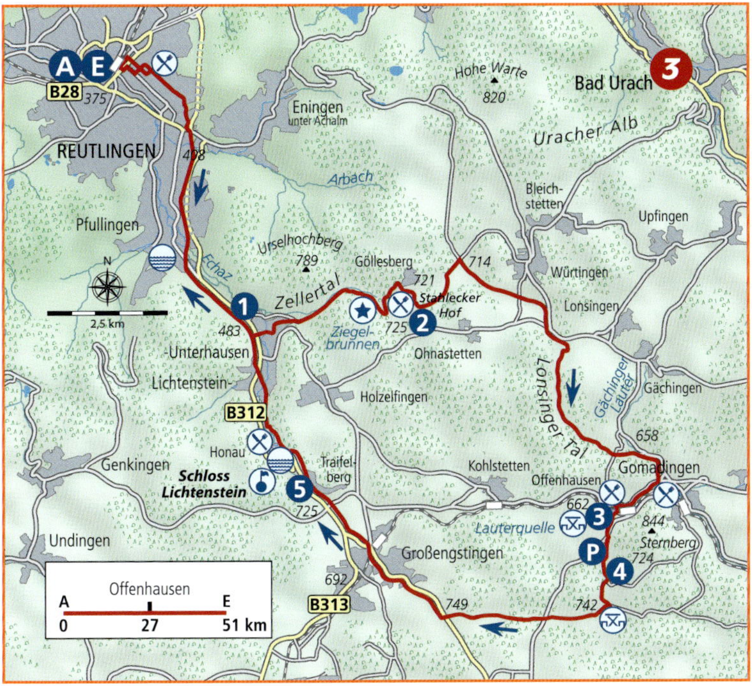
A
E
B28
375
REUTLINGEN
408
Eningen
unter Achalm
Hohe Warte
820
Bad Urach
3
Uracher Alb
Arbach
Pfullingen
Bleich-
stetten
Upfingen
Urselhochberg
789
Göllesberg
721
714
Echaz
Würtingen
Lonsingen
1
Zellertal
Stahlecker
Hof
2
725
Ziegel-
brunnen
483
Unterhausen
Lichtenstein-
Ohnastetten
2,5 km
N
Lonsinger Tal
Gächinger Lauter
Gächingen
Holzelfingen
B312
658
Honau
Genkingen
Schloss
Lichtenstein
Traifel-
berg
Kohlstetten
Offenhausen
Gomadingen
5
725
662
3
Lauterquelle
844
Sternberg
724
Undingen
Großengstingen
P
4
692
749
742
B313
Offenhausen
A
E
0
27
51 km

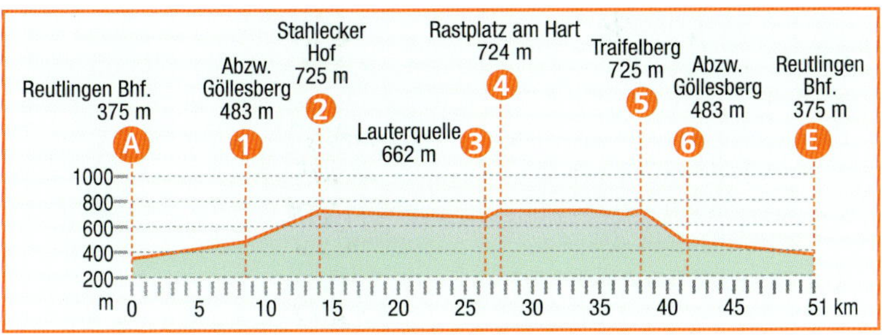
Reutlingen Bhf.
375 m
A
Abzw.
Göllesberg
483 m
1
Stahlecker
Hof
725 m
2
Lauterquelle
662 m
3
Rastplatz am Hart
724 m
4
Traifelberg
725 m
5
Abzw.
Göllesberg
483 m
6
Reutlingen
Bhf.
375 m
E
1000
800
600
400
200
m
0
5
10
15
20
25
30
35
40
45
51 km

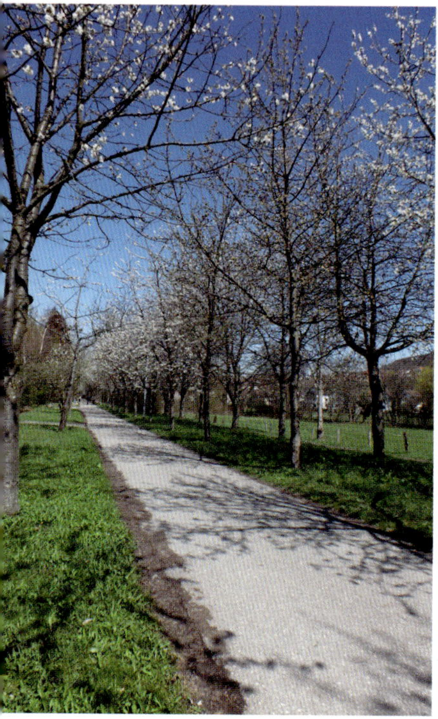

Eine Allee von Obstbäumen säumt den Radweg in Pfullingen.

Die Steige ist seit 2021 wegen Hangrutschungen und Felsabstürzen im oberen Teil für Autos gesperrt. Für Fußgänger und Radler frei, allerdings sollte man sie nicht bei starkem Regen oder direkt nach Unwettern fahren. Die Straße führt zunächst durchs Zellertal mit schönen Ausblicken auf die Felsen des Albtraufs am Ursulaberg.

In diesem Berg wohnt nach einer alten Pfullinger Sage die Urschel, die in alter Zeit als Heilige Frau im ganzen Umland verehrt wurde. Dort wartet sie noch heute darauf, dass einmal ein Mann des Weges kommt, der sie nicht nur liebt und bewundert, wenn sie jung und schön ist, sondern auch, wenn sie hässlich und alt ist. Ein bis in die heutige Zeit aktuelles Thema …

Auf halber Strecke befindet sich rechts am Wegesrand der Ziegelbrunnen, ein Tuffsteingebilde mit Quellfassung. Hier kann sich der verschwitzte Radler nochmal erfrischen, bevor es bergmäßig richtig zur Sache geht. Oben angekommen geht es rechts zum Stahlecker Hof, in dem man sehr schön einkehren und nebenher sein E-Bike aufladen kann. Gegenüber des Stahlecker Hofes geht ein befestigter Wanderweg nach links weg, dem die, die nicht dem Ruf der Wirtschaft erliegen, folgen (R 13 – Gestütshof).

Der Weg führt durch den Wald und hinaus in ein weites Tal bis zu einer Wegkreuzung mit historischen Schildern. Dort biegen wir rechts ab und folgen dem Weg, einer alten Heerstraße, talabwärts und überqueren dabei zweimal eine Kreisstraße. Kurz bevor es den Berg hinauf nach Lonsingen geht, biegen wir auf einen Feldweg nach rechts ab Richtung Lonsinger Tal und gleich wieder rechts – Radwegweiser Gomadingen.

Das Lonsinger Tal ist ein Trockental, wie es für die Alb typisch ist. Einst führte hier ein Bach hindurch, der aufgrund des karstigen, löchrigen Untergrundes irgendwann unterirdisch weiterverlief und versickerte. Das Tal steht unter Naturschutz, weshalb man hier unbedingt auf dem Weg bleiben und keine Rast auf den Trockenrasen machen sollte. Der Rad- und Wanderweg führt mitten durch dieses wunderschöne Naturschutzgebiet und endet kurz vor Gomadingen.

Wir unterqueren die Landesstraße, die nach Münsingen führt, überqueren die nächste Straße und fahren dann rechts auf den Radweg nach Offenhausen. Wer mag, kann an der Lauterquelle oder im Gestütsgasthof eine Pause machen.

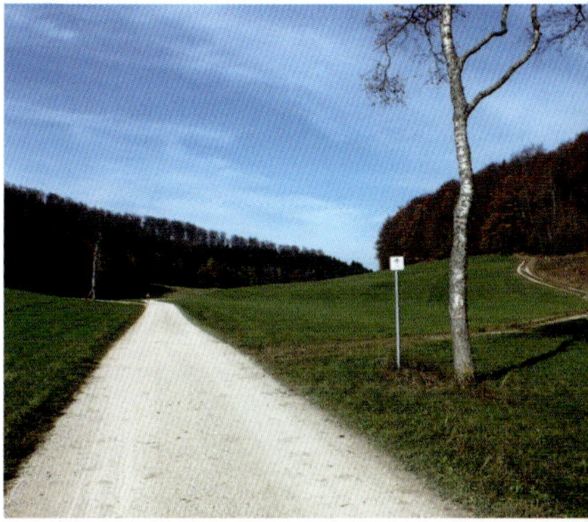

Lonsinger Tal

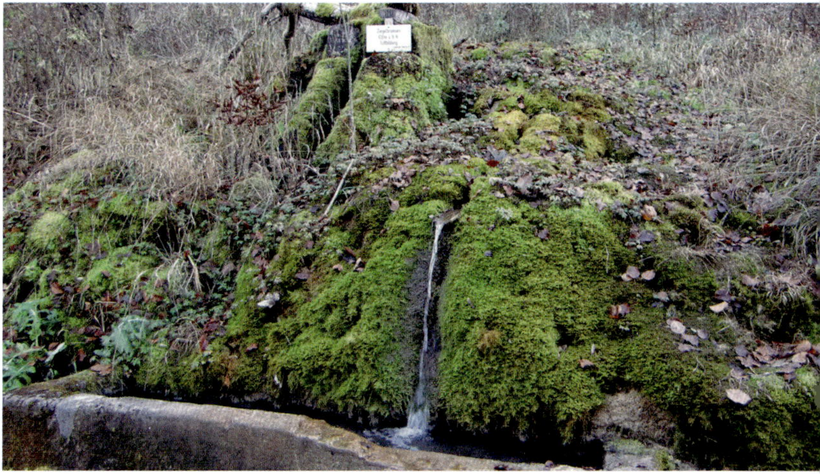

Der Ziegelbrunnen an der Göllesbergsteige – erfrischend für verschwitzte Radler.

Wie wichtig der Zugang zu Wasser früher war, kann man an der Lauterquelle unschwer erkennen. Sie ist durch die Klostermauer eingefasst, sodass kein Unbefugter Zutritt hatte. Heute laden Bänke zum Verweilen ein. Wer sich in die Geschichte des Gestüts Marbach und der Pferdezucht vertiefen möchte, dem sei ein Ausflug ins Gestütsmuseum Offenhausen empfohlen. Dort findet sich Wissenswertes über Pferde, Zucht und Reitsport sowie über das Kloster Offenhausen und seine Geschichte. Highlight: Der Reitsimulator! Der ehemalige Klostergarten ist wunderschön bepflanzt – ein kleines Paradies. Der traditionsreiche Gestütsgasthof heißt nach aufwendigem Umbau seine Gäste wieder herzlich willkommen. Infos zu aktuellen Öffnungszeiten Gestütsmuseum: www.gomadingen.de und unter Tel. 07385/9696-33.

Das Gestüt Offenhausen verlassen wir durch das obere Tor und fahren oder schieben die alte Steige zum Sternberg hinauf. Am Ende der Steigung überqueren wir die Straße und fahren am Wanderparkplatz Sternberg vorbei. Wunderschön prägt hier die Wacholder-

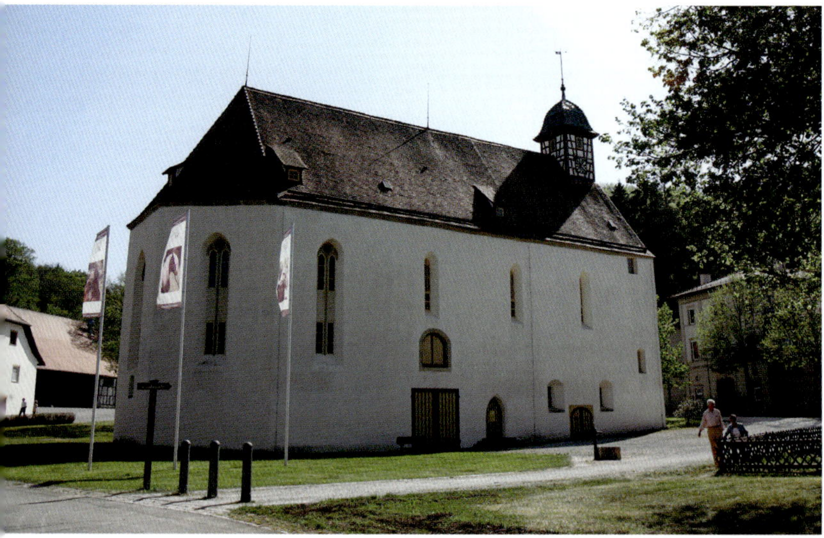

Gestütsmuseum Offenhausen

heide das Landschaftsbild. Ein Stück bergauf stehen Panoramabänke zum Schauen und Verweilen. Ein kleiner Spaziergang in dieses besondere Naturschutzgebiet lohnt sich. Und die Aussicht vom Sternbergturm ist toll. Vom Wanderparkplatz Sternberg geht es sanft durch das Tal bergauf bis zu einer Kreuzung mit Wegweiser und Bank.

Lesetipp: Frank Faber, *Schäfers Tod*, Reutlingen: Oertel + Spörer. Ein Alb-Krimi mit viel Regionalkolorit rund um den Sternberg.

Hier biegen wir nach rechts Richtung Bernloch ab und kurz darauf nach links und halten auf einen Rastplatz mit Hütte und Feuerstelle zu. Dort biegen wir nach rechts ab Richtung Kleinengstingen und folgen dieser Beschilderung. Der Weg führt durch lichten Wald und über offene Flächen, die immer wieder Blicke über die Alb freigeben. Parallel zur B 312 geht es dann in rasanter Fahrt hinunter nach Kleinengstingen, das wir zur Gänze durchqueren. Am Ortsende fahren wir kurz geradeaus Richtung Holzelfingen, biegen gleich darauf links ab und fahren parallel zur B 312 bis zum Traifelberg. Dann geht es auf der alten Zahnradbahnstrecke bergab an Honau vorbei nach Unterhausen. Dort müssen wir in der Ortsmitte die Hauptstraße überqueren und fahren wie auf dem Hinweg weiter auf dem alten Bahndamm nach Pfullingen und Reutlingen.

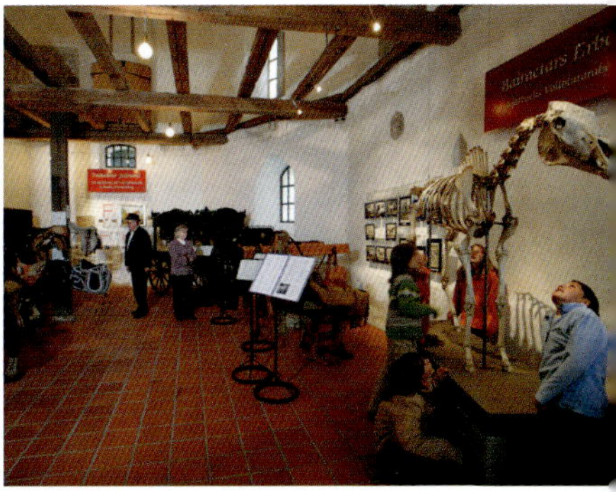

Gestütsmuseum Offenhausen

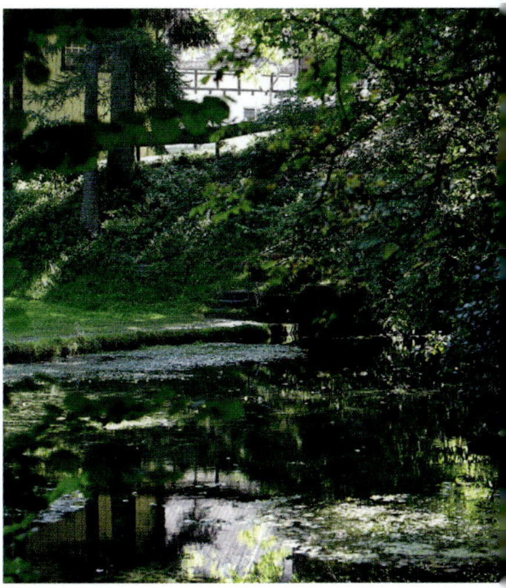

Ein Kleinod ist die Lauterquelle in Offenhausen.

Tour 4: Zur Burgruine Hohenstein

Über die Sonnenalb führt die Radtour zur Klimastation am Kältepol Baden-Württembergs in Sonnenbühl, zur Bärenhöhle, zum Naturschutzgebiet Wacholderheide Bauenhofen und zur versteckten Burgruine Hohenstein samt verwunschenem Rastplatz.

Start- und Endpunkt: Reutlingen Hauptbahnhof

Streckenverlauf:
RT Hbf – Sonnenbühl-Undingen – Haid – Oberstetten – Burgruine Hohenstein – Engstingen – RT Hbf

: Kreuzeiche, Am Freibad RT; Azur Camping Sonnenbühl; Pfullingen Freibad; Feriendorf Sonnenmatte Sonnenbühl

Gesamtstrecke: 62 km

Schwierigkeitsgrad: ■
Höhendifferenz: 760 Hm

Dauer: 5 Stunden

Einkehrmöglichkeiten:
Bärentatze Sonnenbühl Bärenhöhle, Adler Meidelstetten, Rössle Honau

Rastplätze:
Bärenhöhle, Burgruine Hohenstein

Badeplätze:
Freibad Honau, Pfullingen Freibad

RT Hbf/Listplatz, Pfullingen Freibad; Sonnenbühl Bärenhöhle

Los geht's: Vom Reutlinger Hauptbahnhof nach rechts wegfahren, gleich wieder links, an der e-Bike-Ladestation vorbei und geradeaus über die Karlstraße in die Metzgerstraße fahren. Kurz vor deren Ende und der Ampel nach rechts in die Jos.-Weiß-Str. abbiegen, dieser an der ehemaligen Stadtmauer und einer Schule vorbei bis zum Ende folgen, dann nach links und über die Lederstaße und die Echaz fahren. Direkt danach rechts abbiegen, bergauf radeln, auf Höhe des Parks links in die Fahrradstraße Bellinostraße fahren. Nach ein paar Metern rechts in die Paul-Pfizer-Straße wechseln – Wegweiser Freibad. Nach der Schule links und gleich wieder rechts. Die Peter-Rosegger-Str. überqueren und in einem Bogen zur Ringelbachstraße fahren. Hier rechts, am Supermarkt nochmal rechts und geradeaus am Parkplatz Kreuzeiche, dem Fußballstadion und später dem Bogenschießplatz vorbeifahren – Wegweiser Gönningen. Der Radweg unterquert beim Abzweig nach Ohmenhausen die Straße und steigt

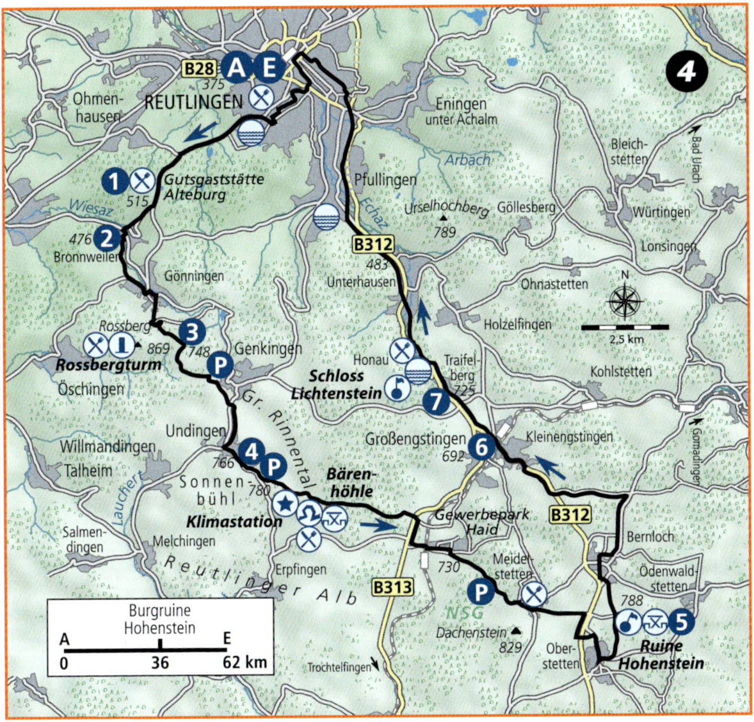
4
B28
A
E
375
REUTLINGEN
Ohmen-
hausen
Eningen
unter Achalm
Arbach
Bleich-
stetten
Bad Urach
1
Gutsgaststätte
Alteburg
515
Wiesaz
Pfullingen
Echaz
Urselhochberg
789
Göllesberg
Würtingen
476
2
Bronnweiler
B312
483
Unterhausen
Lonsingen
Gönningen
Ohnastetten
N
Holzelfingen
2,5 km
Rossberg
3
869
748
Rossbergturm
P
Genkingen
Honau
Traifel-
berg
725
Schloss
Lichtenstein
7
Kohlstetten
Öschingen
Gr. Rinnental
Undingen
Großengstingen
692
6
Kleinengstingen
Gomadingen
Willmandingen
Talheim
766
4
P
Bären-
höhle
Sonnen-
bühl
780
Lauchert
Klimastation
Gewerbepark
Haid
B312
Bernloch
Salmen-
dingen
Melchingen
730
Meider-
stetten
Ödenwald-
stetten
Reutlinger Alb
Erpfingen
B313
P
788
5
NSG
Dachenstein
829
Ober-
stetten
Ruine
Hohenstein
Trochtelfingen
Burgruine
Hohenstein
A
E
0
36
62 km

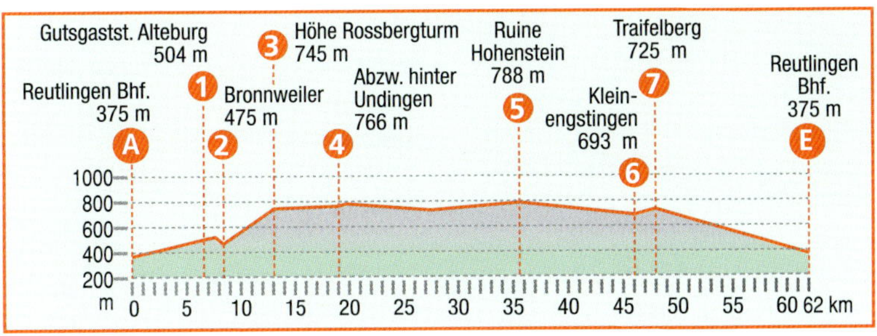
Gutsgastst. Alteburg
504 m
Reutlingen Bhf.
375 m
1
Bronnweiler
475 m
3
Höhe Rossbergturm
745 m
Abzw. hinter
Undingen
766 m
Ruine
Hohenstein
788 m
5
Traifelberg
725 m
7
Klein-
engstingen
693 m
Reutlingen
Bhf.
375 m
A
2
4
6
E
1000
800
600
400
200
m
0
5
10
15
20
25
30
35
40
45
50
55
60 62 km

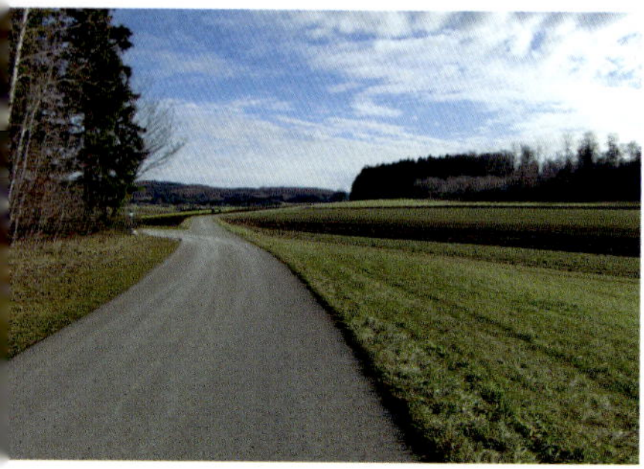

Vorbei am Kältepol Baden-Württembergs führt der Weg über die Alb.

danach auf der anderen Straßenseite sehr steil an. Nach kurzer Abfahrt und direkt an der Gutsgaststätte Alteburg vorbei geht es noch ein kurzes Stück bergauf und danach mit wunderbarem Blick vom Roßberg bis zum Hohenzollern rechts hinab nach Bronnweiler. Dort überqueren wir die Wiesaz und biegen an der Kreuzung links Richtung Gönningen ab, kurz danach rechts und wieder links auf den alten Bahndamm. Wir passieren Gönningens kleines, feines Kulturzentrum, den sogenannten Lokschuppen (ehemals ein Lokomotivschuppen), und erreichen kurze Zeit später die Hauptstraße, der wir nach rechts bis zum Rathaus folgen. Hier geht es für uns rechts vorbei und geradeaus weiter, die Roßbergsteige hinauf.

Oben angekommen lohnt es sich, zu verschnaufen und den Blick über Roßberg und Albhochfläche schweifen zu lassen. Wir folgen der Straße bis zum Wanderparkplatz beim Skilift Genkingen, überqueren die Kreuzung und biegen auf ein geteertes Sträßchen rechts ab, das im Bogen eine kurze Steigung hoch- und dann um die Gemeinde Genkingen herumführt. Am dritten Abzweig nach links fahren wir hinunter zur Verbindungsstraße nach Sonnenbühl-Undingen, der wir auf dem Radweg parallel folgen. In Undingen biegen wir am Rathaus links ab Richtung Erpfingen und bleiben bis zum Ortsausgang auf der Hauptstraße. Dann geht es unmittelbar vor dem Ortsschild links weg auf den Radweg nach Erpfingen. Auf der Höhe biegen wir nach links ab zum Wanderparkplatz und folgen dem Weg Richtung Bärenhöhle weiter ins Große Rinnental.

Linker Hand sehen wir nach kurzer Zeit die Klimastation, die seit Jahren liebevoll und mit viel Arbeitseinsatz von Roland Hummel betreut wird. Ein Blick auf die Schautafel lohnt sich. Dort sind Kälte- und Hitzerekorde, Wetterverläufe und -prognosen, Durchschnitts- und Spitzenmesswerte zu sehen. Eine Geschichte des Wetters der letzten Jahre sozusagen. Und natürlich fehlen auch die aktuellen Daten nicht. Daneben befinden sich Messgeräte, die zuverlässig

Bodentemperaturen und – etwas erhöht in einem kleinen Häuschen – die Temperaturen über der Erde aufzeichnen. Ein paar Meter weiter, eingezäunt, die Wetterstation, deren Messwerte immer mal wieder im Fernsehen zu sehen sind. Gemeinsam mit der Gemeinde Sonnenbühl und dem Tourismusverein Sonnenalb e. V. wurde ein Klimaweg entwickelt. Gruppen führt Roland Hummel auf Anfrage gern in die Geschichte der Wetteraufzeichnung ein und erklärt, was es da alles zu beobachten gibt, www.wetterring.de.

Zurück auf dem Weg geht es ein Stück bergauf und dann kommt auch schon der Abzweig zur Bärenhöhle.

Wer mag, kann hier abbiegen, es sind nur ein paar hundert Meter bis zum Freizeitpark Bärenhöhle (s. Tour 6).

Unsere Tour führt jedoch weiter geradeaus auf einem befestigten Weg durch lichten Mischwald bis zur B 312, die wir überqueren. Nach kurzer Fahrt parallel zur B 312 biegt der Weg nach links ab zum Gewerbepark Haid.

Die Haid war Zwangsarbeiterlager im Dritten Reich, später Militärkaserne und einer der ersten Schauplätze der Region für die Friedensmärsche an Ostern.

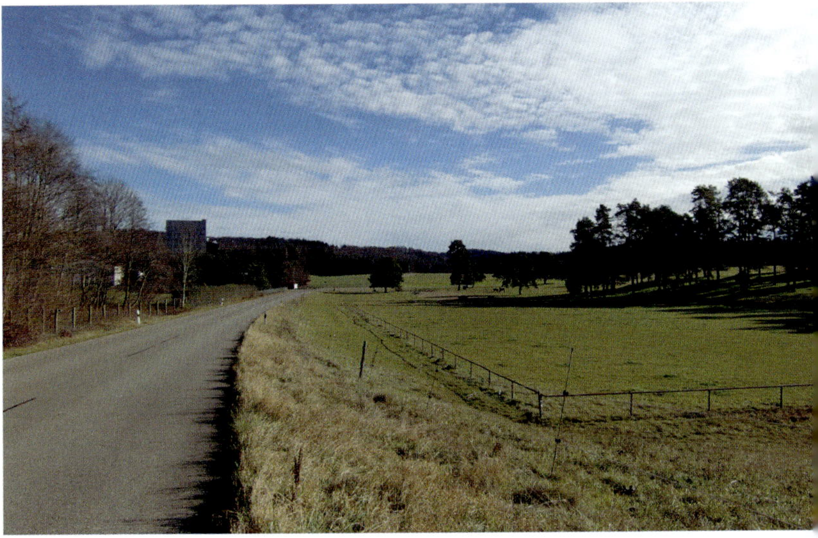

Die Haid

Im Militärmuseum Haid bekommt man einen Einblick in die Geschichte der ‚Muna' 1939 bis 1945 sowie der „Übergangszeit" 1945 bis 1958 mit der Nutzung als Luftkuranstalt und Kreisflüchtlingslager. Hunderte Fotos und zahlreiche Uniformen wurden gesammelt und eine „Rekrutenstube" eingerichtet. www.militär-historisches-museum.de

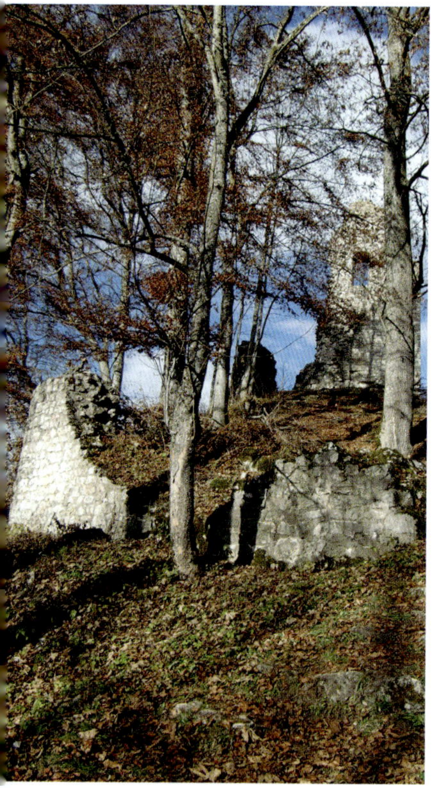

Burgruine Hohenstein – einst Sitz von Bischöfen, heute ein schöner Rastplatz

Am Ende der Siedlung fahren wir nach rechts auf die Gemeindeverbindungsstraße nach Meidelstetten.

Auf halbem Weg zeigt ein Wegweiser nach rechts zu einem Wanderparkplatz. Hier lohnt es sich, das Rad kurz abzustellen und das Naturschutzgebiet Wacholderheide Bauenhofen zu Fuß zu erkunden.

In Meidelstetten biegen wir auf die Hauptstraße nach links Richtung Bernloch ab und dann gleich wieder rechts Richtung Hohenstein-Oberstetten. Der Radweg führt unter der B 312 hindurch nach Oberstetten hinein. In der Ortsmitte biegen wir links ab Richtung Ödenwaldstetten und folgen dann der Beschilderung zur Burgruine Hohenstein.

An der Schranke empfiehlt es sich, die Räder abzustellen oder zumindest ab hier zu schieben. Über den Burggraben gelangen wir in den Burghof mit schönem Rastplatz und der Ruine des Bergfrieds. Um 1100 wurde die Burg erstmals urkundlich erwähnt. Deren Bewohner hatten ordentlich politisches Gewicht. So war Hartwig von Hohenstein um 1200 Bischof von Augsburg. Aber kein

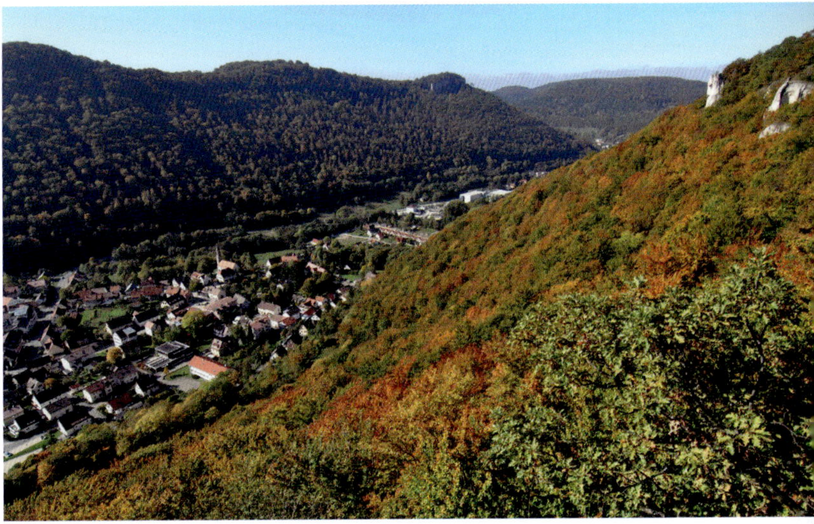

Blick vom Traifelbergfelsen ins Echaztal

Ruhm währt ewig. Die Hohensteiner mussten an die Zollern verkaufen und diese gaben die Burg im 15. Jahrhundert auf.

Von der Schranke aus fahren wir ein Stück zurück bis zum geteerten Weg und dann nach rechts auf den Radweg nach Bernloch. In der Ortsmitte angekommen, überqueren wir die Hauptstraße und fahren zur wunderschönen Bernlocher Hüle. Diese umrunden wir und folgen dem kleinen Sträßchen ortsauswärts. Dann biegen wir nach rechts ab und kommen auf die Kreisstraße nach Gomadingen, der wir bis zur Kreuzung mit historischen Wegweisern folgen. Hier biegen wir nach links Richtung Kleinengstingen ab. Der Weg führt durch lichten Wald und über offene Flächen bis zur B 312.

Parallel zur B 312 geht es nach einer Unterführung hinunter nach Kleinengstingen, das wir durchqueren. Am Ortsende fahren wir kurz geradeaus Richtung Holzelfingen, biegen gleich darauf links ab und fahren parallel zur B 312 bis zum Traifelberg. Dann geht es auf der alten Zahnradbahnstrecke bergab an Honau vorbei nach Unterhausen. Dort müssen wir in der Ortsmitte die Hauptstraße überqueren und fahren weiter auf dem alten Bahndamm nach Pfullingen und Reutlingen.

Tour 5: Schloss Lichtenstein und Hauff-Museum

Hinauf auf die Schwäbische Alb zum Wahrzeichen des Echaztales führt diese Tour. Hoch über der Gemeinde Lichtenstein thront das Schloss Lichtenstein, das aufgrund eines Romans des Dichters und Märchenerzählers Wilhelm Hauff erbaut wurde. Weltweit sicher einmalig. Im Museum im Tal kann man alles darüber erfahren.

Start- und Endpunkt: Reutlingen Hauptbahnhof

Streckenverlauf:
RT Hbf – Unterhausen – Kalkofen – Schloss Lichtenstein – Traifelberg – Honau – RT Hbf

: RT Am Südbahnhof; Pfullingen Freibad

Gesamtstrecke: 34 km

Schwierigkeitsgrad:
Höhendifferenz: 464 Hm

Dauer: 2,5 Stunden

Einkehrmöglichkeiten:
Forsthaus, Schlossschenke und Kiosk am Schloss Lichtenstein; Rössle in Honau

Rastplätze:
Am Kalkofen

Badeplätze:
Honau Freibad; Pfullingen Freibad

RT Hbf/Listplatz, Pfullingen Freibad; Schlossschenke Lichtenstein; Rössle Honau

Los geht's: Vom Hauptbahnhof in Reutlingen geradeaus, über die Karlstraße, hier links und gleich wieder rechts in die Kaiserstraße fahren. Kurz darauf links in die Schulstraße abbiegen, die Bismarckstraße queren und danach rechts auf die Charlottenstraße abbiegen. Auf dieser Fahrradstraße bis zum Ende bleiben und weiter über den Eninger Weg zur Kreuzung am Südbahnhof radeln. Hier unter der Straße hindurch und längs der alten Bahnlinie durch Pfullingen radeln. Wunderschön radelt es sich unter den Obstbäumen, die entlang des Weges gepflanzt sind, dahin.
Am Ortsausgang überqueren wir auf einer alten Eisenbahnbrücke die ehemalige Bundesstraße und radeln auf der Bahntrasse weiter nach Lichtenstein-Unterhausen.
In der Ortsmitte überquert der Echaztal-Radweg die Bundesstraße. Wir biegen hier rechts ein auf die B 312 und folgen ihr rund 400 Meter, bis uns ein Schild den Weg nach rechts zum Kalkofen weist.

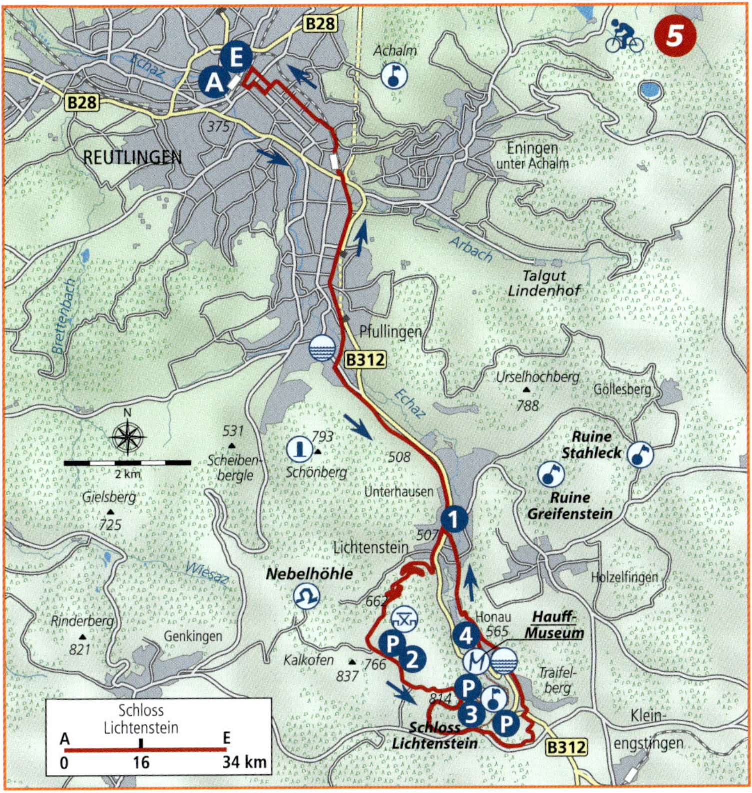
5
B28
Achalm
E
A
Echaz
B28
375
REUTLINGEN
Eningen
unter Achalm
Arbach
Talgut
Lindenhof
Brettenbach
Pfullingen
B312
Urselhochberg
788
Göllesberg
Echaz
N
531
Scheiben-
bergle
793
Schönberg
508
Ruine
Stahleck
2 km
Ruine
Greifenstein
Unterhausen
Gielsberg
725
1
507
Lichtenstein
Wiesaz
Nebelhöhle
Holzelfingen
662
Rinderberg
821
Genkingen
Honau
565
Hauff-
Museum
4
P
2
Kalkofen
837
766
Traifel-
berg
P
814
3
P
Schloss
Lichtenstein
Klein-
engstingen
B312
Schloss
Lichtenstein
A
E
0
16
34 km

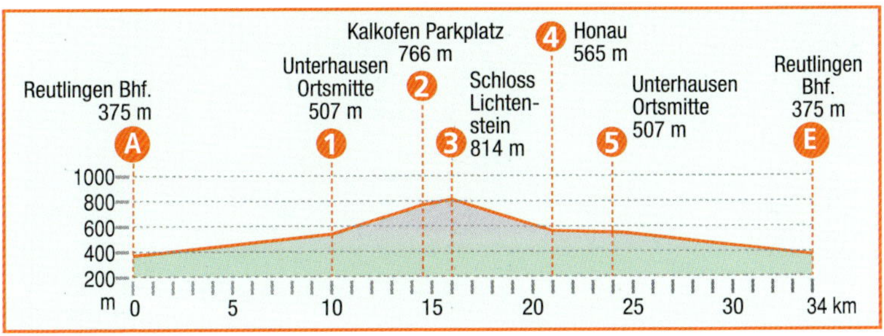
Reutlingen Bhf.
375 m
A
Unterhausen
Ortsmitte
507 m
1
Kalkofen Parkplatz
766 m
2
Schloss
Lichten-
stein
814 m
3
Honau
565 m
4
Unterhausen
Ortsmitte
507 m
5
Reutlingen
Bhf.
375 m
E
1000
800
600
400
200
m
0
5
10
15
20
25
30
34 km

Gleich in der ersten Kurve der Steige befindet sich ein Zeitmessgerät für Radler. Wer möchte, kann sich hier registrieren und oben auf der Höhe in der Nähe der Nebelhöhle am zweiten Gerät ablesen, wie schnell die Steigung bewältigt wurde.

So oder so, es geht bergauf. Der Höhenunterschied zwischen Echaztal und Alb will bewältigt werden. Oben angekommen geht es für die, die ihre gemessene Zeit abrufen wollen, nach rechts noch ein kleines Stück den Berg hinauf weiter Richtung Nebelhöhle. Die Tour selbst führt geradeaus weiter. Auf einem kleinen geteerten Sträßchen fährt man am ehemaligen Skihang Kalkofen vorbei. Links liegt ein Wanderparkplatz, dahinter befindet sich ein Rastplatz. Das Sträßchen biegt nach rund 1 km nach rechts ab. Wir fahren geradeaus weiter und kurz darauf in den Wald hinein – Wegweiser Schloss Lichtenstein. Der Weg endet am Parkplatz zum Schloss und am Eingang zum Kletterpark.

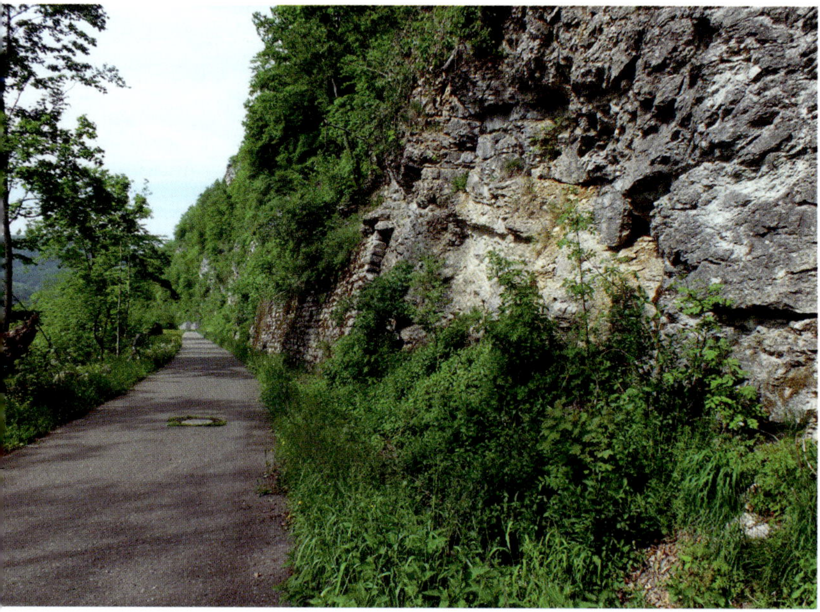

Mühselig hinauf, rasant bergab auf der ehemaligen Trasse der Zahnradbahn

Wer mag, kann sich im Kletterpark in die Bäume schwingen, auf Seilen balancieren, in Netzen herumturnen und überhaupt ausprobieren, wie schwindelfrei und trittsicher man ist. Der Abenteuerpark am Schloss Lichtenstein hält mehrere Kletter-Parcours mit über 200 Stationen für alle Kletterfreunde bereit.

Infos unter www.abenteuerpark-schlosslichtenstein.de.

Das Schloss liegt links noch ein kleines Stück bergauf. Eine Burg stand hier schon im Mittelalter. Nach mehreren Umbauten wurde sie um 1800 herum abgetragen und durch ein Forst- und Jagdschlösschen ersetzt. Dann schrieb Wilhelm Hauff seinen romantischen Roman *Lichtenstein*, der begeisterte Leser fand. Unter anderen Wilhelm Graf von Württemberg, der das Forstschlösschen samt Besitz drum herum kaufte und angeregt von der Romanvorlage eine altdeutsche Ritterburg im Stil des Mittelalters erbaute – übrigens von Anfang an mit der Idee, dieses Schloss Touristen zugäng-

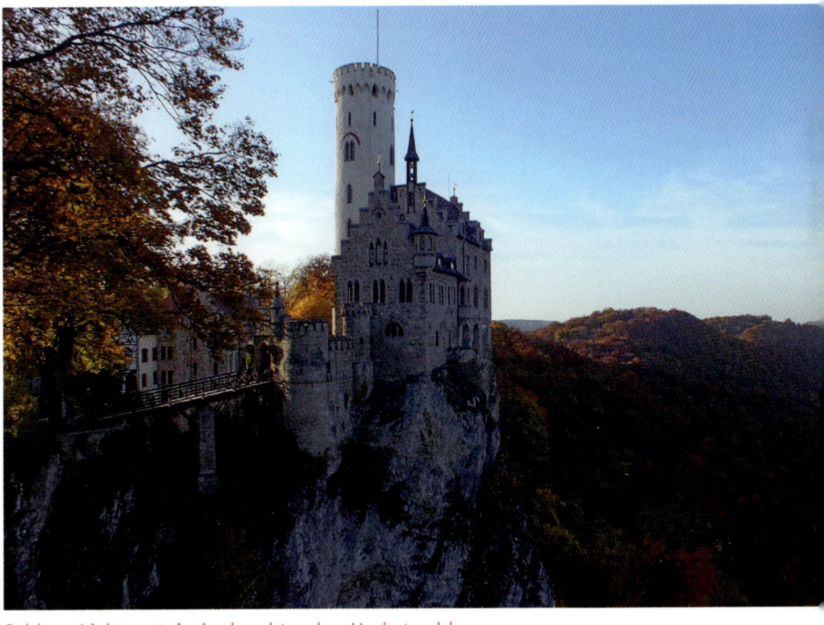

Schloss Lichtenstein im leuchtenden Herbstwald

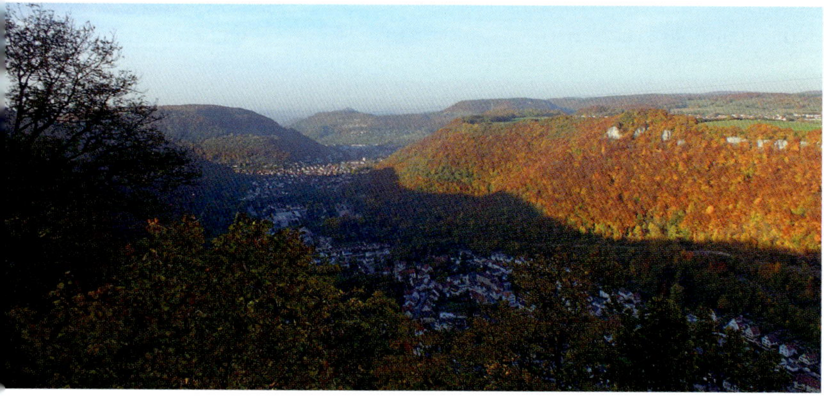

Blick vom Lichtenstein ins Echaztal

lich zu machen. Im 19. Jahrhundert war das etwas ganz Neues. Schloss Lichtenstein, die romantische Ritterburg im neugotischen Stil, wurde 1842 in Anwesenheit des Königs eingeweiht. Öffnungszeiten April bis Oktober: Täglich 9 bis 18 Uhr; November und März 10 bis 16 Uhr. www.schloss-lichtenstein.de

Lesetipp: Der Roman *Lichtenstein* handelt von Herzog Ulrich von Württemberg, der im Streit mit den freien Reichsstädten wie Reutlingen und Ulm vor deren Verfolgung Zuflucht auf dem Lichtenstein und in der nahe gelegenen Nebelhöhle findet. Wilhelm Hauff entwirft ein romantisches Heldenbild, dem der Herzog laut heutiger Geschichtsforschung in keinster Weise entsprach. Spannend zu lesen ist es allemal.

Vom Schloss radeln wir auf der Straße zurück und am Parkplatz vorbei. Nach ca. 1 km zeigt ein Schild den Weg nach links in den Wald hinein. Auf dem Waldweg hinunter an die Straße zu einem Parkplatz radeln. Diesen überqueren und auf dem Radweg weiter zum Skilift und zum Traifelberg fahren. Hier die B 312 überqueren. Dann geht es links auf die alte Zahnradbahnstrecke und auf ihr rasant bergab. Vorsicht: mitten in der schönsten Abfahrt nach ca. 1,5 km zeigt uns ein Wegweiser den Weg nach links nach Honau. Hier biegen wir ab, radeln in Honau geradeaus vor bis zur Bundesstraße und in deren Kurve gleich wieder links. Von dort ist schon das Tuffsteingebäude, das das Wilhelm-Hauff-Museum beherbergt, schon zu sehen. Hier befindet sich auch der Eingang zum Honauer Freibad.

Das Museum zeigt Werke des bereits mit 24 Jahren verstorbenen erfolgreichen Schriftstellers Wilhelm Hauff. Eine Erstausgabe des Romans Lichtenstein findet sich im Museum genauso wie Faksimiles der berühmten Märchen. Hauffs Märchen sind heute immer noch fast so bekannt wie die der Gebrüder Grimm. „Zwerg Nase“, „Das kalte Herz“ oder „Kalif Storch“ sind Volksgut geworden.

Öffnungszeiten: April bis Oktober Samstag, Sonn- und Feiertag 14 bis 17 Uhr, www.gemeinde-lichtenstein.de.

Wer gerne noch in eine Wirtschaft einkehren und eine der berühmten Honauer Forellen probieren möchte, fährt vom Hauff-Museum zurück an die Bundesstraße und hier ein Stück bergab Richtung Reutlingen. Die Honauer Forellen aus der Echaz gibt es im Forellenhof Rössle. In der Forellerie gegenüber kann man Leckeres rund um die Forelle einkaufen.

Vom Hauff-Museum aus radeln wir zurück zur Zahnradbahntrasse und lassen von dort auf dem Echaztal-Radweg die Räder bergab über Unterhausen und Pfullingen bis nach Reutlingen rollen.

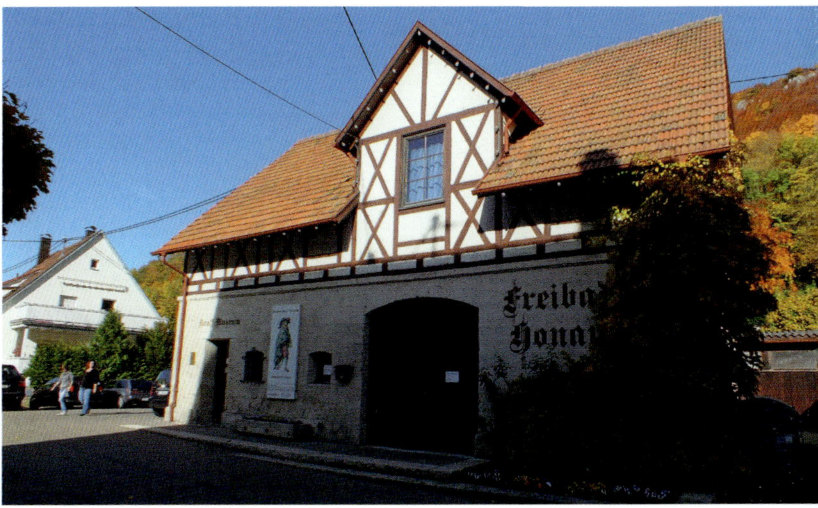

Das Wilhelm-Hauff-Museum in Lichtenstein-Honau

Tour 6: Zum Augstbergturm

Ein Aussichtsturm mit Alpenblick, die Nudelfabrik Albgold mit Bauerngarten und eine der größten Tropfsteinhöhlen des Landes sind die Höhepunkte dieser Tour. Für Familien ist es der Freizeitpark Traumland an der Bärenhöhle.

Start- und Endpunkt: Reutlingen Hauptbahnhof

Streckenverlauf:
RT Hbf – Kleinengstingen – Meidelstetten – Augstbergturm – Trochtelfingen – Bärenhöhle – Kalkofen – RT Hbf

: RT Am Südbahnhof; Pfullingen Freibad; Azur Camping Sonnenbühl; Eberhard-von-Werdenberg Halle Trochtelfingen; Feriendorf Sonnenmatte Sonnenbühl

Gesamtstrecke: 64 km

Schwierigkeitsgrad:
Höhendifferenz: 752 Hm

Dauer: 4,5 Stunden

Variante: Start Kleinengstingen Bhf – Ende Trochtelfingen Bhf 18 km

Einkehrmöglichkeiten:
Augstbergturm (sonntags); Rössle Trochtelfingen; Sonne Albgold; Bärentatze Bärenhöhle Sonnenbühl

Rastplätze: Augstbergturm, Kalkofen

Badeplätze:
Honau Freibad, Pfullingen Freibad

RT Hbf/Listplatz, Pfullingen Freibad, Trochtelfingen Marktstraße, Bärenhöhle Sonnenbühl

Los geht's: Vom Hauptbahnhof in Reutlingen geradeaus, über die Karlstraße, hier links und gleich wieder rechts in die Kaiserstraße fahren. Kurz darauf links in die Schulstraße abbiegen, die Bismarckstraße queren und danach rechts auf die Charlottenstraße abbiegen. Auf dieser Fahrradstraße bis zum Ende bleiben und weiter über den Eninger Weg zur Kreuzung am Südbahnhof radeln. Hier unter der Straße hindurch und längs der alten Bahnlinie durch Pfullingen radeln. Am Ortsausgang überqueren wir auf einer alten Eisenbahnbrücke die ehemalige Bundesstraße und folgen dem Weg weiter nach Lichtenstein-Unterhausen. In der Ortsmitte passieren wir die Bundesstraße und folgen den Schildern zunächst weiter Richtung Honau. Auf der ehemaligen Zahnradbahnstrecke, wo früher der Zug nach Kleinengstingen hinaufschnaufte, erklimmen wir die Alb – und schnaufen auch. Oben am Traifelberg angekommen folgen wir weiter der ehemaligen Bahnstrecke nach Kleinengstingen. Dort fahren wir ein kurzes Stück

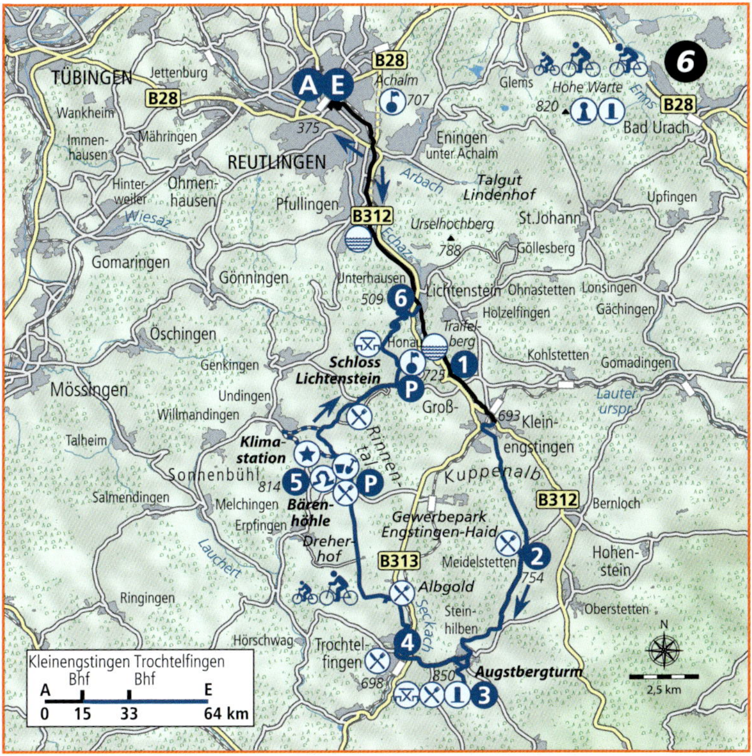
6
A E
TÜBINGEN
REUTLINGEN
B28
B312
B313
Achalm 707
Eningen unter Achalm
Pfullingen
Talgut Lindenhof
Urselhochberg 788
St.Johann
Hohe Warte 820
Bad Urach
Glems
Jettenburg
Wankheim
Immenhausen
Mähringen
Hinterweiler
Ohmenhausen
Wiesaz
Gomaringen
Gönningen
Unterhausen
509
Lichtenstein
Ohnastetten
Lonsingen
Gächingen
Holzelfingen
Upfingen
Göllesberg
Traifelberg
Honau
725
Schloss Lichtenstein
Öschingen
Genkingen
Undingen
Mössingen
Willmandingen
Talheim
Kohlstetten
Gomadingen
Lauter urspr.
Großengstingen
693
Kleinengstingen
Kuppenalb
Klimastation
Sonnenbühl
814
Bärenhöhle
Rinnental
Salmendingen
Melchingen
Erpfingen
Dreherhof
Gewerbepark Engstingen-Haid
Meidelstetten
754
Bernloch
Hohenstein
Albgold
Lauchert
Seckach
Steinhilben
Oberstetten
Ringingen
Hörschwag
Trochtelfingen
698
850
Augstbergturm
N
2,5 km
Kleinengstingen Bhf
Trochtelfingen Bhf
A
E
0 15 33 64 km
1 2 3 4 5 6 P

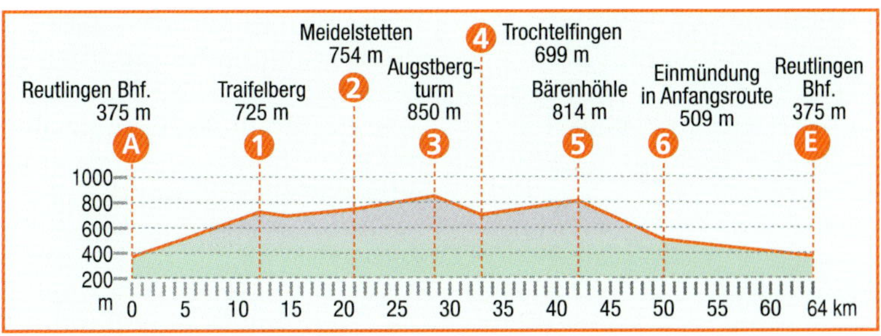
Reutlingen Bhf. 375 m
A
Traifelberg 725 m
1
Meidelstetten 754 m
2
Augstbergturm 850 m
3
4
Trochtelfingen 699 m
Bärenhöhle 814 m
5
Einmündung in Anfangsroute 509 m
6
Reutlingen Bhf. 375 m
E
1000
800
600
400
200
m
0 5 10 15 20 25 30 35 40 45 50 55 60 64 km

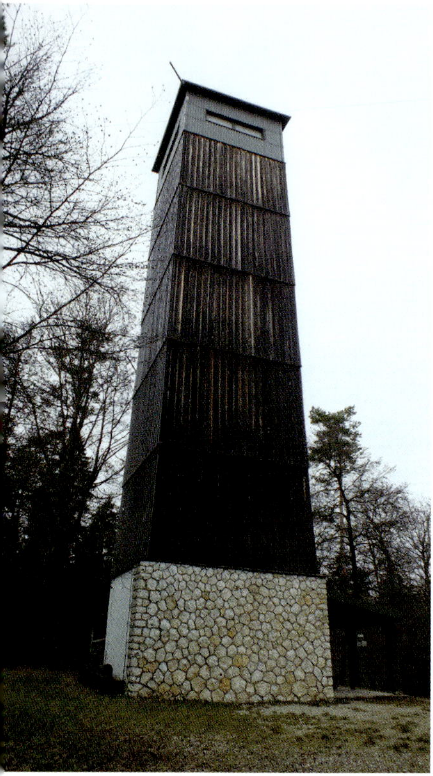

Augstbergturm bei Steinhilben

auf der Hauptstraße, um dann rechts nach Großengstingen abzubiegen.

Nachdem wir die Gleise überquert haben, biegen wir die nächste Möglichkeit nach links auf eine Verbindungsstraße nach Meidelstetten ab. Leider gibt es da keinen Wegweiser. Wir passieren wieder die Gleise, fahren ein Stück den Berg hinauf und sehen, oben angekommen, ein Schild, das uns den Weg nach Meidelstetten weist. Über die Kuppenalb mit immer wieder neuen und schönen Ausblicken radeln wir an einem Pferdehof vorbei nach Meidelstetten. Unten auf der Hauptstraße angekommen, fahren wir nach rechts weiter Richtung Steinhilben. Dieser Straße folgen wir ca. 3 km und biegen dann kurz vor deren Einmündung in die Straße von Oberstetten auf den ausgeschilderten Radweg nach Trochtelfingen und Steinhilben nach rechts ab. Oben am Sportplatz angekommen, biegen wir links nach Steinhilben ab. In Steinhilben fahren wir an der Kirche vorbei und dann geradeaus Richtung Pfronstetten. Am Ortsende von Steinhilben folgen wir dem Wegweiser zum Augstbergturm nach rechts. Bis zum Turm muss noch ein bisschen Höhe bewältigt werden.

Der Augstbergturm liegt immerhin auf 850 m. Er wurde Ende des 19. Jahrhunderts vom Schwäbischen Albverein erbaut, fiel dann aufgrund seiner exponierten Lage einem Unwetter zum Opfer und wurde 1962 neu errichtet. Ihn zu ersteigen, lohnt sich auf jeden Fall. Schönste Ausblicke über die Schwäbische Alb und das Lauchertal entschädigen immer für den beschwerlichen Aufstieg. Bei guter Fernsicht hat man sogar das gesamte Alpenpanorama vor sich ausgebreitet. Und wer Glück hat, sieht die Sonne auf der Zugspitze funkeln! Der Augstbergturm ist im Sommer sonntags bewirtschaftet. An seinem Fuße befindet sich ein schöner Rastplatz. Würste zum Grillen gibt es beim Wirt.

Vom Turm aus fahren wir zurück bis Steinhilben und dort gleich nach links. Die Straße mündet kurze Zeit später in die Kreisstraße nach Trochtelfingen, der wir bis in den Ort folgen. In Trochtelfingens Ortsmitte erwartet uns eine Fülle von Radwegeschildern. Wir folgen dem nach Erpfingen und zur Firma Albgold.

Hier besteht die Möglichkeit, sich beim Gang durch die "Gläserne Produktion" des Nudelherstellers anzuschauen, wie heutzutage Nudeln und Spätzle gemacht werden. Wer mag, kann in der "Sonne" einkehren und sie gleich probieren oder einen kleinen Spaziergang durch den schön angelegten Kräutergarten machen.

Und wer nicht mehr radeln mag, kann hier in den Zug nach Kleinengstingen steigen. Kurz hinter der Firma Albgold geht es links ein Stück den Berg hinauf und dann nach rechts auf die Gemeindeverbindungsstraße Richtung Sonnenbühl-Erpfingen. Oben auf der Höhe am Dreherhof verlassen wir die Straße, die hier nach links

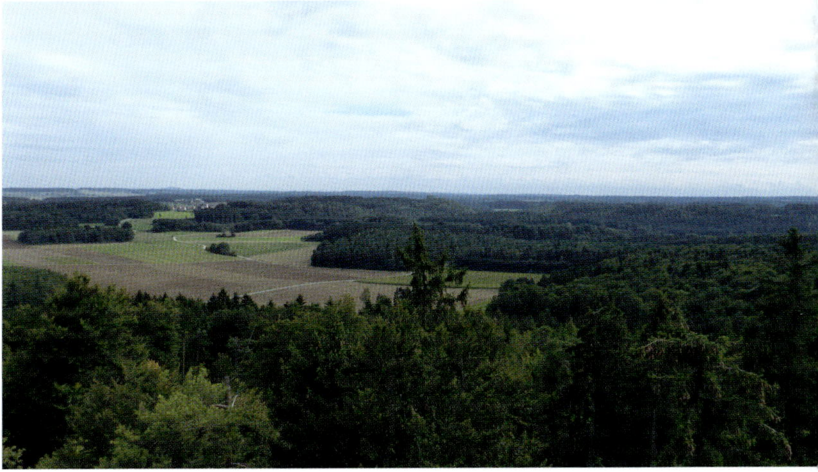

Ausblick vom Augstbergturm

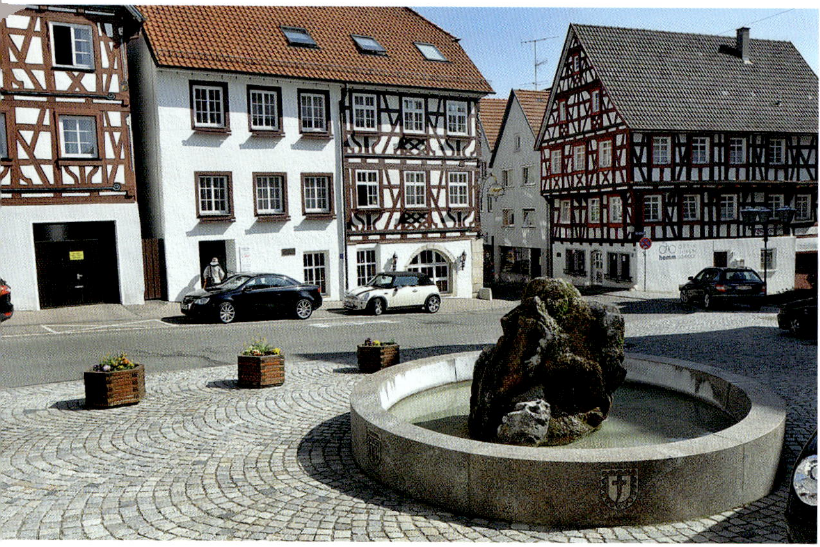

Stadtmitte Trochtelfingen

abbiegt, und radeln geradeaus weiter. Nach ca. 3 km erreichen wir die Straße zwischen Erpfingen und Haid, die wir überqueren. Kurz nach dem Wanderparkplatz führt uns der Weg geradeaus weiter (gelbes Dreieck). Wer möchte, kann nach links zur Bärenhöhle abbiegen.

Die Bärenhöhle ist eine Tropfsteinhöhle und viele Millionen Jahre alt. Vor 20.000 Jahren war sie auch einmal Wohnstätte von Höhlenbären. Zu sehen ist ein vollständig restauriertes Bärenskelett. Vor etwa 8.000 Jahren war sie die Heimat von Höhlenmenschen.

Öffnungszeiten:
April bis Oktober täglich 9–17.30 Uhr, November + März Sa, So und Feiertag 9–17 Uhr.

An der Bärenhöhle befindet sich der Freizeitpark Traumland mit Märchenwald, Spielwelten und vielen Attraktionen.
www.freizeitpark-traumland.de

An der Weggabelung angekommen, fahren wir nach links hinunter ins Rinnental. Bei schönem und trockenem Wetter können wir hier nach rechts an der Klimastation vorbei auf einem Feldweg durchs Rinnental fahren bis zur Straße, die zum Golfplatz hoch führt, auf die wir nach rechts abbiegen. Bei schlechterem Wetter bleiben wir auf dem befestigten Weg, fahren nach Undingen und dort scharf rechts auf die Straße zum Golfplatz. Kurz vor der Höhe am Golfplatz biegen wir nach einem Wanderparkplatz nach links ab (Wanderwegweiser rote Gabel Schloss Lichtenstein). Der Wanderweg zweigt kurz darauf nach links ab, wir bleiben auf dem Sträßchen, das uns an die Straße zwischen Genkingen und Traifelberg bringt, auf die wir nach rechts einbiegen. Hier müssen wir kurz auf der Straße fahren und dann nach links zum Wanderparkplatz abbiegen. Der Weg führt geradeaus weg von der Straße und trifft auf den Wanderweg zwischen Schloss Lichtenstein und Kalkofen. Wir fahren nach links zum Kalkofen und die Steige hinunter nach Unterhausen. In Unterhausen folgen wir der Hauptstraße ein kurzes Stück Richtung Reutlingen, biegen dann nach rechts ab in den alten Ortsteil hinein, fahren die nächste Straße wieder links und kommen am Radweg kurz vor der Ortsmitte wieder raus. Von hier aus folgen wir dem Echaztalradweg talabwärts durch Pfullingen zurück nach Reutlingen.

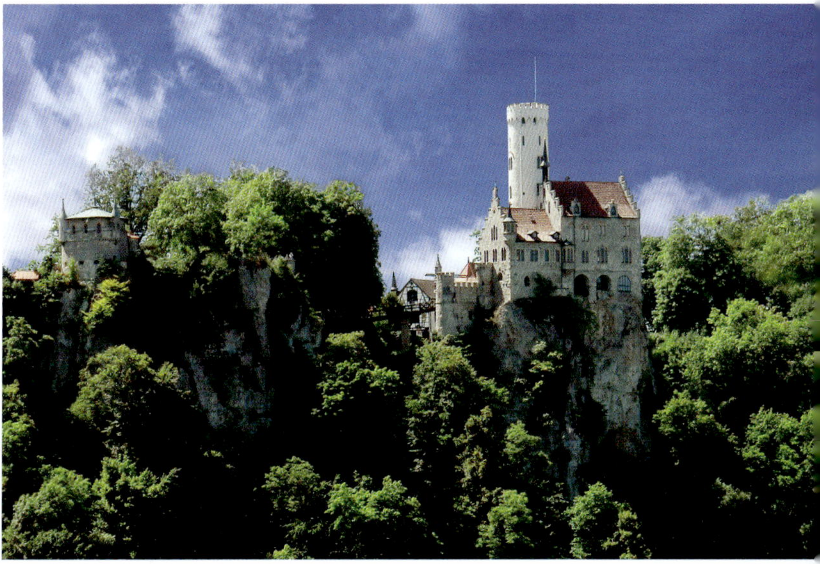

Schloss Lichtenstein

Tour 7: Tulpenblüte im Neckartal

Von Gönningen, dem südlichsten Ortsteil Reutlingens, führt diese Tour nach Mittelstadt, dem nördlichsten Zipfel des Stadtgebietes. Dass man dabei durchaus viel Natur und wenig Stadt erleben kann, zeigt diese Tour. Ganz besonders schön ist die Tour Anfang Mai, wenn die Tulpen blühen.

Start- und Endpunkt: Gönningen Rathaus

Streckenverlauf: Gönningen – Gomaringen – Wannweil – Rommelsbach – Mittelstadt – Neckartal – Tübingen – Gönningen

: Beim Sportplatz in Gönningen; Klostermühle RT-Mittelstadt

Gesamtstrecke: 61 km

Schwierigkeitsgrad: Höhendifferenz: 465 Hm

Dauer: 4,5 Stunden

Variante: Von RT Hbf nach Wannweil (s. Tour 9) und von Gönningen zurück nach RT (ebenfalls ca. 61 km)

Einkehrmöglichkeiten: Klostermühle Mittelstadt, Neckarmüller Tübingen, Gomaringen Café Kult

Rastplätze: Im Neckartal

Badeplätze: Kirchentellinsfurt Baggersee

Gomaringen Café Kult; Wannweil am Rathaus; Kirchentellinsfurt Dammweg 1; Tübingen Neckarmüller, Tourist Info

Los geht's: Vom Rathaus in Gönningen fahren wir die Hauptstraße hinunter und an der ersten Kurve geradeaus auf den Radweg nach Bronnweiler. Der Weg führt auf der ehemaligen Bahnlinie entlang nach Bronnweiler und dort am Ortsende auf die Hauptstraße. Dieser folgen wir ein kurzes Stück, biegen dann nach rechts ab und gleich wieder links auf den Radweg nach Gomaringen. An der Mühle geht es über die Wiesaz durch die Felder mit Blick aufs Hörnle weiter nach Gomaringen. In Gomaringen fahren wir rechts, folgen der Straße den Berg hinauf und wieder hinunter zum Kreisel. Wir überqueren die Straße und biegen kurz danach rechts ab auf den Radweg nach Ohmenhausen und Mähringen. Am Bahnhof Mähringen fahren wir links und folgen der Kreisstraße nach Mähringen bis zu Kirche. Nach der Kirche biegen wir rechts ab auf den Radweg ins Industriegebiet und nach Reutlingen. Am Industriegebiet angekommen, biegen wir die zweite Straße (Markwiesenstraße) nach links ab.

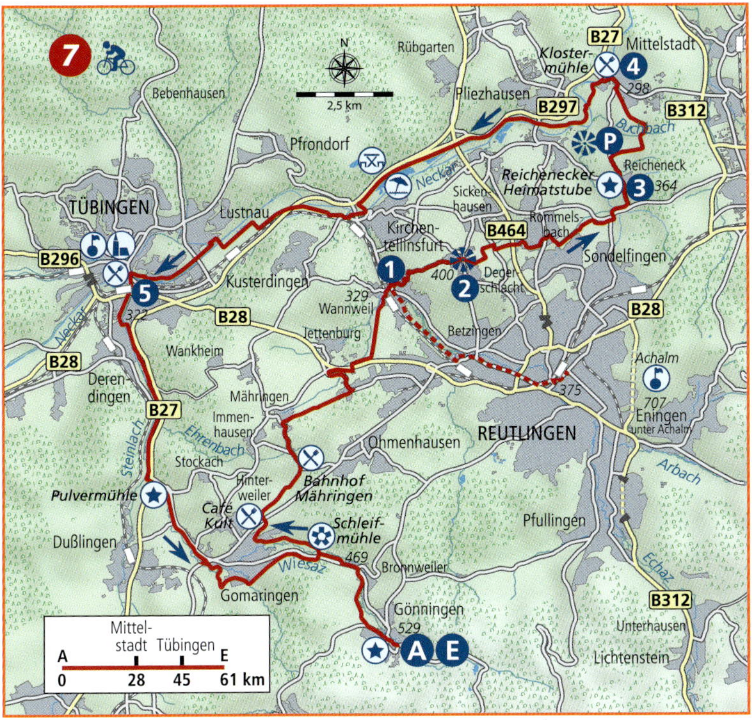
7
N
2,5 km
Rübgarten
Bebenhausen
Pliezhausen
Kloster-
mühle
4
298
Mittelstadt
B27
B297
B312
Buchbach
P
Pfrondorf
Neckar
Reichenecker
Heimatstube
3
364
Reicheneck
TÜBINGEN
Lustnau
Sicken-
hausen
Kirchen-
tellinsfurt
B464
Rommels-
bach
Sondelfingen
B296
1
400
2
Deger-
schlacht
Kusterdingen
5
322
329
Wannweil
B28
Jettenburg
Betzingen
Wankheim
Achalm
Neckar
Deren-
dingen
375
Mähringen
707
Eningen
unter Achalm
B27
Immen-
hausen
Ohmenhausen
REUTLINGEN
Ehrenbach
Steinlach
Stockach
Bahnhof
Mähringen
Arbach
Pulvermühle
Hinter-
weiler
Café
Kult
Schleif-
mühle
Pfullingen
Dußlingen
469
Wiesaz
Bronnweiler
Echaz
Gomaringen
Gönningen
529
B312
Unterhausen
Mittel-
stadt
Tübingen
A
E
0
28
45
61 km
A
E
Lichtenstein

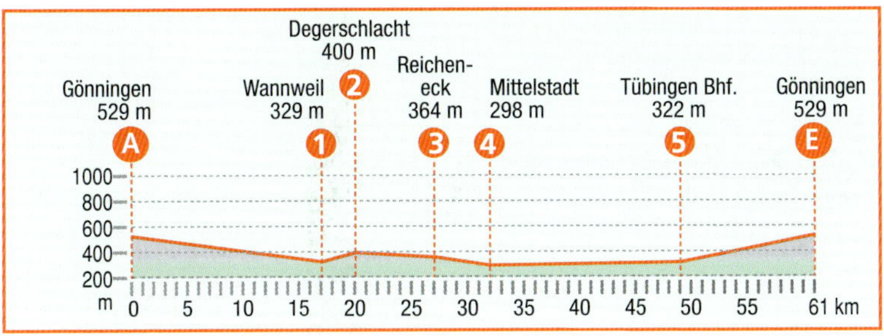
Gönningen
529 m
A
Wannweil
329 m
1
Degerschlacht
400 m
2
Reichen-
eck
364 m
3
Mittelstadt
298 m
4
Tübingen Bhf.
322 m
5
Gönningen
529 m
E
1000
800
600
400
200
m
0
5
10
15
20
25
30
35
40
45
50
55
61 km

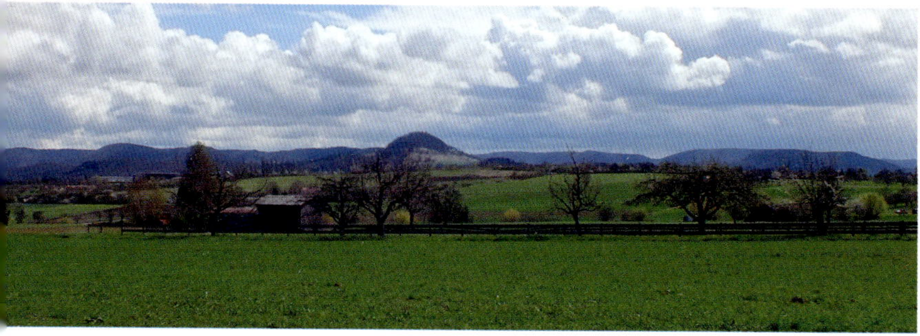

Auf der Höhe bei Degerschlacht – das weite Albpanorama

Nach etwa 800 Metern folgen wir dem Radwegweiser Jettenburg nach rechts und über die B28. Nach der Brücke rechts parallel zur B 28 und nach 500 Metern links. Das Sträßchen führt mit wunderbarem Blick über Obstwiesen hinunter nach Wannweil. In Wannweil biegen wir die dritte Straße nach links ab (Schloßstraße), folgen ihr den Berg hinunter, an deren Ende nach rechts und nach ein paar Metern nochmal rechts auf die Kusterdinger Straße und unter der Eisenbahnlinie hindurch zur Hauptstraße. Wir überqueren die Hauptstraße am Kreisel und folgen der Kreisstraße den Berg hinauf nach Degerschlacht.

Hier auf der Höhe liegt das ganze Alb-Panorama vor uns. Auf der anderen Seite sehen wir auf die Höhen jenseits des Neckartales. Ein wahrhaft weiter Blick, der sich da auftut.

An der Kirche in Degerschlacht überqueren wir die Straße und folgen der Talstraße. Am zweiten Abzweig fahren wir links aus dem Ort hinaus, über die Felder, nach etwa 350 m wieder nach links und nach 250 m rechts. An der Straße nach Sickenhausen biegen wir kurz rechts ab und dann gleich wieder links. Der Radweg nach Rommelsbach führt über eine Brücke über die B 464. Nach der Brücke biegen wir rechts ab und gleich wieder rechts in die Mähderstraße, der wir bis zum Ende folgen. Wir überqueren die Hauptstraße am Kreisel und fahren gleich wieder nach rechts an den Romina-Werken vorbei Richtung Sportplatz. Nach der Brücke über den Bach fahren wir links am Bach entlang. Kaum zu glauben, dass wir uns hier in dicht besiedeltem Gebiet befinden, wo doch außer Bach und Wiesen nichts zu sehen ist. Wir folgen den Wegweisern nach Sondelfingen bis zur Einmündung der Sondelfinger Straße. Hier müssen wir kurz auf die Landesstraße nach Metzingen, um über die Brücke zu kommen. Nach der Brücke fahren wir nach links auf einen Radweg, der parallel zur Straße verläuft. Wir folgen dem Radweg den Berg hinauf, fahren dann aber auf der Hauptstraße weiter nach Reicheneck und mitten durch den Ort hindurch.

Reicheneck, der kleinste Ortsteil Reutlingens, hat noch viele seiner bäuerlichen Traditionen bewahrt. Ein Blick in die Reichenecker Heimatstube lohnt sich, Dorfstr. 25. Öffnungszeiten nach Vereinbarung, Tel. (0 71 21) 49 37 04.

Wir folgen der Hauptstraße aus dem Ort hinaus und weiter bis zum höchsten Punkt, biegen rechts ab und halten am Parkplatz, um ausgiebig zu schauen.

Hier stand einst ein riesiger Baum weithin sichtbar. Die Aussicht ist grandios: Auf der einen Seite die Schwäbische Alb vom Neuffen bis zum Hohenzollern, auf der anderen Seite den Blick hinab ins Neckartal und hinüber zum Schönbuch.

Wir fahren auf dem Weg weiter an einem Aussiedlerhof vorbei und stoßen nach etwa 800 m auf den Radweg nach Mittelstadt, auf den wir nach links abbiegen. Nach der Brücke über den Buchbach geht es kurz rechts den Berg hinauf und dann gleich wieder links. Steil führt die Straße am Rande eines Wohngebiets hinunter nach Mittelstadt. Nun folgen wir der Hauptstraße an der Kirche vorbei zum Neckar.

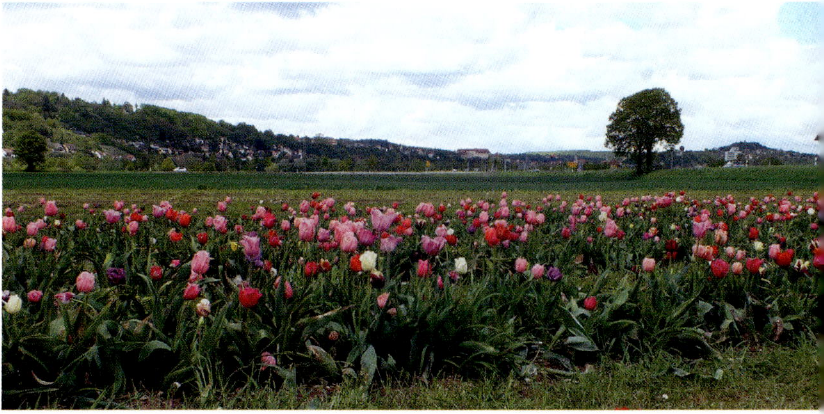

Das Neckartal mit Blick aufs Tübinger Schloss

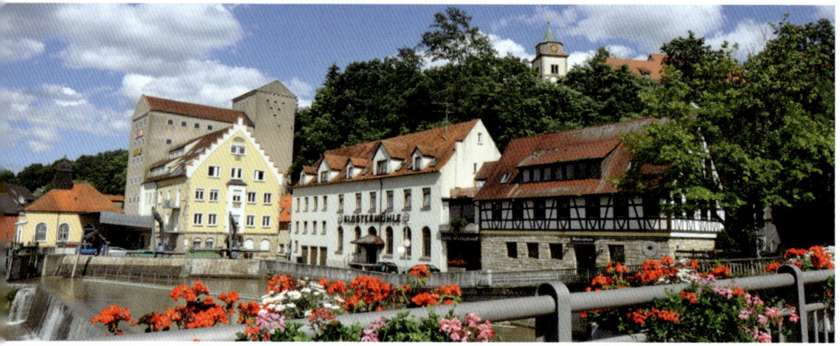

Neckarbrücke und Klostermühle Mittelstadt

Die tiefste Stelle des Stadtgebiets Reutlingen befindet sich hier an den Ufern des Neckars. Rechter Hand liegt die Klostermühle, in der durstige und hungrige Radler willkommen sind.

Linker Hand, vor der Brücke, zweigt der Neckartalradweg Richtung Tübingen ab. Dieser führt uns am Neckar entlang über eine Radler- und Fußgängerbrücke und durch die Neckarauen.

Am Kirchentellinsfurter Baggersee kann, wer im Sommer unterwegs ist und Badezeug dabei hat, eine erfrischende Badepause einlegen.

Kurz vor Kirchentellinsfurt geht es über die neue Brücke an der Echazmündung, danach rechts, unter der Tübinger Straße durch und weiter durch das grüne Neckartal nach Tübingen. In Tübingen radeln wir am Neckar entlang und über die Gartenstraße ins Zentrum. Wir biegen am Ende der Gartenstraße links ab, fahren über die Neckarbrücke und geradeaus weiter zur Unterführung am Jugendhaus und zur Steinlach. An der Steinlach entlang radeln wir stadtauswärts und folgen den Wegweisern nach Gomaringen und Dußlingen. Der Weg führt durch die Gartenstadt und ein kleines Industriegebiet zum großen Kreisel an der B 27. Wir fahren geradeaus weiter parallel zur Bundesstraße. An der nächsten Kreuzung biegen wir links ab Richtung Gomaringen.

Kurz darauf erreichen wir die Pulvermühle. Sie wurde 1861 als Pulverfabrik erbaut. In ihr wurde Schieß- und Sprengpulver hergestellt. Heute beherbergt die Pulvermühle einen Reitverein.

An der großen Kreuzung mit Ampel in Gomaringen biegen wir nach rechts und dann gleich nach links ins Wohngebiet ab (Wegweiser Holzakzente Grauer). Hier folgen wir der Straße und fahren beim Holzstudio Grauer auf einem Rad- und Fußweg geradeaus weiter. Danach macht die Straße eine Kurve und es geht weiter nach rechts auf einen Fuß- und Radweg. Dieser führt an einem kleinen Spielplatz vorbei über den Bach. Hier halten wir uns rechts. Der Weg bringt uns zur Gomaringer Sport- und Kulturhalle, an der wir vorbeifahren. Am Ende der Straße biegen wir nach links in die Schießmauerstraße ab und vor bis zur Landesstraße. Hier rechts und weiter nach Bronnweiler und Gönningen.

Gönningen, das am Talende liegt, war landwirtschaftlich nicht so gesegnet wie manch anderes Dorf. Aus der Not heraus hat sich hier über Jahrhunderte hinweg ein anderes wirtschaftliches Standbein entwickelt. Die Gönninger zogen Samen und verkauften sie in alle Welt. Jedes Jahr schmückten die Samenhändler die Gräber mit Tulpenzwiebeln. Dieser Brauch wurde wieder aufgenommen, und wer im April oder Mai nach Gönningen kommt, sollte unbedingt einen Abstecher zum Friedhof und zum Tulpenfeld beim Samenhändler Fetzer machen.

Geschichtlich Interessierten empfehle ich das Samenhandelsmuseum im Rathaus.

Das Museum ist geöffnet: Mo, Di, Mi, Fr 8–11.30 Uhr und Do 14–18 Uhr. Der Eintritt ist frei. Eine Führung kann unter Tel. 0072/7026 oder per Mail bza.goenningen@reutlingen.de angefragt werden.

Wer von Gönningen aus zurück nach Reutlingen fahren möchte, folgt der Hauptstraße vom Rathaus aus Richtung Reutlingen bis zum Ortsende. Dort geht es parallel zur Straße auf einen Radweg, der nach einem minimalen Anstieg hauptsächlich bergab nach Reutlingen führt.

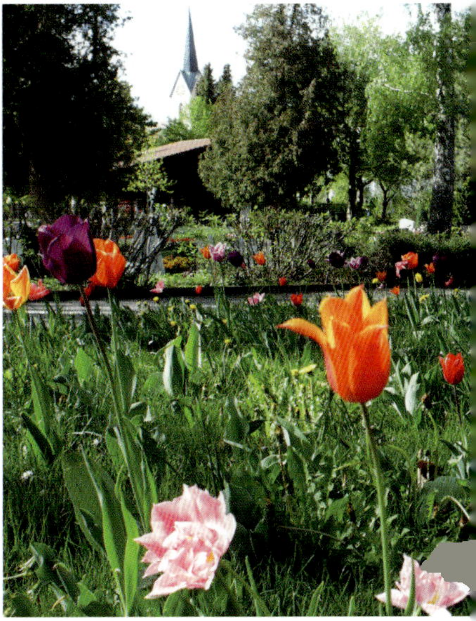

Tulpenblüte auf dem Friedhof in Gönningen

Tour 8: Über die Härten

Durch Streuobstwiesen zu einem Teich voller Frösche und Seerosen führt diese Tour über die Härten ins Ehrenbachtal. Zurück übers Steinlachtal passieren wir noch das Kirschenfeld bei Nehren. Die Tour ist ganz besonders im Frühling zu empfehlen, wenn die Obstbäume blühen.

Start- und Endpunkt: Reutlingen Hauptbahnhof

Streckenverlauf:
RT Hbf – Mähringen – Ehrenbachtal – Ofterdingen – Nehren – Gomaringen – RT Hbf

: Bösmannsäcker RT; In den Steinlachauen Nehren

Gesamtstrecke: 46 km

Schwierigkeitsgrad:
Höhendifferenz: 346 Hm

Dauer: 3 Stunden

Varianten: mit Tour 13 kombinierbar (90 km) bis Nehren Bhf 30 km

Einkehrmöglichkeiten:
Waldhorn Mähringen
Café Kult Gomaringen

Rastplätze:
Im Ehrenbachtal
Beim Kirschenfeld in Nehren

RT Hbf/Listplatz; Nehren PP Bahnhof; Gomaringen Schloss und Café Kult; Ohmenhausen Café Mayer

Los geht's: Vom Reutlinger Hauptbahnhof nach rechts wegfahren, gleich wieder links, an der E-Bike-Ladestation vorbei und nach rechts auf den Radweg längs der Karlstraße abbiegen. An der dritten Ampel rechts, unter der Eisenbahnbrücke hindurchfahren und danach links in die Tübinger Straße einbiegen. Nach dem Westbahnhof die zweite Möglichkeit nach links abbiegen (Bösmannstraße), am Parkplatz Bösmannsäcker vorbei fahren und an der Ampel die B28 überqueren. Wir radeln die Hauffstraße entlang bis zum Bahnhof Betzingen. Nach dem Bahnhof folgen wir der Straße unter der Eisenbahnlinie durch und fahren nach ca. 500 m nach links über die Brücke und danach gleich wieder rechts ins Industriegebiet. Dort biegen wir die zweite Straße rechts ab, unterqueren die Straße zwischen Betzingen und Ohmenhausen und fahren an der Ampel nach rechts in die Markwiesenstraße, der wir bis zu ihrem Ende folgen. Hier am Ende des Industriegebiets führt der Weg als Radweg gerade-

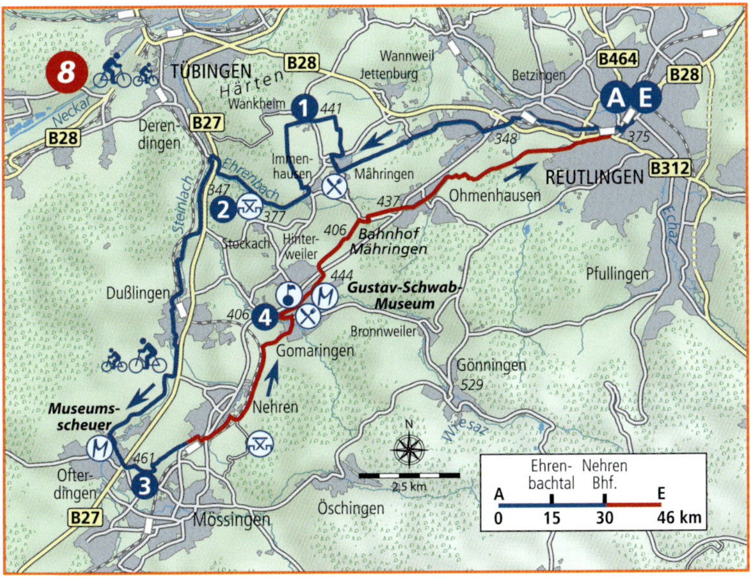
8
TÜBINGEN
Härten
Wankheim
441
Wannweil
Jettenburg
Betzingen
B464
B28
A E
Neckar
B28
Deren-
dingen
B27
348
375
Immen-
hausen
Mähringen
REUTLINGEN
B312
Ehrenbach
347
377
437
Ohmenhausen
Steinlach
Stockach
Hinter-
weiler
406
Bahnhof
Mähringen
Echaz
444
Pfullingen
Dußlingen
Gustav-Schwab-
Museum
406
Bronnweiler
Gomaringen
Gönningen
529
Museums-
scheuer
Nehren
Wiesaz
N
461
2,5 km
Ofter-
dingen
B27
Mössingen
Öschingen
Ehren-
bachtal
Nehren
Bhf.
A
E
0
15
30
46 km

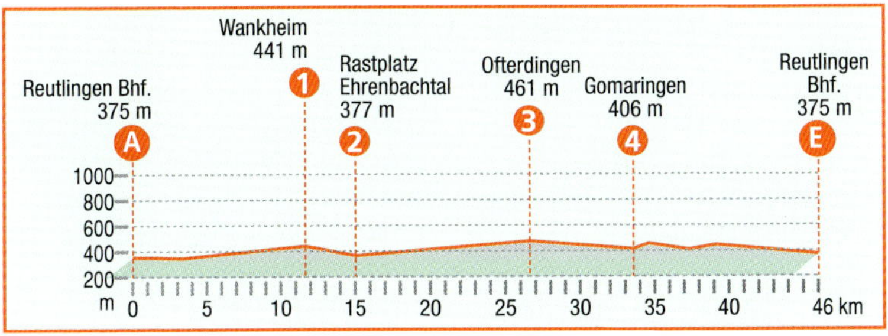
Wankheim
441 m
Rastplatz
Ehrenbachtal
377 m
Ofterdingen
461 m
Gomaringen
406 m
Reutlingen
Bhf.
375 m
Reutlingen Bhf.
375 m
A
1
2
3
4
E
1000
800
600
400
200
m
0
5
10
15
20
25
30
35
40
46 km

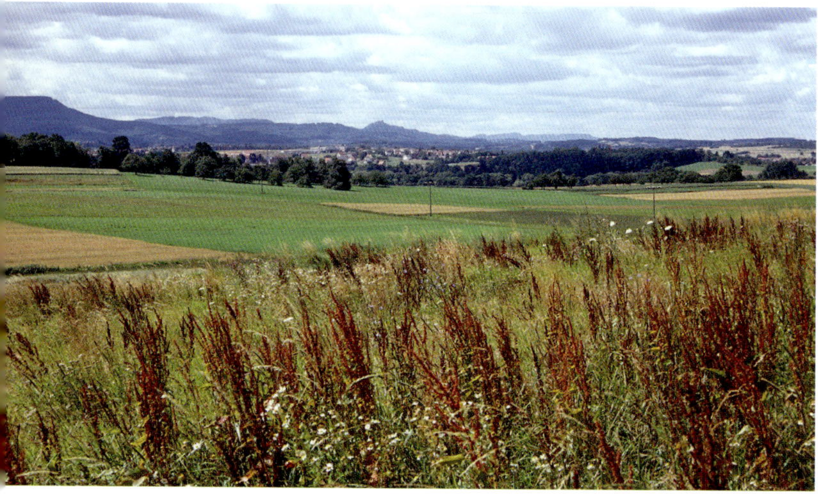

Die Härten – Blick auf Gomaringen, Roßberg und Hohenzollern

aus weiter nach Mähringen. In Mähringen an der Hauptstraße angekommen, geht es rechts ab, an der Hauptstraße entlang, aber nicht um die Linkskurve, sondern geradeaus weiter in die Neckar-Alb-Straße. An deren Ende biegen wir nach rechts ab Richtung Jettenburg und radeln an der nächsten Möglichkeit nach links auf einen landwirtschaftlichen Weg, der uns mit weitem Blick über die Felder der Härten nach Wankheim bringt. In Wankheim biegen wir nach links ab, folgen der Straße bis zur Hauptstraße, überqueren diese und fahren bis zum Ortsende. Kurz nach dem Ende der Bebauung biegt ein geteerter Weg nach links ab, dem wir folgen. Durch Streuobstwiesen und mit weitem Blick zu den Bergen der Schwäbischen Alb – vom Roßberg bis zum Zollern ist hier alles zu sehen – führt der Weg an einem Pferdehof vorbei nach Immenhausen. Hier fahren wir links und biegen kurz darauf rechts in die Hauptstraße ab. Kurz nach der Bushaltestelle zeigt uns ein bunter Wegweiser aus Holz den Weg nach rechts ins Ehrenbachtal.

Nach 2 km erreichen wir einen sehr schönen Rastplatz. Hier befindet sich ein Teich, in dem so ziemlich alle Frösche der Umgebung ihren Laich abgeben. Im Juni blühen dann die Seerosen und in den Nächten gibt es weithin hörbare Froschkonzerte.

Der Weg führt weiter talabwärts. Kurz vor der Mündung des Ehrenbachs in die Steinlach fahren wir unter der B 27 durch und biegen danach auf den Radweg nach links Richtung Dußlingen ein. An der nächsten Kreuzung halten wir uns rechts, überqueren die Steinlach und fahren durchs Industriegebiet nach Dußlingen. Dann folgen wir der Steinlach und den Wegweisern am Wohnmobilstellplatz vorbei nach Ofterdingen. Kurz vor Ofterdingen verlässt der Radweg den Bach und steigt leicht an.

Wer möchte, kann hier nach rechts auf die Tour 13 wechseln und durch den Rammert weiterfahren.

Wir fahren nach links Richtung Ortsmitte. Nachdem wir der Steinlach ein kurzes Stück gefolgt sind, biegen wir nach links ab in die Bachsetzstraße.

Gleich wieder rechts befindet sich die Museumsscheuer. Hier können historische land- und hauswirtschaftliche Geräte sowie ganze Werkstatteinrichtungen besichtigt werden. Glanzstück ist die Ofterdinger Dampfmaschine. Das Museum ist mittwochs von 16 bis 18 Uhr geöffnet. www.museumsscheuer-sattlergasse.de

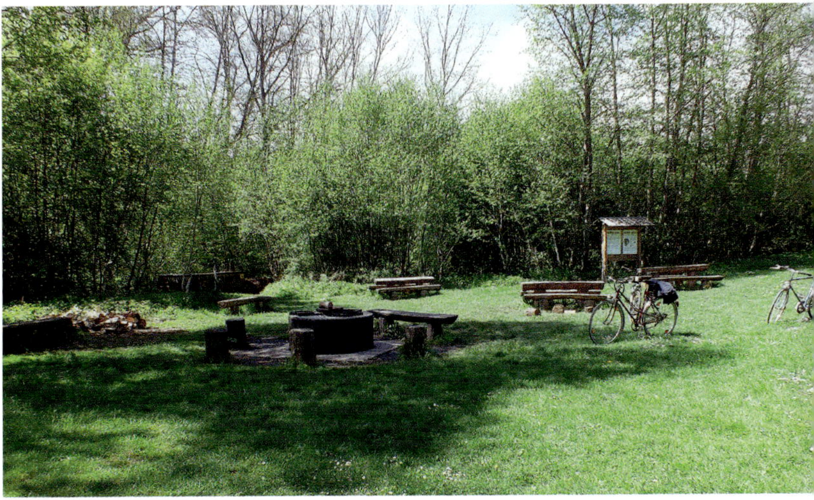

Rastplatz Ehrenbachtal

Wir folgen der Bachsetzstraße den Berg hinauf, fahren unter der B27 durch und biegen dann nach links in die Brunnenstraße ab und danach nach rechts auf den Radweg nach Nehren. In Nehren fahren wir gleich nach rechts hinunter zur Hauptstraße, überqueren diese, folgen ihr parallel auf dem Radweg ein kurzes Stück Richtung Nehren und biegen dann nach rechts zum Bahnhof Nehren ab.

Wer mag, kann hier in den Zug steigen und über Tübingen zurück nach Reutlingen fahren.

Kurz vor dem Bahnhof biegen wir nach links ab und folgen der Straße durchs Industriegebiet. Nach 1 km zweigt am Kreisel ein Weg nach rechts ab, der unter der Eisenbahnlinie hindurchführt. Der Weg gabelt sich nach der Unterführung.

Wer einen Rastplatz möchte, hält sich rechts. Ein Stück den Berg hinauf gibt es eine Schutzhütte mit Feuerstelle. Im Frühling sieht man hier blühende Kirschbäume zuhauf.

Wir nehmen den Weg links, der parallel an der Bahnlinie

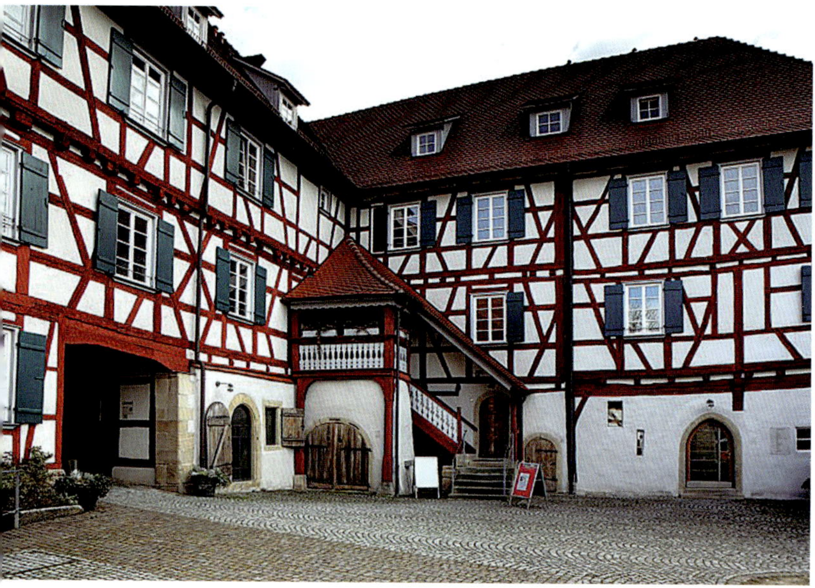

Innenhof Schloss Gomaringen

entlang führt und fahren weiter Richtung Gomaringen mit schönem Blick über blühende Streuobstwiesen und das Steinlachtal. An der Gomaringer Festhalle vorbei radeln wir weiter zur Hauptstraße (Radwegbeschilderung Tübingen), biegen auf sie nach links ab und folgen ihr am Friedhof vorbei. Danach fahren wir nach rechts hinauf zum Schloss.

Hier wohnte Gustav Schwab in seiner Zeit als Pfarrer in Gomaringen von 1837 bis 1841. Und hier schrieb er unter anderem seine berühmten *Sagen des klassischen Altertums*, mit denen schon Generationen von Schülern groß geworden sind.

Lesetipps: Gustav Schwab: *Die schönsten Sagen des klassischen Altertums* und *Wanderungen durch Schwaben*.

Im Schloss gibt es ein Gustav-Schwab-Museum, in dem Dokumente, Erstausgaben und Toneinspielungen zu sehen und zu hören sind. Öffnungszeiten: einen Sonntag im Monat von 13.30–17 Uhr. Näheres auf: www.gav-gomaringen.de

Wir fahren geradeaus weiter, an der zweiten Kreuzung links, am großen Supermarkt vorbei den Berg hinunter, am Kreisel über die Landesstraße und nach rechts auf den Radweg nach Ohmenhausen.

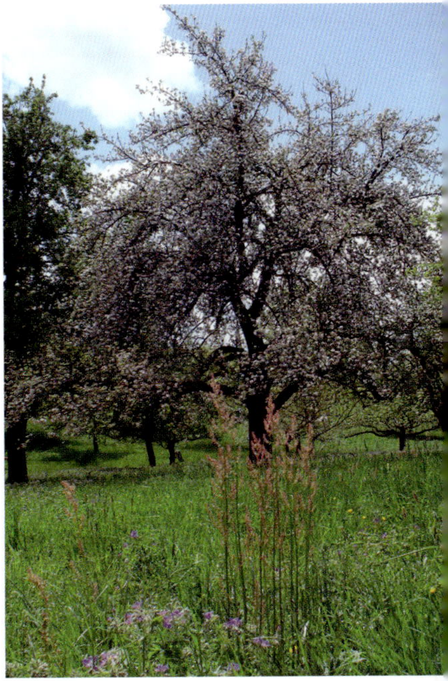

Streuobstwiese bei Gomaringen

In Ohmenhausen unterqueren wir die Straße und fahren dann steil den Berg hinunter durch den Ort. Am Ortsende geht es rechts auf den Radweg nach Reutlingen. Dieser führt durch Felder und Wiesen bis zur großen Kreuzung an der B28. Wir radeln geradeaus die Konrad-Adenauer-Straße entlang bis zur Unterführung am Westbahnhof. Hier geht es unter den Gleisen hindurch, dann nach rechts in die Tübinger Straße und zurück zum Bahnhof.

Tour 9: In den Schönbuch

Diese Tour führt an die Echazmündung und über den Neckar in den Naturpark Schönbuch mit seinen stattlichen und prächtigen Bäumen. Durch das idyllische Schaichtal geht es zurück an den Neckar und zwei Badeseen.

Start- und Endpunkt: Reutlingen Hauptbahnhof

Streckenverlauf:
RT Hbf – Echaztal – Einsiedel – Schaichtal – Neckartailfingen – Aileswasensee – Neckartal – Wannweil – RT Hbf

: RT Bösmannsäcker; Bei der Klostermühle RT-Mittelstadt

Gesamtstrecke: 60 km

Schwierigkeitsgrad:
Höhendifferenz: 481 Hm

Dauer: 4 Stunden

Varianten: Start- und Endpunkt Tübingen 60 km; Start- und Endpunkt Kirchentellinsfurt 42 km

Einkehrmöglichkeiten:
Seekiosk Aileswasensee, Klostermühle Mittelstadt

Rastplätze:
Einsiedel, Jägersitzhütte, Im Schaichtal

Badeplätze:
Aileswasensee Neckartailfingen, Baggersee Kirchentellinsfurt

RT Hbf/Listplatz; Kirchentellinsfurt Dammweg 1; Aileswasensee Seekiosk

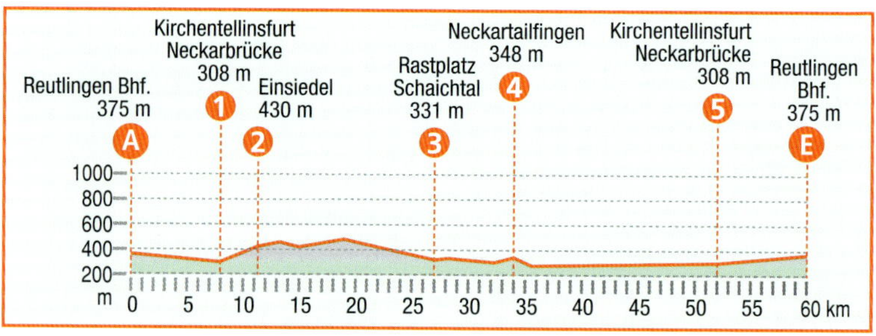

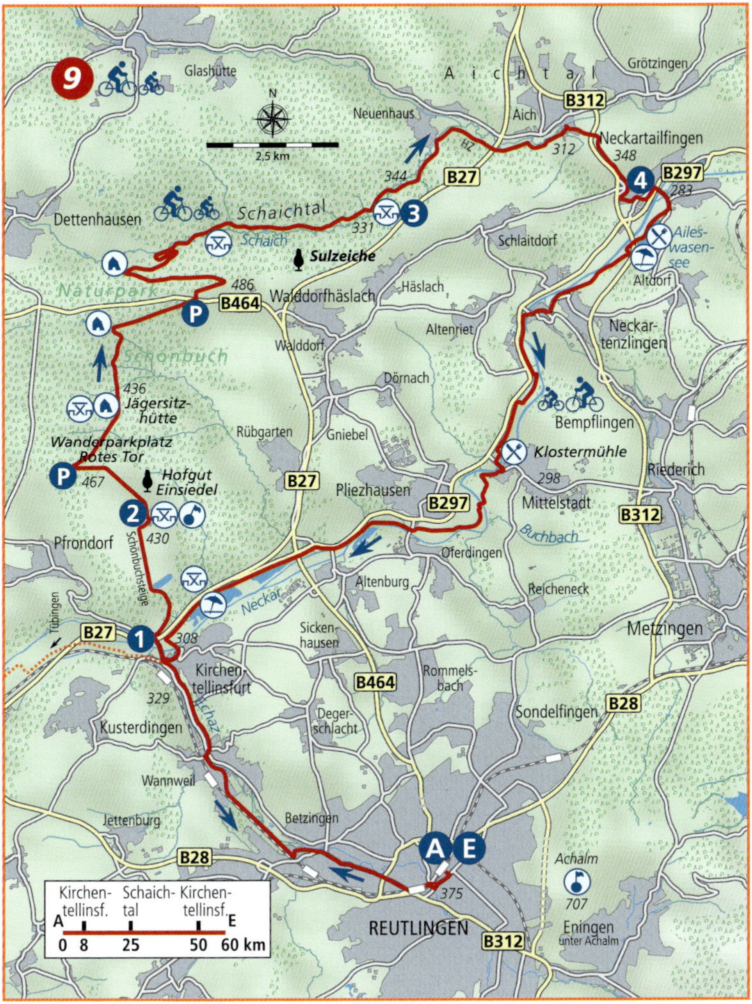
9
Glashütte
Aichtal
Grötzingen
Neuenhaus
Aich
B312
Neckartailfingen
2,5 km
312
348
344
B27
B297
283
Dettenhausen
Schaichtal
331
3
Schaich
Schlaitdorf
Ailes-wasen-see
Sulzeiche
Altdorf
486
Naturpark
B464
Walddorfhäslach
Häslach
Neckar-tenzlingen
Altenriet
Schönbuch
Walddorf
Dörnach
436
Jägersitz-hütte
Bempflingen
Rübgarten
Gniebel
Wanderparkplatz Rotes Tor
Klostermühle
467
Hofgut Einsiedel
298
Riederich
B27
Pliezhausen
B297
Mittelstadt
2
B312
430
Pfrondorf
Buchbach
Oferdingen
Schönbuchsteige
Altenburg
Reicheneck
Neckar
Tübingen
B27
1
308
Sicken-hausen
Metzingen
Kirchen-tellinsfurt
Rommels-bach
B464
329
Sondelfingen
B28
Deger-schlacht
Kusterdingen
Echaz
Wannweil
Jettenburg
Betzingen
A
E
B28
Achalm
375
707
Kirchen-tellinsf.
Schaich-tal
Kirchen-tellinsf.
A
E
0
8
25
50
60 km
REUTLINGEN
B312
Eningen unter Achalm

Los geht's: Vom Reutlinger Hauptbahnhof nach rechts wegfahren, gleich wieder links, an der E-Bike-Ladestation vorbei und nach rechts auf den Radweg längs der Karlstraße abbiegen. An der dritten Ampel rechts, unter der Eisenbahnbrücke hindurchfahren und danach links in die Tübinger Straße einbiegen. Am Westbahnhof Augen auf: Hier entsteht der neue Radschnellweg durch das Echaztal nach Tübingen. Falls der schon fertig ist, auf diesem bis Kirchentellinsfurt radeln. Ansonsten nach Betzingen und von dort weiter nach Wannweil radeln.

In Wannweil durchqueren wir das Zentrum und wechseln dann rechts auf den Radweg, der parallel zur Hauptstraße nach Kirchentellinsfurt führt. In Kirchentellinsfurt fahren wir weiter an der Hauptstraße entlang, an der großen Kreuzung geradeaus und überqueren den Neckar. Am Ende der Brücke biegen wir rechts ab auf die Straße zum Hofgut Einsiedel. Durch den Wald geht es die Schönbuchsteige steil hinauf, unsere Hauptsteigung des Tages. Oben angekommen öffnet sich eine weite Hochfläche, in deren Zentrum das ehemals herrschaftliche Hofgut Einsiedel liegt.

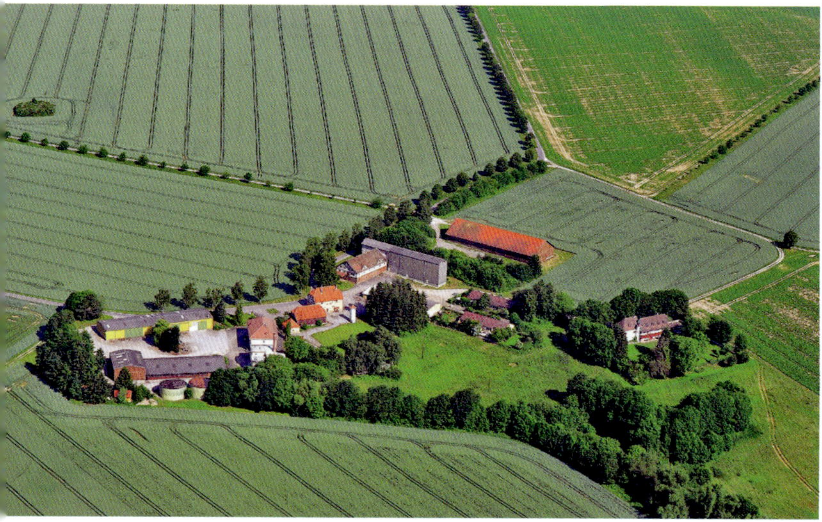

Hofgut Einsiedel

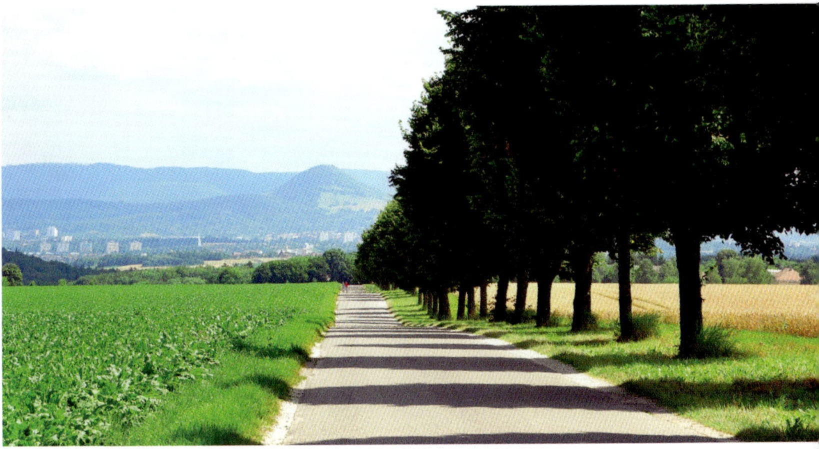

Eine Allee führt vom Hofgut Einsiedel zum Waldrand des Schönbuchs.

Hier, am Rande des Naturparks Schönbuch, erbaute Graf Eberhard im Barte 1482 das Jagdschloss Einsiedel. Heute steht nur noch der Westflügel der einstigen Schlossanlage. Während des Zweiten Weltkriegs wurde das Schloss als Arbeitslager benutzt. Danach bekam es die katholische Kirche zur Pacht, die es heute als Jugendheim nutzt.
Auf der großen Wiese im Innenhof steht ein alter Weißdorn, der Sage nach der Nachkömmling des legendären Weißdorns, den Graf Eberhard von seiner Reise nach Palästina mitbrachte. Dieser oder sein Nachkomme muss im 19. Jahrhundert derart prächtig gewesen sein, dass er Ludwig Uhland zu einem Gedicht inspirierte.

Lesetipp: „Graf Eberhards Weißdorn“ ist nachzulesen in Ludwig Uhland, *Gedichte und Prosa*, Tübingen: Klöpfer & Meyer, 2010.

Wir radeln weiter auf der Allee Richtung Dettenhausen bis zum Waldrand und von dort noch etwa 750 m bis zum großen Wanderparkplatz „Rotes Tor“. Hier biegen wir nach rechts ab und folgen den Schildern zur Jägersitzhütte, an der sich auch eine Grillstelle befindet. Wir sind jetzt mitten im Naturpark Schönbuch, der mit seinen großen Waldflächen zur Erholung einlädt. Wir folgen weiter dem roten U (Wanderweg ins Schaichtal), bis dieser den befestigten Weg verlässt. Wir bleiben auf dem befestigten Weg.

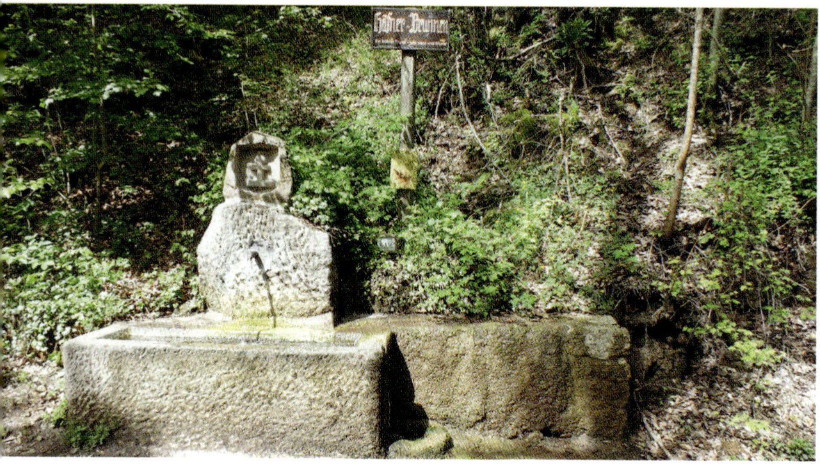

Historischer Brunnen im Schaichtal

An der Schutzhütte geht es nach rechts auf die Eschachhau-Allee bis zum Wanderparkplatz an der B464. Wir überqueren die B464, biegen danach rechts ab Richtung Sulzeiche und Häslach und nach 500 m nach links auf den Weg nach Dettenhausen (blaues Kreuz). Diesem folgen wir 1,5 km bis zu einer Schutzhütte, an der wir rechts abbiegen. Nach weiteren 500 m zweigt ein Weg nach links ab, dem wir durch den Wald hinab ins Schaichtal folgen.

Hat hier irgendwo Veit Müller in seinem Krimi die Leiche abgelegt? Vorstellbar wäre es zumindest. Lokaljournalist Luka Blum stößt auf unheimliche Sagengestalten und mancherlei anderes Unerklärliches im Schönbuch.

Lesetipp: Veit Müller, *Tod im Schönbuch*. Oertel + Spörer Reutlingen

Im Schaichtal angekommen, biegen wir auf den Weg nach rechts ab, der von Dettenhausen nach Neuenhaus führt. Wunderschön führt der Weg über die nächsten 6 km am plätschernden Bach entlang mitten durch den Wald. Mehrere Rastplätze laden zum Pausieren ein. Am Ortsrand von Neuenhaus biegen wir rechts ab und bleiben weiter auf dem Hohenzollern-Radfernweg (Hz), der uns am Waldrand entlang nach Aich führt. An der Kreisstraße in Aich biegen wir rechts ab, folgen der Radwegbeschilderung nach Neckartailfingen und radeln dort hinunter an den Neckar. Hier geht es über die Brücke, am Sportplatz rechts und am Badesee Aileswasen vorbei – zumindest für die, die nicht reinspringen wollen – nach Neckartenzlingen. Wir bleiben auf dem Neckartalradweg und radeln über Mittelstadt, Pliezhausen und Altenburg nach Kirchentellinsfurt. Kurz vor Kirchentellinsfurt gibt es am Baggersee noch einmal Gelegenheit zum Baden und Rasten.

Am Baggersee entlang führt der Weg zur Echazmündung, über die Brücke und nach Kirchentellinsfurt. An der Kreuzung geht es links. Von dort entweder zum Bahnhof oder durch das Echaztal zurück nach Reutlingen.

Variante Start- und Endpunkt Tübingen:

Vom Hauptbahnhof Tübingen fahren wir nach rechts und vor der Unterführung links Richtung Innenstadt am Kaufhaus Zinser vorbei und geradeaus weiter über die Neckarbrücke. Nach der Neckarbrücke biegen wir nach rechts ab in die Gartenstraße, an der Jugendherberge nochmals rechts und fahren dann am Neckar entlang aus der Stadt hinaus. Im Neckartal folgen wir der Radwegbeschilderung nach Kirchentellinsfurt. Dort auf die Straße wechseln, an der Tankstelle links abbiegen, über den Neckar und weiter wie oben beschrieben.

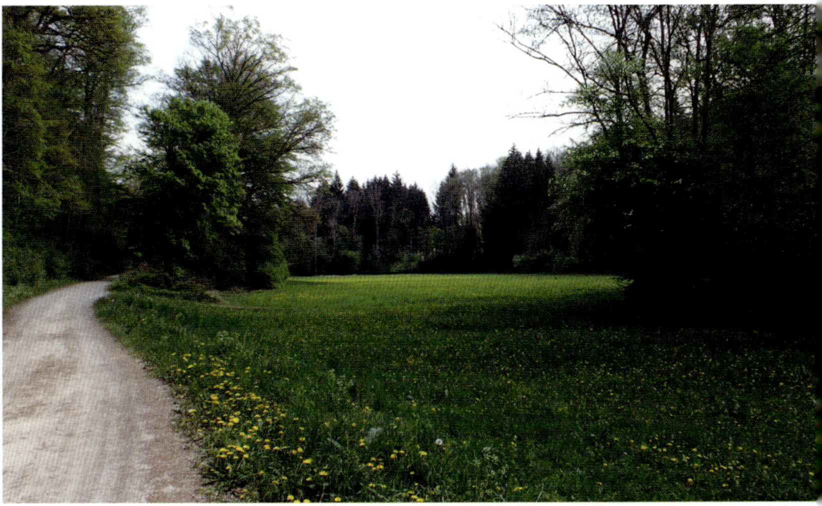

Wunderschön führt der Weg autofrei durchs Schaichtal.

Tour 10: Herrenberg, Schönbuch und Kloster Bebenhausen

Von Tübingen führt die Tour durchs Ammertal in die sehenswerte Altstadt von Herrenberg und hinauf zum Schönbuchturm. Durch den Schönbuch geht es zum mittelalterlichen Kloster Bebenhausen.

Start- und Endpunkt: Tübingen Hauptbahnhof

Streckenverlauf:
Tübingen Hbf – Ammertal – Herrenberg – Schönbuchturm – Goldersbachtal – Bebenhausen – Tübingen Hbf

: Festplatz TÜ; Neckarcamping TÜ und Freibad Herrenberg Längenholz 4

Gesamtstrecke: 47 km

Schwierigkeitsgrad:
Höhendifferenz: 370 Hm

Dauer: 3 Stunden

Kürzere Variante:
mit dem Zug bis Herrenberg 27 km oder ab Herrenberg zurück 21 km

Einkehrmöglichkeiten:
Altstadt Herrenberg, Naturfreundehaus am Waldfriedhof/Schönbuchturm, in Bebenhausen

Rastplätze:
Neue Brücke, Diebsteigbrücke, Teufelsbrücke

Tübingen Neckarmüller, Marktplatz, Tourist Info; Herrenberg Bahnhof und am Gasthof Hasen am Eingang zur Altstadt

Los geht's: Vom Hauptbahnhof nach links weg fahren und nach dem Anlagenpark rechts abbiegen. Durch den Rad- und Fußgängertunnel unter dem Schlossberg durchfahren. Danach kurz geradeaus, dann nach links in den Schleifmühleweg und ab hier der Radwegbeschilderung nach Unterjesingen folgen. Der Weg führt aus der Stadt hinaus und durchs offene Ammertal. Kurz vor Unterjesingen an der Unteren Mühle überqueren wir die Bahnlinie und die Ammer und radeln weiter nach Pfäffingen.
In Pfäffingen fahren wir an der Kreuzung geradeaus weiter nach Poltringen. In Poltringen geht es rechts, an der Kirche links und weiter auf den Radweg nach Reusten. Hier sind wir nah an der Ammer und radeln auf einem schönen, schattigen Uferweg zur Stephanskirche, wo wir die Ammer auf einer historischen Steinbrücke überqueren.

Die alte Ammerbrücke wurde um 1300 erbaut und war der erste und zunächst einzige Übergang über die Ammer. Die Oberndorfer

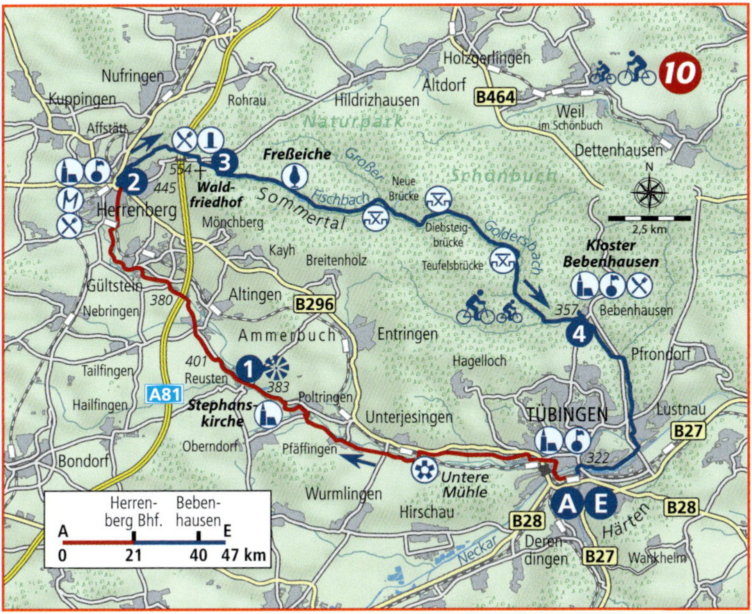
Holzgerlingen
Nufringen
Altdorf
B464
10
Kuppingen
Rohrau
Hildrizhausen
Weil
im Schönbuch
Naturpark
Affstätt
Dettenhausen
Freßeiche
Großer
Schönbuch
3
554
2
445
Wald-
friedhof
Sommertal
Fischbach
Neue
Brücke
N
Herrenberg
Mönchberg
Diebsteig-
brücke
Goldersbach
2,5 km
Kayh
Breitenholz
Teufelsbrücke
Kloster
Bebenhausen
Gültstein
380
Altingen
B296
Nebringen
357
Bebenhausen
4
Ammerbuch
Entringen
Pfrondorf
Tailfingen
401
1
Reusten
383
Hagelloch
A81
Poltringen
Stephans-
kirche
Hailfingen
Unterjesingen
TÜBINGEN
Lustnau
B27
Oberndorf
Pfäffingen
322
Bondorf
Untere
Mühle
Wurmlingen
A
E
B28
Herren-
berg Bhf.
Beben-
hausen
Hirschau
Härten
A
E
B28
0
21
40
47 km
Neckar
Deren-
dingen
B27
Wankheim

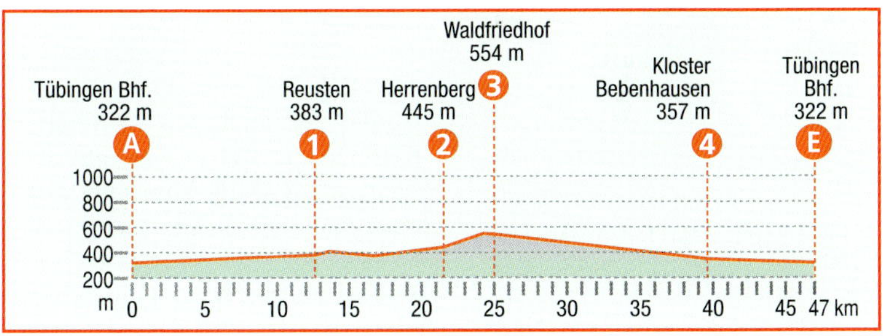
Waldfriedhof
554 m
Tübingen Bhf.
322 m
Reusten
383 m
Herrenberg
445 m
3
Kloster
Bebenhausen
357 m
Tübingen
Bhf.
322 m
A
1
2
4
E
1000
800
600
400
200
m
0
5
10
15
20
25
30
35
40
45
47 km

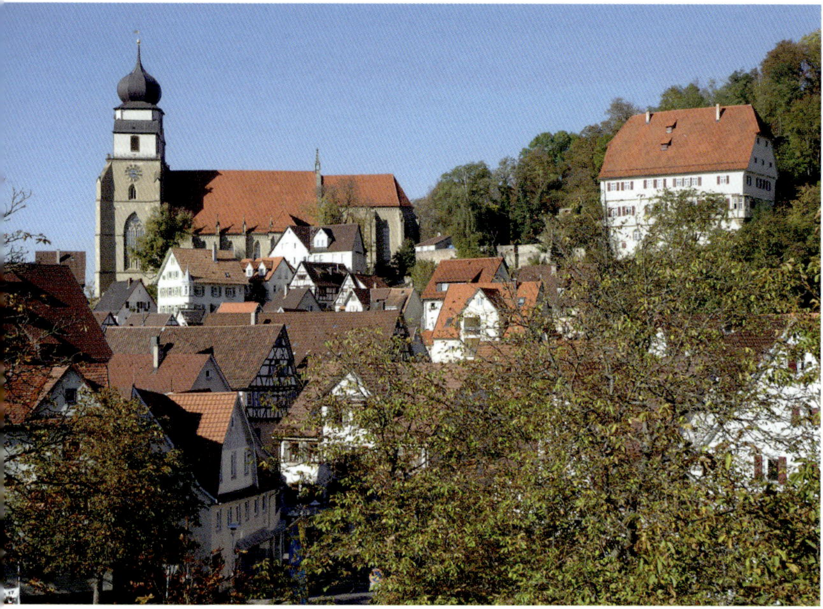

Herrenberg Altstadt mit Stiftskirche

erreichten den Friedhof und die Stephanskirche über den Kirchweg. An der Stephanskirche befindet sich eine spätmittelalterliche Totenleuchte, die belegt, dass es schon im 14. Jahrhundert üblich war, für die Verstorbenen ein Licht anzuzünden. Sie ist die einzige erhaltene Totenleuchte im gesamten Neckargebiet.

Vor der Stephanskirche auf den Radweg nach links abbiegen. Dieser endet an der Straße. Auf dieser durch Reusten bis zum Ortsausgang Richtung Herrenberg und Altingen fahren.

Am Ortsende wechseln wir nach links auf einen Radweg, der parallel zur Straße nach Altingen führt. Es geht ein bisschen den Berg hinauf. Dafür haben wir oben einen tollen Blick aufs Ammertal und Herrenberg mit seinem Schloss und der Kirche. In Altingen fahren wir geradeaus weiter nach Gültstein und folgen dort der Beschilderung zur Altstadt Herrenberg auf verschlungenen Wegen. Dort radeln wir mitten hinein ins Zentrum und zum Marktplatz.

Wer mag, stellt hier das Fahrrad ab und steigt auf einer der vielen Treppen hinauf zur Stiftskirche, die auf halber Höhe des Schlossberges über der Stadt aufragt. Mit ihrer barocken Zwiebelhaube bestimmt sie das Stadtbild schon von weitem. In der Stiftskirche befindet sich auch das Glockenmuseum mit 35 läutbaren Glocken und viel Information über Kirchenglocken, Gießereien und Geschichte. Bei einer Führung können Besucher den Klang der Glocken im Turm direkt hören und erleben. Konzerte mit den Glocken gibt es auch ab und an.
www.glockenmuseum-stiftskirche-herrenberg.de

Herrenberg hat zudem eine wahrhaft sehenswerte Altstadt, die als komplettes Ensemble 1983 unter Denkmalschutz gestellt wurde. Ein historischer Rundgang mit Schautafeln führt durch die Altstadt.

Wir fahren vom Marktplatz direkt geradeaus weiter bis zum Ende der Fußgängerzone. Hier gabelt sich die Straße. Wir nehmen die, die rechts den Berg hinaufführt – „Am Joachimsberg". Dieser folgen wir bergauf bis zum Wanderparkplatz Waldfriedhof. Von dort ist es ein kurzer Spaziergang zum Schönbuchturm, der mit großartiger Aussicht lockt. Am Waldfriedhof halten wir uns links und folgen

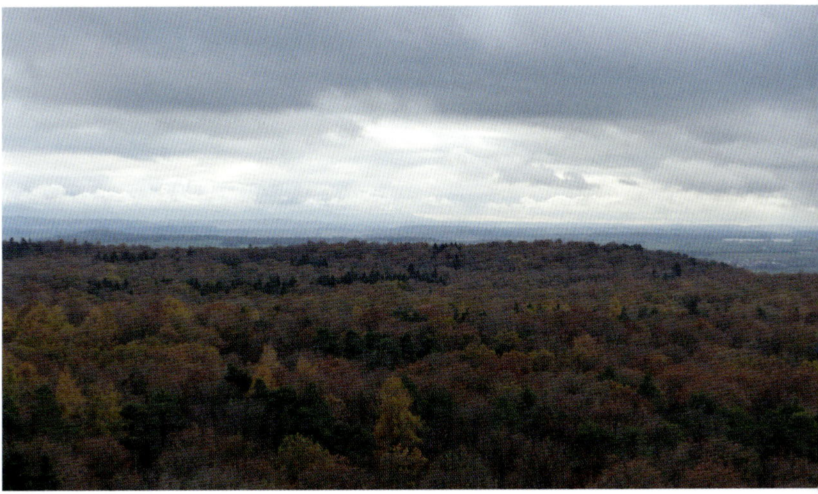

Aussicht vom Schönbuchturm bei Herrenberg

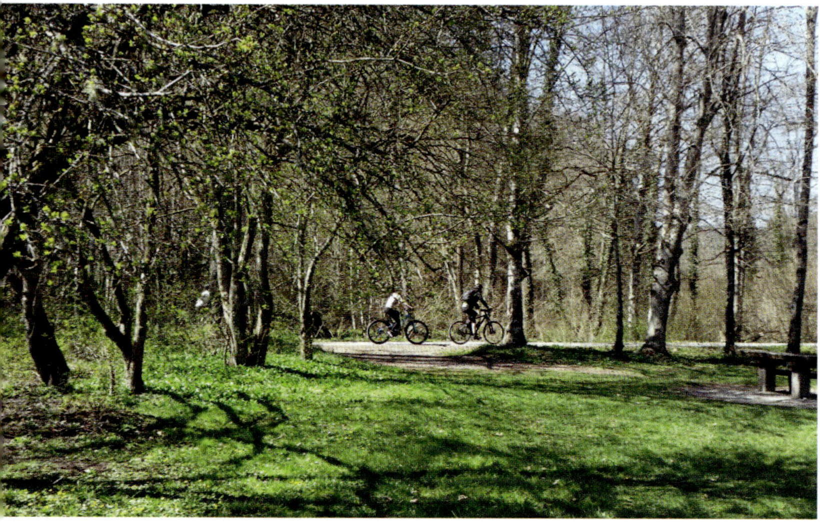

Unterwegs im Schönbuch

zunächst der Beschilderung nach Weil und ab dem Rastplatz an der Neuen Brücke den Schildern nach Bebenhausen und Tübingen. Ein wunderschönes Stück Weg erwartet uns. Über rund 15 km führt der Weg mitten durch den Schönbuch sanft bergab. Durchs Sommertal geht es entlang des Fischbachs bis zur Neuen Brücke, über die wir fahren, und weiter am Großen Goldersbach entlang über die Diebsteigbrücke zur Teufelsbrücke.

Zahlreiche Rastplätze und Schutzhütten laden zur Rast, zum Schauen und tief Luft holen ein. Wer sich an Regentagen zuhause ein Stück Schönbuch herholen möchte, für den gibt es folgende Lesetipps: Roland Bengel, *Faszination Schönbuch*, Reutlingen: Oertel + Spörer,
Roland Bengel, *Wilder Schönbuch*, Reutlingen: Oertel + Spörer.
Zwei prächtige Bildbände mit interessanten Reportagen.

An der Teufelsbrücke biegen wir rechts ab und folgen dem Goldersbach weiter talabwärts bis zum Kloster Bebenhausen.

Das ehemalige Zisterzienserkloster wurde 1183 von Pfalzgraf Rudolph von Tübingen gegründet. Die Zisterzienser waren damals noch ein verhältnismäßig neuer Orden, dessen Leitmotiv „Ora et Labora" – „Bete und Arbeite" auch in unserer Region zu zahlreichen

landwirtschaftlichen und gesellschaftlichen Neuerungen führte – unter anderem den Weinanbau. Bernhard von Clairvaux, der Gründer, hatte das Ohr der Mächtigen. Unter seiner Leitung breitete sich der Orden schnell in ganz Europa aus. Der Bau der Klosteranlage Bebenhausen im ausgehenden 12. und beginnenden 13. Jahrhundert mit Kirche, Kreuzgang und den anschließenden Gebäuden folgte den Maßstäben der zisterziensischen Architektur, die Selbstbeschränkung, Zurückhaltung , Verzicht und Askese vorschrieben. Bebenhausen entwickelte sich zu einem blühenden Kloster, das zu den reichsten in Württemberg gehörte. Das Kloster sowie das Schloss aus dem 19. Jahrhundert können ganzjährig besichtigt werden.
www.kloster-bebenhausen.de

Von Bebenhausen folgen wir dem Radweg nach Tübingen parallel zur Landesstraße. In Lustnau fahren wir geradeaus durch den Ort und zum Neckar. An seinem Ufer entlang geht es zurück ins Zentrum und zur Neckarbrücke. Hier biegen wir links ab, überqueren den Fluss und radeln zurück zum Bahnhof.

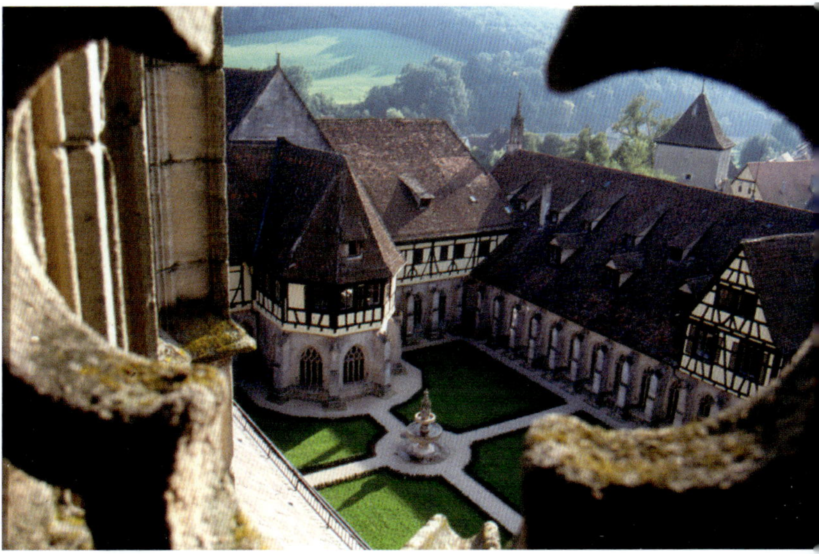

Innenhof des Klosters Bebenhausen

Tour 11: Nach Waldenbuch und zur Weiler Hütte

Durch den grünen Schönbuch, der 2014 zum schönsten Wald Deutschlands gewählt wurde, führt die Tour nach Waldenbuch mit seinen beiden besonderen Museen: Geschichte des Alltags wird im Museum der Alltagskultur und moderne Kunst im Quadrat im Museum Ritter gezeigt. Die Weiler Hütte lädt Ausflügler zu wunderschönen Pausen mitten im Wald ein.

Start- und Endpunkt: Tübingen Hauptbahnhof

Streckenverlauf:
Tübingen Hbf – Kirnbachtal – Dettenhausen – Waldenbuch – Weiler Hütte – Bebenhausen – Tübingen Hbf

: Festplatz TÜ; Neckarcamping TÜ und in Waldenbuch-Glashütte

Gesamtstrecke: 55 km

Schwierigkeitsgrad:
Höhendifferenz: 525 Hm

Dauer: 3,5 Stunden

Einkehrmöglichkeiten:
in Waldenbuch, Weiler Hütte

Rastplätze:
im Kirnbachtal, im Schaichtal, im Aichtal kurz vor Waldenbuch-Glashütte, an der Weiler Hütte

Badeplätze:
Freibad Dettenhausen

Dettenhausen, an der Bäckerei, Tübinger Str. 15; Waldenbuch Rathaus und Museum Ritter

Los geht's: Vom Hauptbahnhof Tübingen fahren wir nach rechts und vor der Unterführung links Richtung Innenstadt am Kaufhaus Zinser vorbei. Nach der Neckarbrücke biegen wir rechts ab in die Gartenstraße und bei der nächsten Möglichkeit wieder nach rechts zum Neckarufer, an dem wir stadtauswärts entlang fahren.
Nach dem Ruderverein und der Unterquerung einer Straße gehts links, geradeaus über die Ammer und durchs Dorf bis zur Straße, die nach Pfrondorf führt. Diese überqueren wir und radeln im Goldersbachtal vorbei an der Goldersbachklause und einem Bücherbaum bis zu einem Wanderparkplatz. Hier biegen wir rechts ab und folgen der Beschilderung des Zollern-Radweges Richtung Dettenhausen.
Es geht sanft bergauf am Kirnbach entlang. Nach rund 1 km sehen wir auf der rechten Seite einen schönen Rastplatz auf einer Wiese im Wald. Nochmal 1 km später erreichen wir die Mauterswiese, ein kleines Naturschutzgebiet im

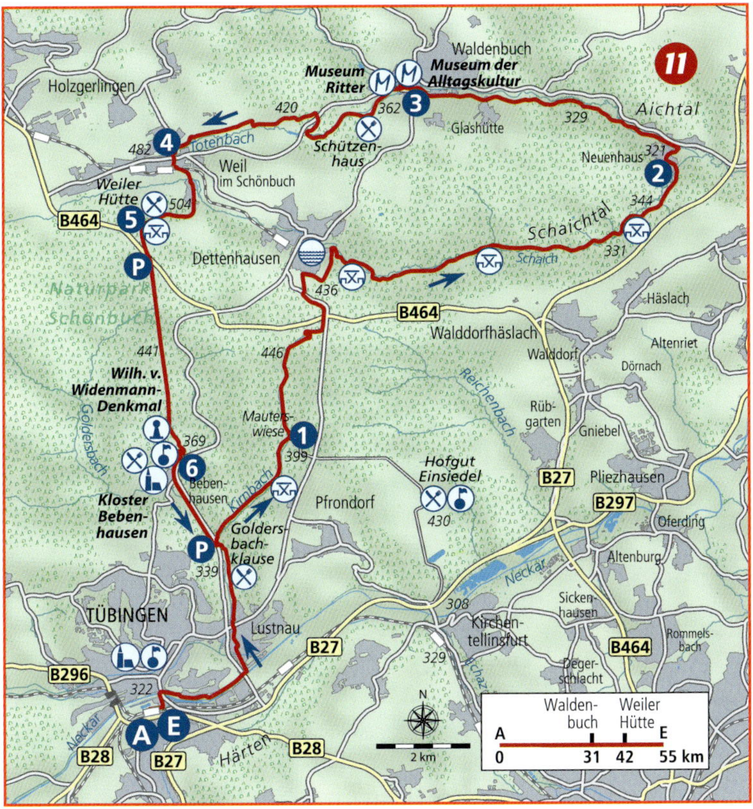
11
Waldenbuch
Museum Ritter
Museum der Alltagskultur
Holzgerlingen
Aichtal
Glashütte
Schützenhaus
Totenbach
Weil im Schönbuch
Neuenhaus
Weiler Hütte
B464
Schaichtal
Schaich
Dettenhausen
Naturpark Schönbuch
Walddorfhäslach
Häslach
Walddorf
Altenriet
Dörnach
Wilh. v. Widenmann-Denkmal
Goldersbach
Reichenbach
Rübgarten
Gniebel
Mauterswiese
Hofgut Einsiedel
Bebenhausen
Kirnbach
Pfrondorf
B27
Pliezhausen
B297
Oferdingen
Kloster Bebenhausen
Goldersbachklause
Altenburg
Neckar
Tübingen
Lustnau
Sickenhausen
Kirchentellinsfurt
Rommelsbach
B296
Degerschlacht
Echaz
Härten
B28
2 km
Waldenbuch
Weiler Hütte
A
E
0
31
42
55 km

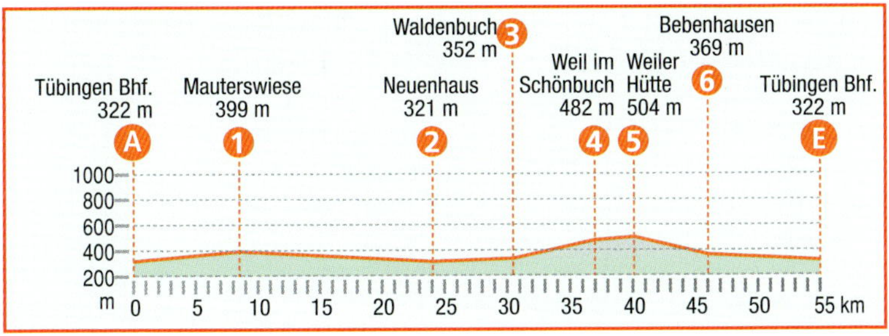
Tübingen Bhf. 322 m
Mauterswiese 399 m
Neuenhaus 321 m
Waldenbuch 352 m
Weil im Schönbuch 482 m
Weiler Hütte 504 m
Bebenhausen 369 m
Tübingen Bhf. 322 m
A
1
2
3
4
5
6
E
1000
800
600
400
200
m
0
5
10
15
20
25
30
35
40
45
50
55 km

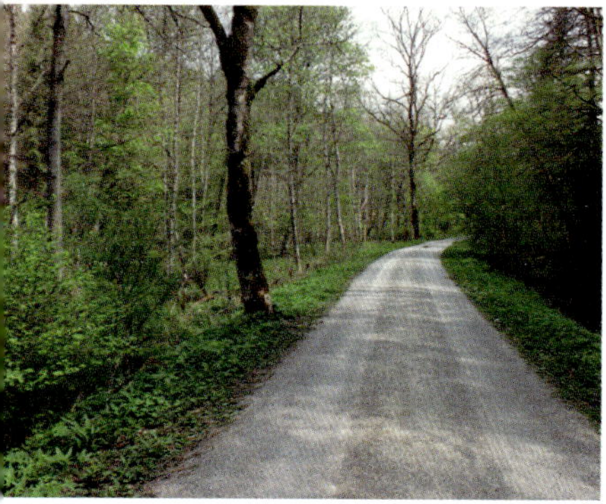

An den Wegen durch den Schönbuch …

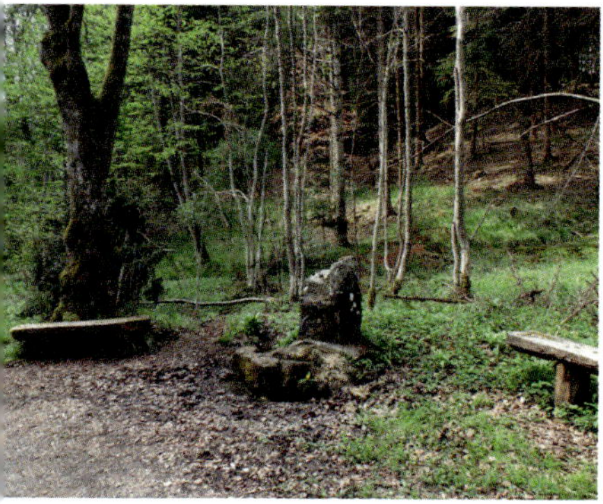

… laden immer wieder Bänke zum Verweilen ein.

Wald mit einer Schutzhütte. Nach rund 3 km ab dem Rastplatz kommt der Weg an der Kreisstraße, die Dettenhausen mit Pfrondorf verbindet, heraus. Hier links abbiegen und auf dem Radweg weiter Richtung Dettenhausen bis zum Sportplatz von Dettenhausen bergab rollen. Nach dem Sportplatz zeigt ein Wegweiser den Weg nach rechts ins Schaichtal und nach Neuenhaus. Am Waldrand geht es links und ordentlich bergab ins Schaichtal, das wir von Tour 9 schon kennen. Wunderschön schlängelt sich der Weg durch die bunten Wiesen am Wasser entlang durch das autofreie Tal bis Neuenhaus. In Neuenhaus radeln wir links und über die Brücke weiter Richtung Waldenbuch. Der Weg im Aichtal bis Waldenbuch ist sehr gut ausgeschildert.

Im Schloss Waldenbuch ist das Museum der Alltagskultur untergebracht, das man vom Stadtzentrum aus erreicht. Es ist eines der bedeutendsten Volkskundemuseen in Deutschland. Ob Hochzeitsschrank oder Fasnetsmaske, Rosenkranz oder Standmixer: Hier wird Alltagskultur und -geschichte lebendig. Möbel aus den verschiedensten Epochen, vom Nierentisch bis zur Waschkommode, veranschaulichen, wie man früher gewohnt hat. Öffnungszeiten: Dienstag bis Samstag 10 bis 17 Uhr, Sonn- und Feiertag 10 bis 18 Uhr. www.museum-der-alltagskultur.de

Zum Museum Ritter geht es in Waldenbuch auf der Straße Richtung Schönaich bis zum Ortsende. Die Schokoladenfabrik Ritter Sport ist unübersehbar. An deren Ende sehen wir den Neubau des Museums. Die Sammlung Marli Hoppe-Ritter umfasst Gemälde, Objekte,

Skulpturen und graphische Arbeiten, die alle das Quadrat zum Ausgangspunkt oder Ziel haben. Fantasievoll, abstrakt und konkret – ein Spiegel der modernen Kunst. Öffnungszeiten: Dienstag bis Sonntag 11 bis 18 Uhr, www.museum-ritter.de.

In der Schoko-Ausstellung darf man interaktiv werden, Rätsel zur Schokolade erraten und herrliche Werbefilme aus alter Zeit der Firma Ritter Sport anschauen. Und dann geht es zum Einkaufen, für die die es mögen: Schlaraffenland Schokolade pur!

Lesetipp: Und wer noch Lust auf einen Krimi hat, der mitten im Museum Ritter spielt und Kunst zum Thema hat, dem sei *Quadratisch, käuflich, tot* (Oertel + Spörer, Reutlingen) von Bernd Storz für einen verregneten Sonntag Nachmittag empfohlen.

Vom Schloss aus radeln wir hinunter an die Kreuzung und geradeaus drüber; von Ritter Sport aus zurück Richtung Ortsmitte an die Kreuzung und hier rechts. Wer vom Aichtal kommend ohne Museumsbesuch direkt weiter radeln möchte, fährt auf der Bahnhofsstraße und dem Neuem Weg geradeaus durch den Ort, lässt also die Altstadt und das Schloss rechts liegen. Am Ende der

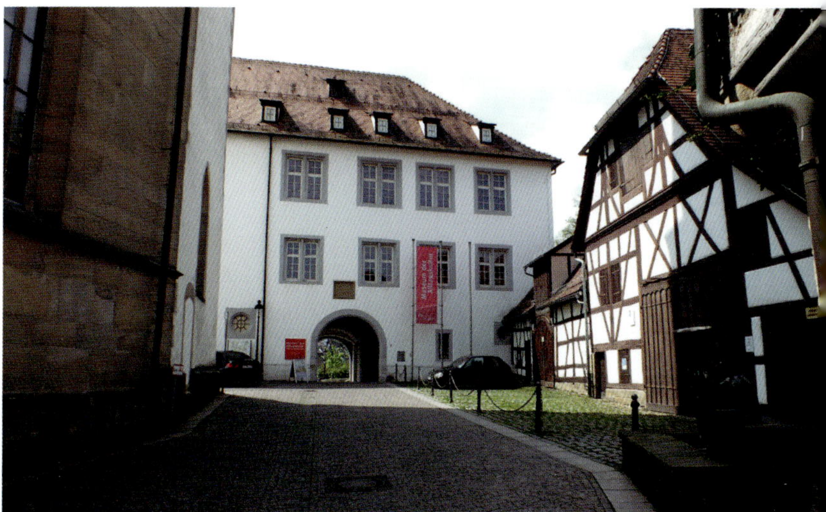

Das Museum der Alltagskultur im Schloss Waldenbuch

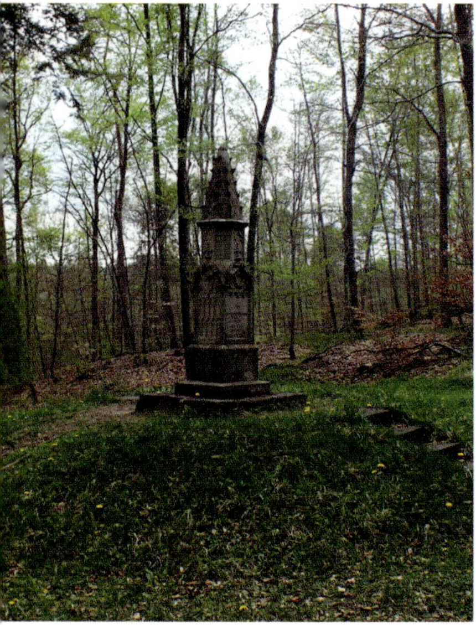

Mitten im Wald steht das Widenmann-Denkmal.

Straße geht es kurz links und vor zur Hauptkreuzung von Waldenbuch. Hier geradeaus und ein kurzes Stück bergauf auf der Kreisstraße nach Weil im Schönbuch. Gleich nach 200 Metern geht ein Sträßchen Richtung Seitenbachmühle und Schützenhaus nach links weg. Hier biegen wir ab, radeln am Schützenhaus vorbei und folgen dem Wanderweg mit dem roten Punkt durch ein kleines Tal. Nach rund 2 km überqueren wir einen Bach, verlassen den Wanderweg und folgen dem breiten befestigten Weg in einer Kurve bergauf bis zur Straße, die nach Weil führt. Diese überqueren wir, biegen nach ein paar Metern links ab, nach rund 400 Metern am Ende des Weges rechts und gleich darauf wieder links zurück auf den Wanderweg mit dem roten Punkt, der uns durch das Totenbachtal nach Weil im Schönbuch bringt. In Weil geht es am Feuerlöschteich vorbei hinauf zur Kirche. Hier links und gleich wieder rechts die Schulsteige hinunter, unter der Bahnlinie durch, wieder bergauf und immer geradeaus weiter Richtung B464 radeln. Auf der Höhe ca. 1 km nach dem Ortsende von Weil sehen wir links einen Rastplatz und rechts die Weiler Hütte.

Der Waldgasthof Weiler Hütte ist ein höchst beliebtes Ausflugsziel im Schönbuch. Der große Biergarten lädt ein, Sonne und Wald bei einem leckeren Irgendwas zu genießen. Mittwoch bis Sonntag ist ab 10.30 Uhr geöffnet. www.weiler-huette.de

Wir folgen der Straße weiter geradeaus bis zur Bundesstraße, radeln hier links und gleich wieder rechts, an einem Wanderparkplatz vorbei und geradewegs in den Wald hinein – Wanderwegweiser Bebenhausen. Wunderschön führt der Weg durch den Wald. Am Wegesrand treffen wir auf ein Denkmal, das an Wilhelm von Widenmann erinnert.

Wilhelm von Widenmann war Anfang des 19. Jahrhunderts Oberförster in Bebenhausen und Professor für Forst- und Landwirtschaft an der Universität Tübingen. Hier im Schönbuch nahm sein Konzept einer nachhaltigen Forstwirtschaft ihren Anfang. Ihm ging es darum, den Wald nachhaltig zu bewirtschaften und dafür zu sorgen, dass auch kommende Generationen noch ihre Freude daran haben und Holz aus dem Wald gewinnen können. Dass dies gelungen ist, zeigt die Auszeichnung, die der Naturpark Schönbuch 2014 erhalten hat. Er wurde zum „Waldgebiet des Jahres“ gewählt.

Vom Widenmann-Denkmal rollen wir weiter durch den Wald bergab bis kurz vor Bebenhausen. Hier stößt der Weg auf die Straße und wir biegen nach rechts auf den sie begleitenden Radweg ab. Wer mag, kann noch einen Abstecher zum Kloster Bebenhausen (s. Tour 10) machen. Ansonsten geht es an der Straße entlang weiter bis zum Wanderparkplatz am Kirnbachtal und von hier – wie auf dem Hinweg – am Goldersbach entlang zurück nach Tübingen.

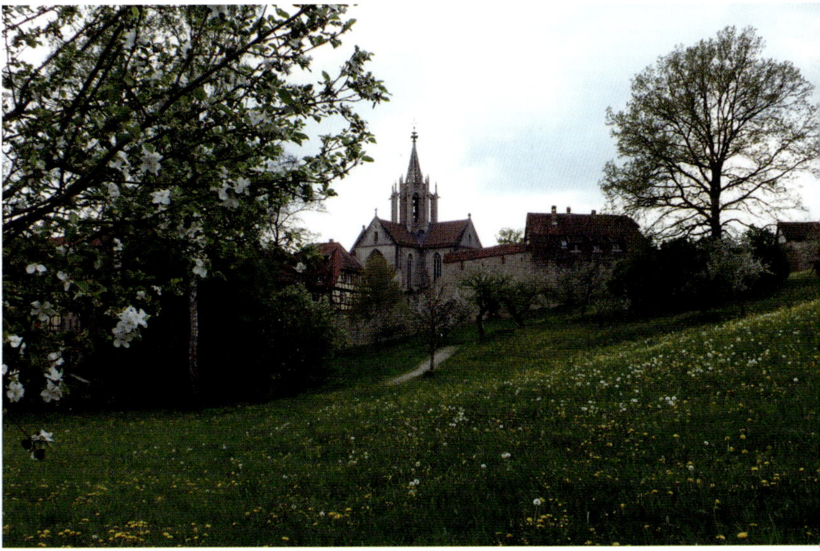

Kloster Bebenhausen

Tour 12: Märchensee und Wallfahrtskirche Weggental

Von Tübingen fahren wir in ein ganz besonderes Naturschutzgebiet – den Märchensee. Weiter durchs schöne Gäu zu einem prächtigen Kirchenbau – der Wallfahrtskirche im Weggental. Und von dort in die schmucke Altstadt von Rottenburg und zum noch prächtigeren Dom.

Start- und Endpunkt: Tübingen Hauptbahnhof

Streckenverlauf:
Tübingen Hbf – Wurmlingen – Märchensee – Oberndorf – Weggental – Rottenburg – Tübingen Hbf

: Festplatz TÜ; Neckarcamping TÜ und Rottenburg Am Neckarufer

Gesamtstrecke: 39 km

Schwierigkeitsgrad:

Höhendifferenz: 281 Hm

Dauer: 2,5 Stunden

Kürzere Variante: mit dem Zug von Rottenburg zurück 27 km

Einkehrmöglichkeiten:
in Rottenburg und in Tübingen

Rastplätze: Märchensee

Badeplätze:
Freibad Rottenburg, Freibad Tübingen

Tübingen Neckarmüller, Marktplatz, Tourist Info; Rottenburg Marktplatz

Los geht's: Vom Hauptbahnhof nach links wegfahren, nach dem Anlagenpark rechts abbiegen, den Neckar überqueren und danach nach links in die Neckarhalde einbiegen. Der Fahrradstraße nach Hirschau stadtauswärts am Neckarcamping vorbei folgen. In Hirschau fahren wir geradeaus weiter und folgen ab hier der Beschilderung nach Wurmlingen.

Am Fuße des Weinbergs führt der Weg nach Wurmlingen mit schönem Blick auf die Wurmlinger Kapelle. Diese hat mit ihrer besonderen Lage schon manchen Dichter inspiriert.

Lesetipp: Am bekanntesten ist wohl das Gedicht von Ludwig Uhland, das Friedrich Silcher vertont hat. „Droben stehet die Kapelle, schauet still ins Tal hinab …" Nachzulesen in: Ludwig Uhland, *Gedichte und Prosa*, Tübingen: Klöpfer & Meyer.

In Wurmlingen folgen wir der Hauptstraße zunächst Richtung Herrenberg, fahren dann aber an der Kurve, an der sich auch ein Bäcker befindet, geradeaus auf den Radweg nach Pfäffingen und

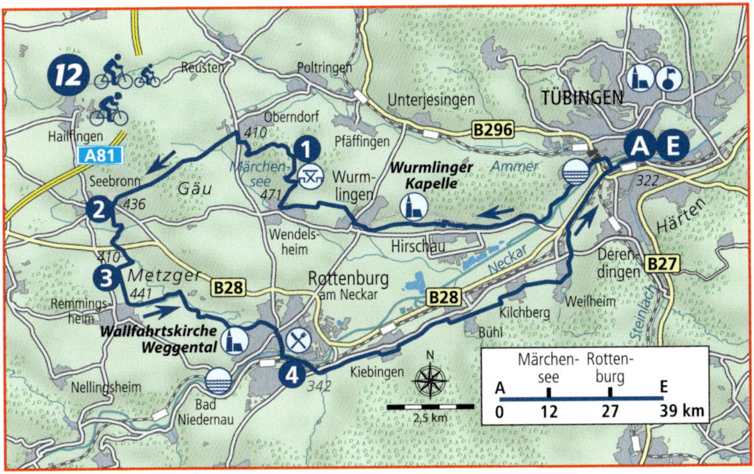
12
Reusten
Poltringen
Unterjesingen
TÜBINGEN
Oberndorf
410
Pfäffingen
B296
Hailfingen
A81
Märchen-see
Wurm-lingen
Wurmlinger Kapelle
Ammer
A
E
322
Seebronn
Gäu
471
436
Härten
Wendels-heim
Hirschau
Derendingen
B27
410
Metzger
Rottenburg am Neckar
Neckar
441
B28
B28
Remmings-heim
Kilchberg
Weilheim
Wallfahrtskirche Weggental
Bühl
Steinlach
Nellingsheim
Kiebingen
342
Bad Niedernau
2,5 km
Märchen-see
Rotten-burg
A
E
0
12
27
39 km

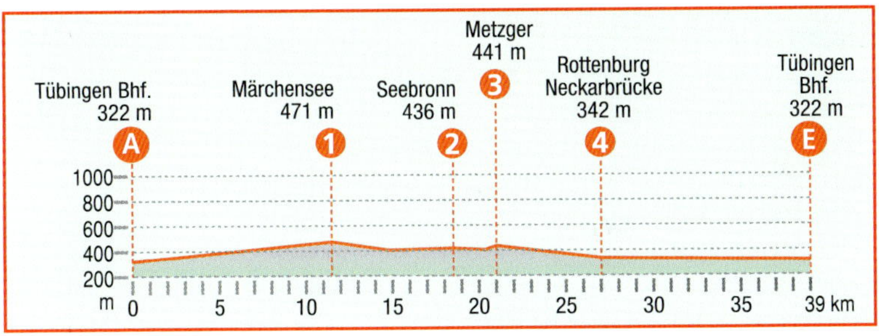
Tübingen Bhf. 322 m
Märchensee 471 m
Seebronn 436 m
Metzger 441 m
Rottenburg Neckarbrücke 342 m
Tübingen Bhf. 322 m
A
1
2
3
4
E
1000
800
600
400
200
m
0
5
10
15
20
25
30
35
39 km

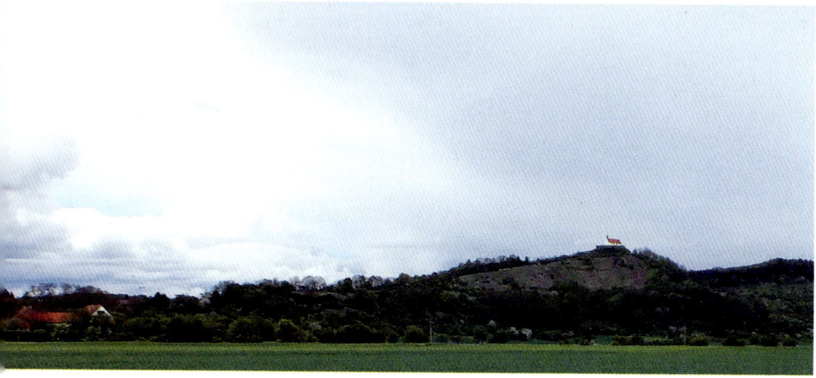

Die Wurmlinger Kapelle

Wendelsheim. Es geht ein Stück den Berg hinauf. Dann trennen sich die Wege. Wir fahren auf der Höhe geradeaus weiter nach Wendelsheim. In Wendelsheim geht es bei der ersten Möglichkeit rechts ab und kurz darauf nochmal rechts in die Steinbruchstraße. Hier sieht man schon die Schilder, die den Weg zum Märchensee weisen. Wir folgen der Straße bergauf, biegen dann nach links ab (Wegweiser Märchensee) und meistern – auch gerne schiebend – das letzte steile Stück hinauf. Oben angekommen, gibt es zum Verschnaufen erst einmal eine schöne Aussicht über Wendelsheim und das Neckartal.

Hier empfiehlt es sich, das Rad abzustellen und den Märchensee zu Fuß zu erkunden. Der Märchensee liegt mitten in einem ehemaligen Steinbruch. Hier wurde bis in die 1960er-Jahre Schilfsandstein abgebaut. Der See verdankt seinen Namen seiner wundersamen Entstehung: nämlich durch einen Wassereinbruch über Nacht. Die dadurch entstandene Landschaft ist wirklich etwas ganz Besonderes und wurde nicht zu Unrecht zum Naturdenkmal erklärt. Ein schmaler Pfad führt am See entlang und durch den Steinbruch.

Zurück bei den Rädern fahren wir weiter auf der Höhe Richtung Steinbruch. Der Weg mündet nach einiger Zeit wieder in die Steinbruchstraße. Hier geht es links ab auf dem gut befestigten Waldweg ca. 3 km durch den Wald nach Oberndorf. Nach dem Sportplatz biegen wir nach rechts ab auf die

Hauptstraße und gleich wieder nach links auf den Radweg nach Seebronn.

In Seebronn überqueren wir die Hauptstraße und folgen kurz der Radwegbeschilderung nach Rottenburg.

Der Weg führt aus dem Ort hinaus und den Berg hinunter an einem Wegkreuz vorbei. Hier teilt er sich. Wir folgen dem Weg rechts bergab ins Eisental, überqueren einen Wasserlauf und radeln dann an ihm entlang unter der B 28a hindurch. Wir nehmen die zweite Abzweigung nach rechts und folgen dem landwirtschaftlichen Weg nach Remmingsheim. Am Ortseingang von Remmingsheim biegen wir links ab und rollen das Sträßchen hinunter zum Bach. Wir überqueren ihn und biegen gleich darauf rechts ab, fahren über die Brücke und weiter talabwärts. Nach 2 km erreichen wir die Wallfahrtskirche Weggental.

Seit Mitte des 15. Jahrhunderts war das Weggental wegen eines Bildstocks mit Pietà Ziel von Wallfahrern und Bittstellern. Die „schmerzensreiche Muttergottes" wurde von so vielen Menschen aufgesucht, dass man den Zustrom irgendwie regeln musste. Zunächst

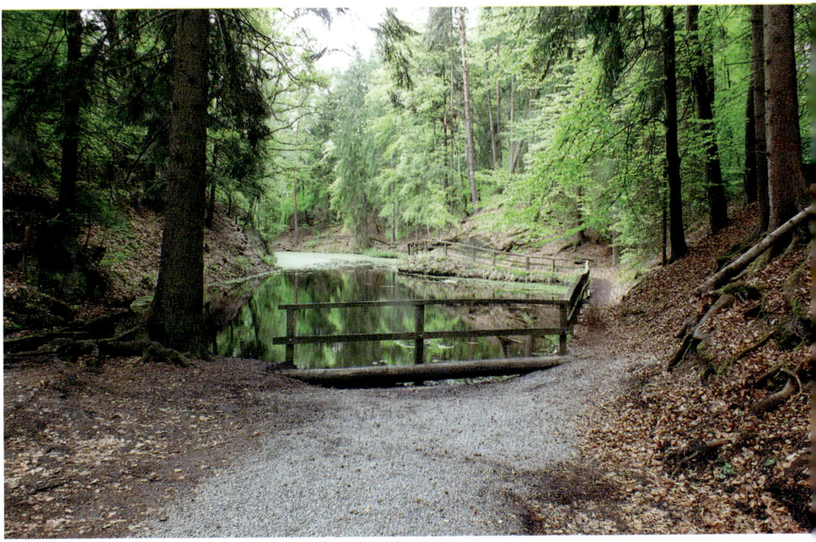

Der Märchensee – hoch über Wendelsheim

durch den Bau einer einfachen Kapelle und die Hilfe verschiedener Bruderschaften, die die Reisenden aufnahmen. Dann übernahmen die Jesuiten und kurbelten die Wallfahrt noch einmal mächtig an, in dem sie Wunder über Wunder in ihren Annalen verzeichneten und natürlich auch mündlich verbreiteten. 1682 wurde dann an dieser Stelle eine prächtige Barockkirche erbaut.
www.rottenburg.de/wallfahrtskirche + weggental

Heute ist die Weihnachtskrippe in der Wallfahrtskirche das Ziel vieler Besucher. Nicht zuletzt wegen des mundartlichen Gedichts „'s Weggetaler Kripple" von Sebastian Blau (Josef Eberle), der Bethlehem kurzerhand ins Weggental verlegte und Maria, Josef und Jesus bei Eis und Schnee vor Herodes' Schergen vom Württembergischen ins Badische flüchten ließ. Die Krippe ist im Verlauf der Weihnachtszeit in vier Szenen aufgebaut.

Wir radeln weiter talabwärts nach Rottenburg, biegen an der

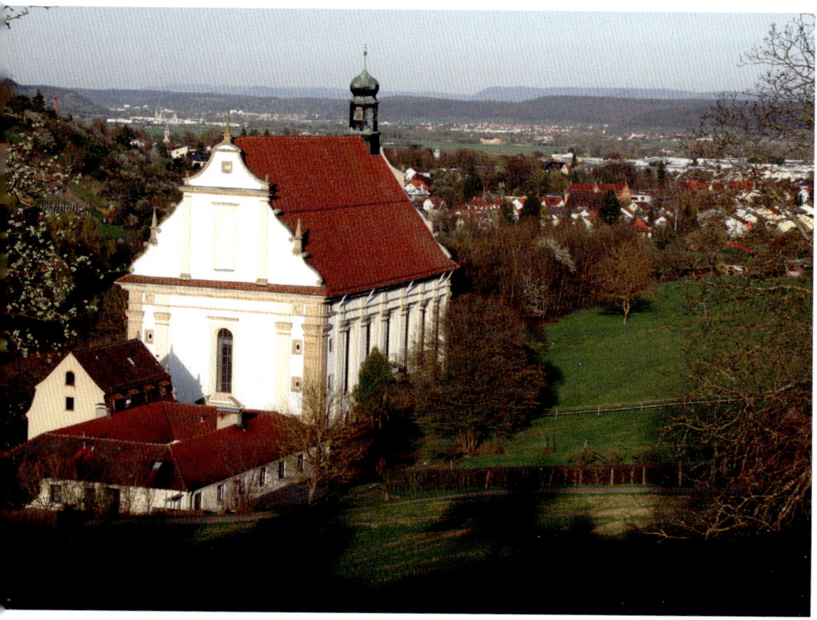

Wallfahrtskirche Weggental

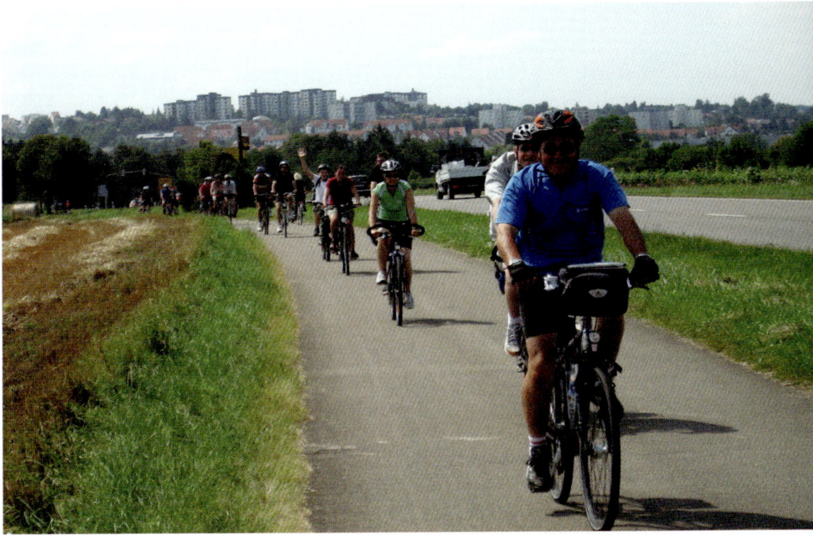

Radler auf dem Weg durchs Neckartal

großen Kreuzung (Eugen-Bolz-Platz) rechts ab, folgen der Sprollstraße bis zum Neckar, überqueren diesen und fahren dann links an der Tübinger Straße entlang aus der Stadt hinaus. Über Kiebingen, Bühl, Kilchberg und Weilheim führt der gut ausgeschilderte Weg durchs Neckartal zurück nach Tübingen. In Tübingen folgen wir der Europastraße stadteinwärts bis zum Bahnhof.

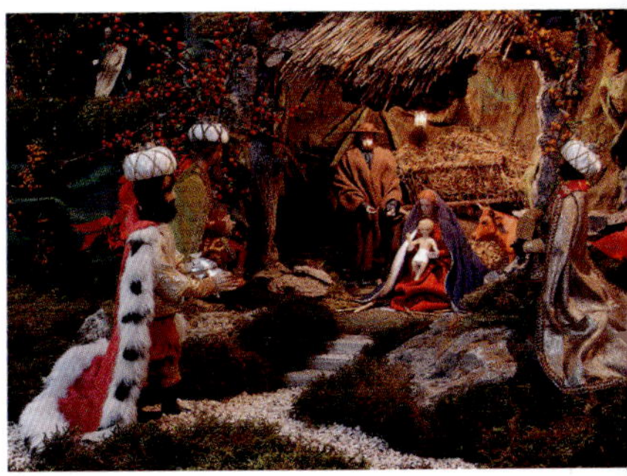

Die Weggentaler Krippe

Tour 13: Durch den Rammert nach Bad Niedernau

Diese Tour führt von Tübingen aus durch den Rammert ins romantische Katzenbachtal, zu den Mineralquellen von Bad Niedernau, zur Schwäbischen Pforte und hinein ins Fachwerkstädtchen Rottenburg. Durch das Neckartal geht es inklusive Badeplatz zurück nach Tübingen.

Start- und Endpunkt: Tübingen Hauptbahnhof

Streckenverlauf:
Tübingen Hbf – Dußlingen – Ofterdingen – Weiler – Bad Niedernau – Rottenburg – Tübingen Hbf

: Festplatz TÜ; Neckarcamping TÜ; Bad Niedernau; Rottenburg Am Neckarufer

Gesamtstrecke: 44 km

Schwierigkeitsgrad:
Höhendifferenz: 323 Hm

Dauer: 3 Stunden

Kürzere Variante: Bis Rottenburg Bahnhof 32 km

Einkehrmöglichkeiten:
in Rottenburg und Tübingen

Rastplätze:
Grillplatz oberhalb von Ofterdingen, Schutzhütte im Rammert

Badeplätze:
Badesee Hirschau, Tübingen Freibad

Tübingen Neckarmüller, Marktplatz, Tourist Info; Rottenburg Marktplatz

Los geht's: Vom Hauptbahnhof fahren wir nach rechts bis zur Ampel und nehmen dann die Unterführung nach rechts. An der Steinlach entlang radeln wir stadtauswärts und folgen den Wegweisern nach Gomaringen und Dußlingen. Der Weg führt durch die Gartenstadt und ein kleines Industriegebiet zum großen Kreisel an der B 27.

Wir fahren geradeaus weiter parallel zur Bundesstraße. An der nächsten Kreuzung halten wir uns rechts, überqueren die Steinlach und fahren durchs Industriegebiet nach Dußlingen. Auch hier bleiben wir meistens am Bach und folgen den Wegweisern nach Ofterdingen. Kurz vor Ofterdingen verlässt der Radweg den Bach und steigt leicht an. Am Ortseingang angekommen, biegen wir rechts ab und kurz danach links. Dieser Straße folgen wir an einer Kirche vorbei bis zu ihrem Ende. Hier biegen wir nach rechts ab und radeln durch Streuobstwiesen den Berg hinauf.

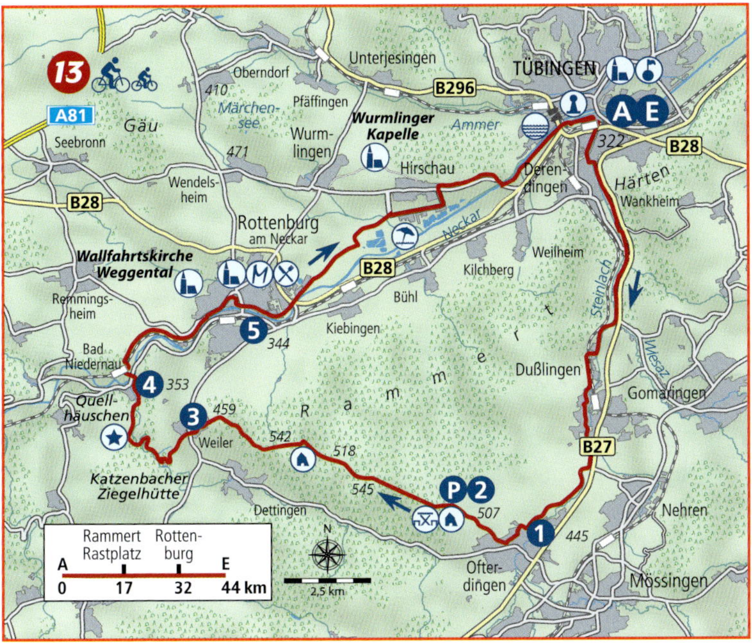
13
A81
B296
B28
B27
Tübingen
Unterjesingen
Oberndorf
410
Märchensee
Pfäffingen
Wurmlinger Kapelle
Ammer
Gäu
Seebronn
471
Wurmlingen
Hirschau
Derendingen
322
Härten
Wankheim
Wendelsheim
Rottenburg am Neckar
Neckar
Wallfahrtskirche Weggental
Weilheim
Kilchberg
Bühl
Remmingsheim
Kiebingen
344
Steinlach
Bad Niedernau
353
Rammert
Dußlingen
Wiesaz
Gomaringen
Quellhäuschen
459
Weiler
542
518
Katzenbacher Ziegelhütte
545
507
Nehren
Dettingen
445
Ofterdingen
Mössingen
Rammert Rastplatz
Rottenburg
A
E
0
17
32
44 km
N
2,5 km

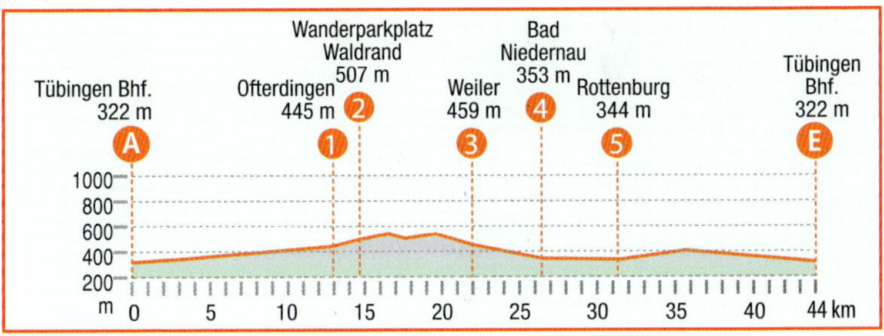
Tübingen Bhf.
322 m
Ofterdingen
445 m
Wanderparkplatz Waldrand
507 m
Weiler
459 m
Bad Niedernau
353 m
Rottenburg
344 m
Tübingen Bhf.
322 m
1000
800
600
400
200
m
0
5
10
15
20
25
30
35
40
44 km

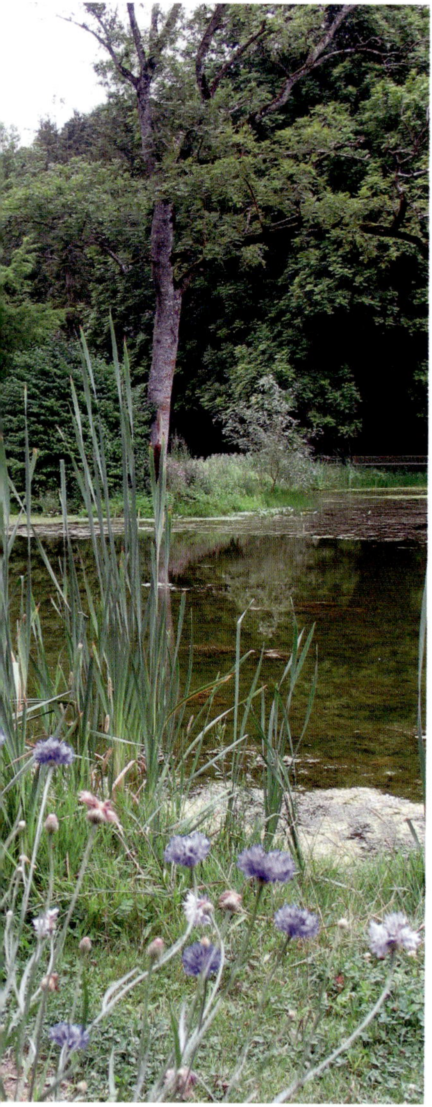

Das romantische Katzenbachtal

Am Waldrand befindet sich eine Schutzhütte mit Grillplatz und schönem Blick über das Steinlachtal und hinüber zur Schwäbischen Alb.

Wir fahren am Wanderparkplatz vorbei hinein in den Wald. Über mehrere Kilometer radeln wir nun quer durch den Rammert.

Der Rammert ist ein bewaldeter Höhenrücken, der sich von Tübingen bis Rangendingen erstreckt. Rotbuche, Fichte, Waldkiefer und Eiche bestimmen sein Gesicht. Manche sagen, er sei der kleine Bruder des Schönbuchs. Ähnlich schön ist es, dort unterwegs zu sein.

Nach 4 km kommen wir an eine Kreuzung im Wald. Hier biegen wir nach links ab und an der Schutzhütte rechts (Wanderweg zur Weilerburg). Auf diesem befestigten Weg fahren wir weiter durch den Wald nach Weiler. Steil geht es hinunter ins Dorf. Wir halten uns links in die Sieben-Täler-Straße und fahren durch Weiler den Berg hinab bis zur Landesstraße. Hier am Ortsausgang überqueren wir sie und folgen dem Wanderweg nach Bad Niedernau hinunter zur Katzenbacher Ziegelhütte. Wunderschön schlängelt sich hier der Weg durchs Tal.

Nachdem wir den Bach überquert haben, sehen wir linker Hand das alte Quellhäuschen der Mineralquelle von Bad Niedernau. Hier kann die Wasserflasche mit dem natürlichen Mineralwasser aufgefüllt werden. Schon zu Zeiten der Römer waren die Heil- und Mineralquellen Bad Niedernaus bekannt. Anfang des 19. Jahrhunderts gab sich im Kurbad die gute Gesellschaft Württembergs die Klinke in die Hand.

Am Kurpark vorbei führt der Weg durch den Ort zur Landesstraße nach Rottenburg. Wir fahren rechts und gleich wieder links über die Neckarbrücke zum Bahnhof Bad Niedernau. Von hier aus folgen wir dem Neckartalradweg nach Rottenburg. Kurz vor Rottenburg wird es spektakulär: Der Neckardurchbruch beim Rottenburger Freibad, auch Schwäbische Pforte oder Porta Suevica genannt, ist von beeindruckenden, hoch aufragenden Felsen flankiert. Was für eine Kraft das Wasser hat! In Rottenburg fahren wir mitten hinein in die Altstadt.

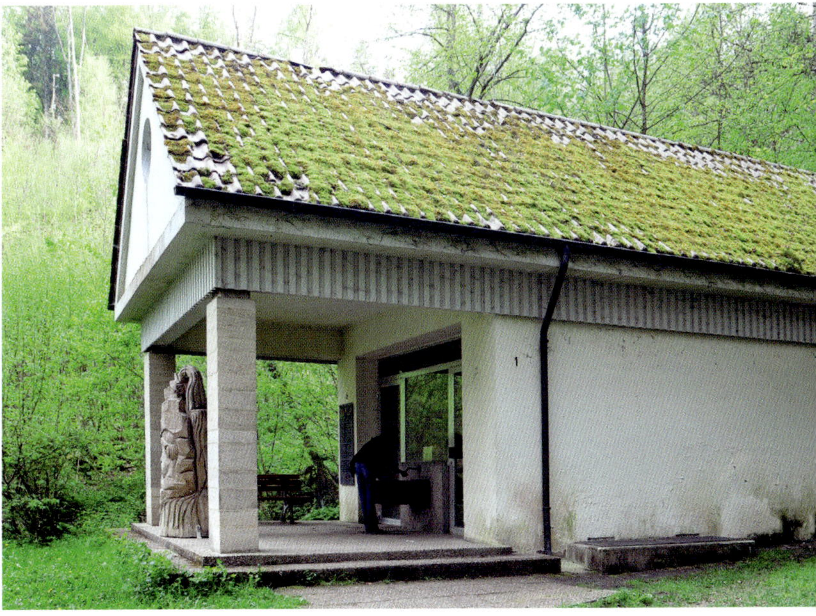

Das Quellhäuschen der Römerquelle von Bad Niedernau

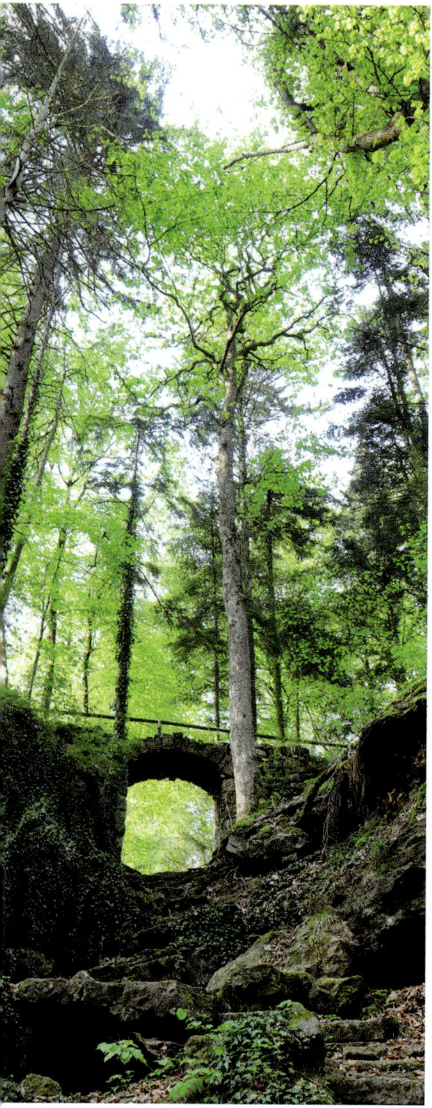

Das romantische Katzenbachtal

Rottenburg, eine der ältesten Siedlungen der Region, war schon zu Römerzeiten eine Stadt. Teile der römischen Stadt kann man im toll gemachten Museum Sumelocenna besichtigen. Viele Jahrhunderte lang hat die katholische Kirche mit der Diözese Rottenburg die Stadt geprägt und tut dies heute noch. Der Dom aus dem 15. Jahrhundert legt eindrücklich Zeugnis davon ab. An hohen kirchlichen Festtagen, wie an Fronleichnam, ist die ganze Stadt festlich geschmückt und es finden feierliche Prozessionen statt.

Auf der Rückseite des Doms biegen wir rechts in die Stadtlanggasse und fahren hinunter zum Neckar. Rechter Hand befindet sich die Zehntscheuer, in der zeitgenössische Kunst, Fotografie und Kunst aus aller Welt ausgestellt wird. An der Zehntscheuer vorbei führt eine kleine Straße zum Neckar. Wir fahren nach links am Neckar entlang und folgen dem Neckartalweg Richtung Tübingen.

Auf halber Strecke zwischen Rottenburg und Tübingen liegen die Hirschauer Baggerseen. Wer Badezeug dabei hat, kann sich im Badesee vergnügen.

Am Ortsausgang von Hirschau überqueren wir die Straße, fahren parallel zu ihr bis zur Neckarbrücke und über den Fluss. Direkt danach biegen wir links ab und

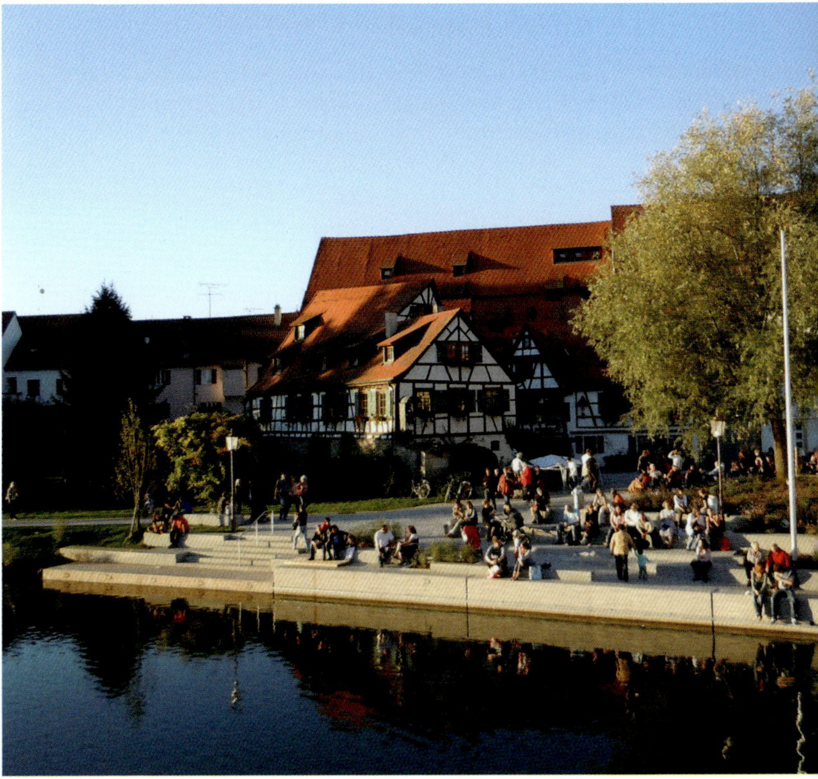

Abendstimmung in Rottenburg am Neckar

folgen dem Neckar zurück nach Tübingen. An den Schulen radeln wir die Uhlandstraße entlang bis zum Uhlanddenkmal.

Ludwig Uhland, Poet und Politiker, war im 19. Jahrhundert so berühmt wie Goethe und Schiller.

Lesetipp: Ludwig Uhland, *Lyrik und Prosa,* Tübingen: Klöpfer & Meyer. Der Herausgeber Hermann Bausinger bringt uns den Dichter und Demokraten nahe.

Am Uhland-Denkmal rechts abbiegen und durch den Park zum einladenden Café am See und zum Bahnhof zurück radeln.

Tour 14: Beurener Heide und Starzeltal

Hinauf auf die Schwäbische Alb mit ihren Wacholderheiden führt diese Tour von Tübingen aus. Dann geht es durchs ruhige Starzeltal an einem schönen Klostergarten vorbei hinab zum Neckar.

Start- und Endpunkt: Tübingen Hauptbahnhof

Streckenverlauf: Tübingen Hbf – Mössingen – Beuren – Hechingen – Starzeltal – Rottenburg – Tübingen Hbf

: Festplatz TÜ; Neckarcamping TÜ; Bad Niedernau; Rottenburg Am Neckarufer

Gesamtstrecke: 72 km

Schwierigkeitsgrad: ■

Höhendifferenz: 581 Hm

Dauer: 5,5 Stunden

Kürzere Variante: Ab Mössingen Bahnhof bis Rottenburg Bahnhof 45 km

Einkehrmöglichkeiten: Gaststätte Jockele Beuren, Landgasthof Kaiser in Bieringen

Rastplätze: Wacholderheide Beuren, Im Starzeltal bei Bietenhausen, Im Neckartal bei Bieringen

Badeplätze: Freibäder in Mössingen, Rottenburg und Tübingen, Baggersee Hirschau

Nehren Parkplatz am Bahnhof; Hechingen am Kaufland an der B 27; Rottenburg Marktplatz

Los geht's: Vom Hauptbahnhof fahren wir nach rechts bis zur Ampel und nehmen dann die Unterführung nach rechts. An der Steinlach entlang radeln wir stadtauswärts und folgen den Wegweisern nach Gomaringen und Dußlingen. Der Weg führt durch die Gartenstadt und ein kleines Industriegebiet zum großen Kreisel an der B 27. Wir fahren geradeaus weiter parallel zur Bundesstraße. An der nächsten Kreuzung biegen wir links ab Richtung Gomaringen.

In Gomaringen an der großen Kreuzung mit Ampel fahren wir rechts, überqueren die Straße und fahren nach rechts parallel zur Straße ortsauswärts. Vor der Eisenbahnbrücke geht es links auf den Radweg nach Nehren. Am Ortsende beim Bahnhof folgen wir den Wegweisern nach Mössingen an der Straße entlang, durch ein Wohngebiet und zum Bahnhof Mössingen. Wir fahren geradeaus in die Dreifürstensteinstraße (Wanderweg blaues Dreieck nach Belsen), der wir geradeaus bis zum Abzweig zur Olgahöhe folgen. Hier geht es nach rechts ab.

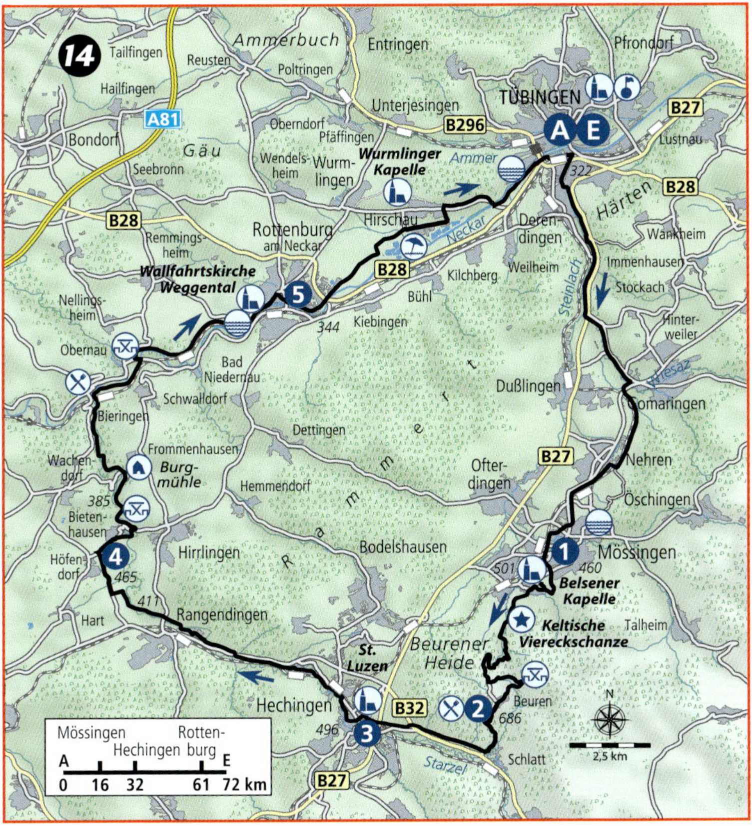
14
Tailfingen
Reusten
Ammerbuch
Poltringen
Entringen
Pfrondorf
Hailfingen
A81
TÜBINGEN
Unterjesingen
B27
Bondorf
Oberndorf
Pfäffingen
B296
A
E
Lustnau
Gäu
Wendels-heim
Wurm-lingen
Wurmlinger Kapelle
Ammer
Seebronn
322
Härten
B28
B28
Hirschau
Neckar
Deren-dingen
Wankheim
Remmings-heim
Rottenburg am Neckar
Immenhausen
Wallfahrtskirche Weggental
B28
Kilchberg
Weilheim
Steinlach
Stockach
5
Bühl
Nellings-heim
Hinter-weiler
344
Kiebingen
Obernau
Bad Niedernau
Wiesaz
Dußlingen
Schwalldorf
Gomaringen
Bieringen
Dettingen
Rammert
Frommenhausen
B27
Nehren
Wachen-dorf
Burg-mühle
Ofter-dingen
Hemmendorf
385
Öschingen
Bieten-hausen
1
Mössingen
4
Höfen-dorf
Hirrlingen
Bodelshausen
501
460
465
Belsener Kapelle
411
Rangendingen
Hart
Keltische Viereckschanze
Talheim
St. Luzen
Beurener Heide
Hechingen
B32
2
Beuren
686
N
496
3
Mössingen
Rotten-burg
Hechingen
A
E
0
16
32
61
72 km
Schlatt
2,5 km
Starzel
B27

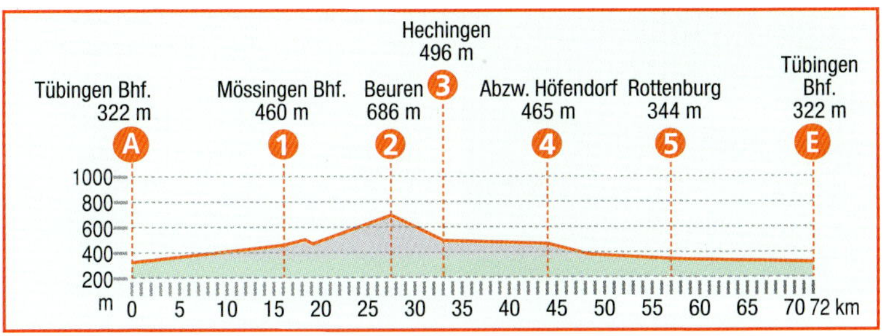
Tübingen Bhf. 322 m
A
Mössingen Bhf. 460 m
1
Beuren 686 m
2
Hechingen 496 m
3
Abzw. Höfendorf 465 m
4
Rottenburg 344 m
5
Tübingen Bhf. 322 m
E
1000
800
600
400
200
m
0 5 10 15 20 25 30 35 40 45 50 55 60 65 70 72 km

Wer mag, fährt gleich noch einmal rechts den Berg hinauf zur Belsener Kapelle. Diese sehenswerte romanische Kirche ist um 1150 erbaut worden. Vieles an ihr wurde im Lauf der Jahrhunderte geändert. Das Portal jedoch ist noch aus jener Zeit. Die Belsener Kapelle liegt wunderschön auf einem Hügel ganz für sich mit tollem Rundumblick auf die Schwäbische Alb und ins Steinlachtal.

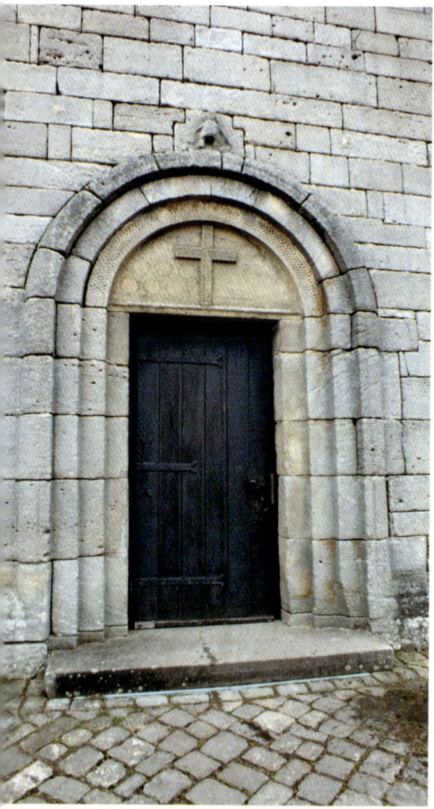

Das Portal der Belsener Kapelle

In Belsen fahren wir an der zweiten Möglichkeit nach links in die Barbelsenstraße und dann geradeaus durch den Ort. Die Straße macht eine Rechtskurve. Wir fahren geradeaus weiter und folgen dem – etwas versteckten – Wegweiser nach Beuren. An der Gabelung halten wir uns rechts. Der Weg führt durch Streuobstwiesen mit Blick auf die Alb.

Etwas oberhalb von unserem Weg befand sich in alter Zeit eine keltische Siedlung. Archäologen haben hier eine der größten keltischen Viereckschanzen Baden-Württembergs entdeckt. Es braucht jedoch reichlich Vorstellungsvermögen: außer Wiese ist nichts zu sehen!

Wir überqueren den Bach und folgen der Straße durch den Wald kurvenreich den Berg hinauf. Oben angekommen biegen wir nach kurzer Zeit auf ein landwirtschaftliches Sträßchen mit Schranke nach links ein und folgen diesem zur Beurener Heide.

Ein kleiner Spaziergang geradeaus in die Heide hinein lohnt sich. Kalkmagerrasen, bunte Wiesen, Wacholder, dazwischen Quellmoore zeichnen das Naturschutz-

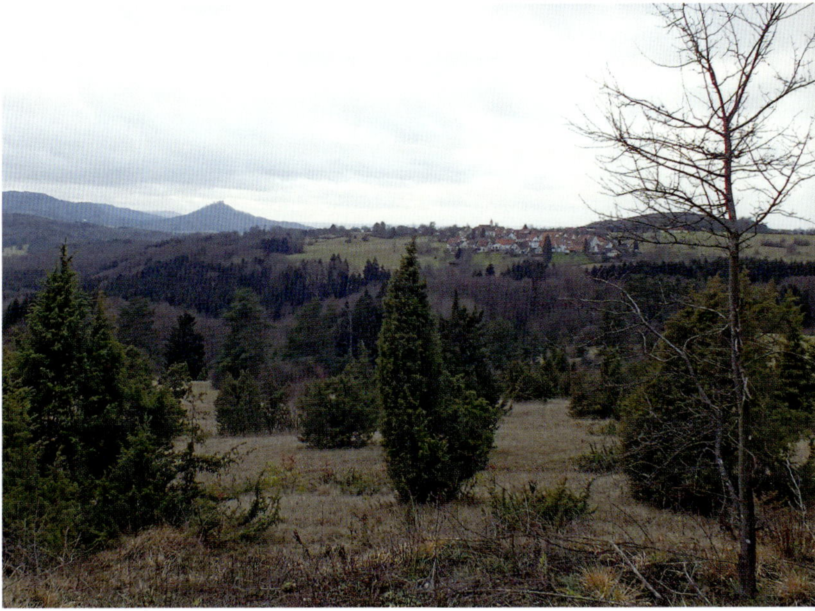

Naturschutzgebiet Beurener Heide

gebiet Beurener Heide aus. Ragwurz, Knabenkraut, Elfenstendel und Stendelwurz erfreuen das Auge der Blumen- und Orchideenfreunde. Zudem kann man ganz wunderbar zum Hohenzollern, über die Alb und nach Beuren gucken.

Wir fahren rechts den Berg hinunter, an einem Kinderspiel- und Rastplatz vorbei und wieder hinauf nach Beuren. Auf der Kreisstraße geht es hinunter ins Starzeltal und dort parallel zur B 32 nach Hechingen. Nachdem wir unter der B 27 hindurch gefahren sind, sehen wir rechter Hand die Kirche St. Luzen.

Bis ins 16. Jahrhundert war St. Luzen Pfarrkirche von Hechingen. Unter Graf Eitelfriedrich I. von Hohenzollern-Hechingen wurde sie 1586–1589 zu einer bedeutenden Renaissancekirchen Süddeutschlands ausgebaut. In dem mit der Kirche baulich verbundenen ehemaligen Franziskanerkloster befindet sich heute das Bildungshaus St. Luzen. Besonders sehenswert und für die Öffentlichkeit zugänglich ist der Klostergarten. Ein kleiner Park mit Bänken, ein Teich, ein Obstgarten, ein Kräuterbeet mit erklärenden Tafeln zu den Heilpflanzen und ihrer Wirkung laden zum Schauen und Pausieren ein.

Kurz nach St. Luzen biegen wir nach links ab, unterqueren die Bahnlinie und fahren geradeaus weiter bis zum Kreisel. Hier biegen wir rechts ab auf die Kreisstraße nach Rangendingen. Auf ihr radeln wir bis zum Ortsende und wechseln dann nach links auf den Radweg nach Stein und Rangendingen. In Rangendingen geht es noch im Industriegebiet rechts und wieder links durch den Ort und über die Starzel. Wir überqueren die Landstraße nach Hirrlingen und bleiben bis zum Sportplatz im Starzeltal. Kurz danach führt der Weg über die Starzel und hinauf zur Kreisstraße nach Höfendorf. Wir bleiben auf der Kreisstraße und radeln gleich weiter Richtung

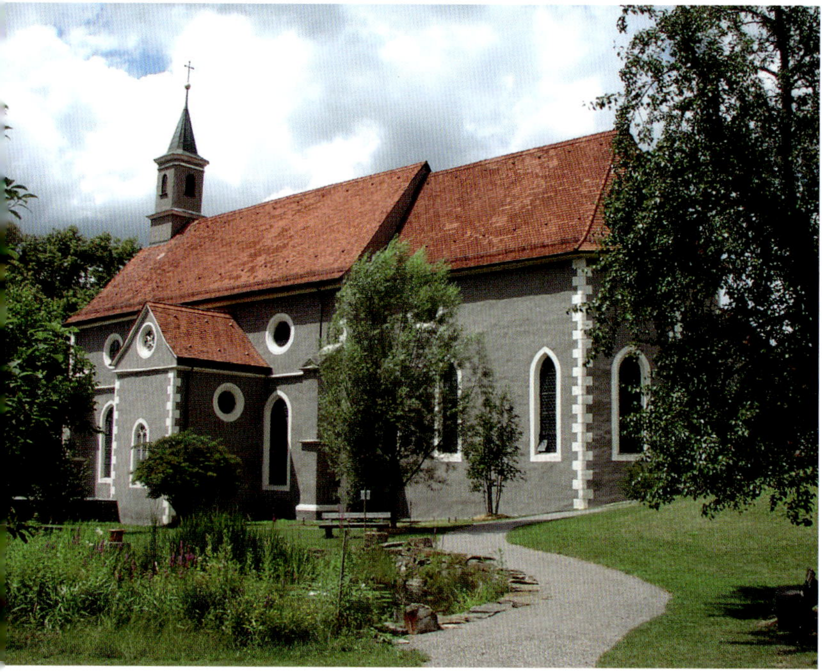

Renaissancekirche St. Luzen

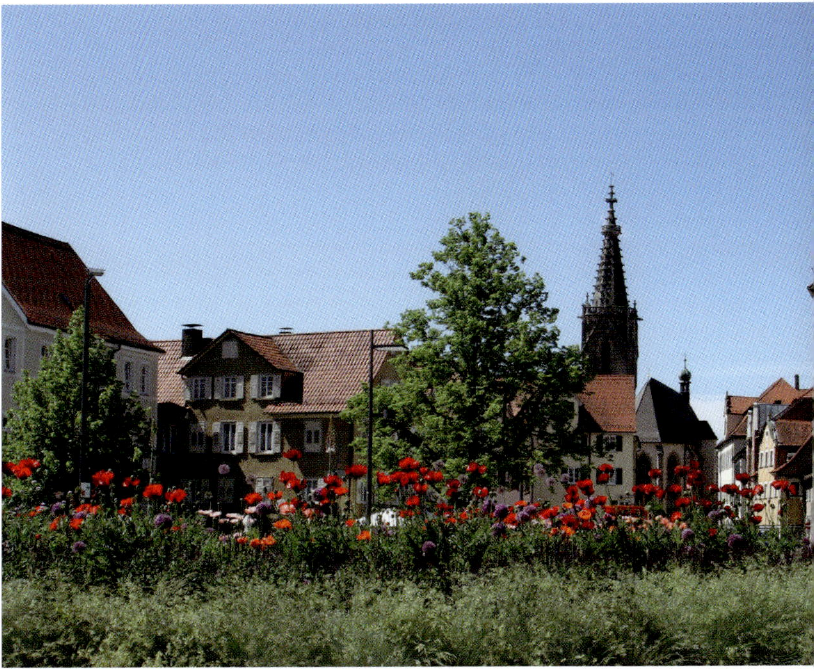

Rottenburg am Neckar

Bietenhausen und Hirrlingen. An Bietenhausen vorbei rollen wir hinunter zur Brücke über die Starzel und biegen direkt danach nach links ab und an einem Rastplatz vorbei zum Steinbruch. Am Steinbruch geht es rechts ab auf dem befestigten Wanderweg zur Burgmühle.

Die Straße überqueren und die Starzel bis zum Neckar begleiten. Kurz vor der Brücke rechts – außer man möchte noch im Landgasthof Kaiser einkehren – nach einer Rechtskurve links und an Obernau vorbei bis zur Landesstraße radeln. Hier links, den Neckar überqueren, dann rechts und am anderen Ufer weiter nach Rottenburg radeln. Durch die Altstadt (s. Tour 12) und nach rechts hinunter zum Neckar, vor der Brücke links und weiter den Neckartalradweg an den Baggerseen vorbei radeln wir über Hirschau zurück nach Tübingen.

Tour 15: Ins Tal der Lauchert

Hinauf auf die Schwäbische Alb, vorbei am höchstgelegenen Theater der Region und durchs ruhige und schöne Tal der Lauchert führt diese Tour. Die Burgruine Hohenringingen, die Salmendinger Kapelle und das Vogelschutzzentrum des NABU in Mössingen sind ebenfalls dabei.

Start- und Endpunkt: Tübingen Hauptbahnhof

Streckenverlauf:
Tübingen Hbf – Gomaringen – Sonnenbühl – Melchingen – Ringingen – Mössingen – Tübingen Hbf

: Festplatz TÜ; Neckarcamping TÜ, Azur Camping Sonnenbühl, Feriendorf Sonnenmatte Sonnenbühl

Gesamtstrecke: 78 km

Schwierigkeitsgrad: ■
Höhendifferenz: 789 Hm

Dauer: 6 Stunden

Variante: Start- und Endpunkt Mössingen: 45 km

Einkehrmöglichkeiten:
Da Pino Sportheim Undingen; Landhotel und Trendcafé Krone Willmandingen

Rastplätze:
Im Laucherttal vor Hörschwag, Am Kreuzbühl

Badeplätze:
Freibad Mössingen

Tübingen Neckarmüller, Marktplatz, Tourist Info; Gomaringen am Schloss und am Café Kult

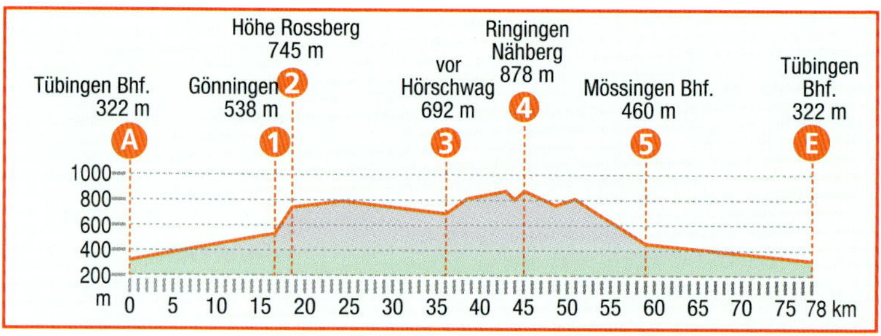

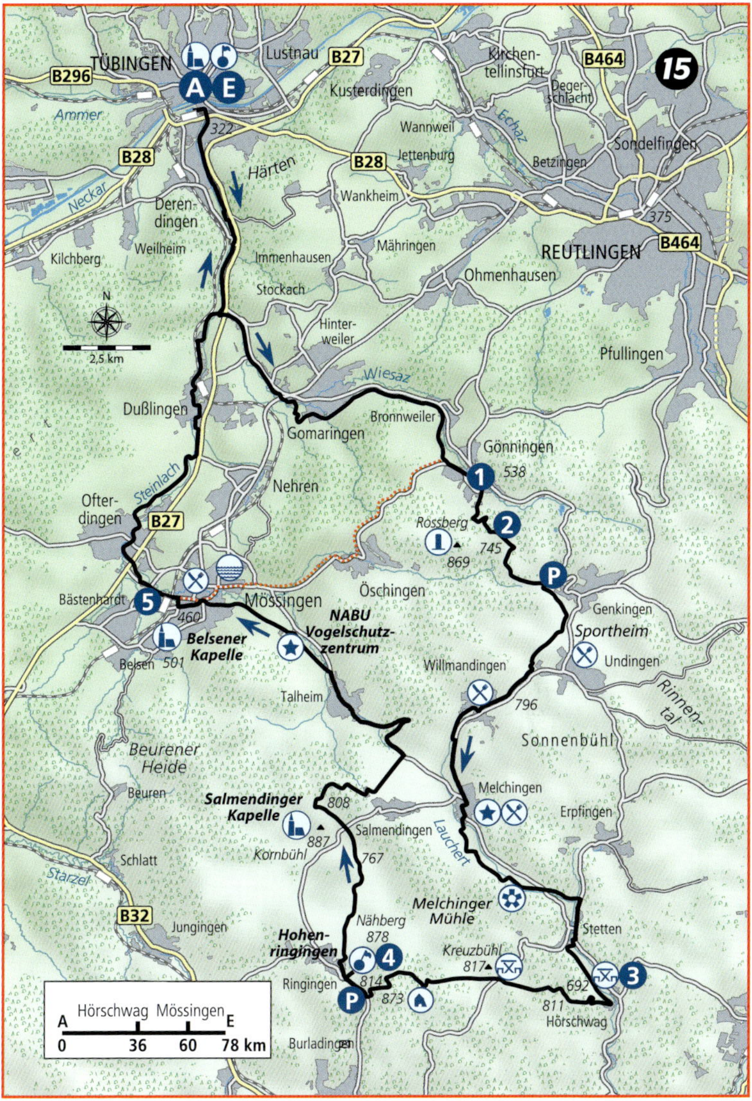
15
TÜBINGEN
A
E
Lustnau
B27
B296
Kusterdingen
Kirchen-
tellinsfurt
B464
Deger-
schlacht
Ammer
322
Wannweil
Echaz
Härten
B28
Jettenburg
Sondelfingen
Betzingen
Neckar
Deren-
dingen
Wankheim
375
Weilheim
Mähringen
REUTLINGEN
B464
Kilchberg
Immenhausen
Ohmenhausen
Stockach
N
Hinter-
weiler
2,5 km
Pfullingen
Wiesaz
Dußlingen
Bronnweiler
Gomaringen
Gönningen
1
538
Nehren
Steinlach
Ofter-
dingen
B27
2
Rossberg
745
869
P
Öschingen
Bästenhardt
5
Mössingen
460
NABU
Vogelschutz-
zentrum
Genkingen
Sportheim
Belsener
Kapelle
Belsen
501
Undingen
Willmandingen
Rinnen-
tal
Talheim
796
Sonnenbühl
Beurener
Heide
Beuren
Melchingen
Salmendinger
Kapelle
808
Erpfingen
887
Salmendingen
Lauchert
Schlatt
Kornbühl
767
Starzel
Melchinger
Mühle
B32
Jungingen
Nähberg
878
Stetten
Hohen-
ringingen
4
Kreuzbühl
817
3
Ringingen
814
692
P
873
811
Hörschwag
Hörschwag
Mössingen
A
E
0
36
60
78 km
Burladingen

Los geht's: Vom Hauptbahnhof fahren wir nach rechts bis zur Ampel und nehmen dann die Unterführung nach rechts. An der Steinlach entlang radeln wir stadtauswärts und folgen den Wegweisern nach Gomaringen und Dußlingen. Der Weg führt durch die Gartenstadt und ein kleines Industriegebiet zum großen Kreisel an der B 27. Wir fahren geradeaus weiter parallel zur Bundesstraße. An der nächsten Kreuzung geht es links ab Richtung Gomaringen. In Gomaringen an der großen Kreuzung mit Ampel fahren wir rechts und biegen dann gleich nach links ins Wohngebiet ab (Wegweiser Holzakzente Grauer). Hier folgen wir der Straße und fahren beim Holzstudio Grauer auf einem Rad- und Fußweg geradeaus weiter, danach um um eine Kurve und dann nach rechts auf einen Fuß- und Radweg. Dieser führt an einem kleinen Spielplatz vorbei über den Bach. Hier halten wir uns rechts. Der Weg bringt uns zur Gomaringer Sport- und Kulturhalle, an der wir vorbeifahren. Am Ende der Straße biegen wir nach links in die Schießmauerstraße ab und vor bis zur Landesstraße. Hier rechts und weiter nach Bronnweiler und Gönningen. Am Rathaus Gönningen fahren wir rechts vorbei und weiter geradeaus, die Roßbergsteige hinauf. Die ist ziemlich steil, bringt uns dafür aber schnell hinauf auf die Alb.

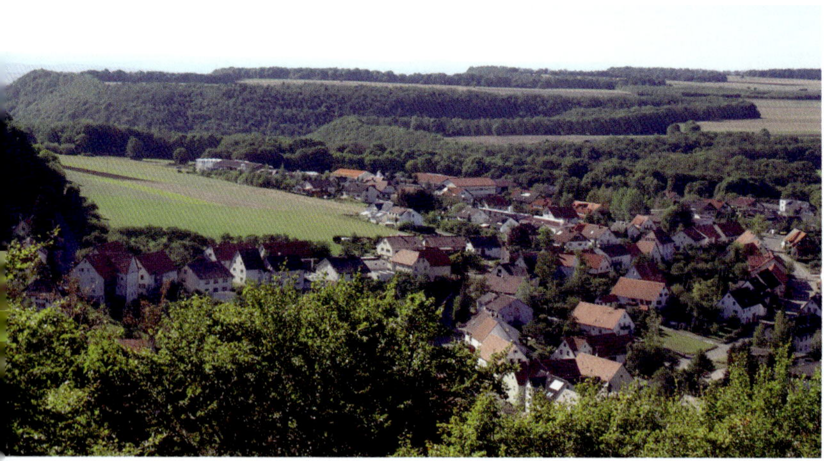

Ausblick von Hohenringingen

Oben angekommen haben wir das meiste der heutigen Steigung geschafft. Mit schönem Blick auf den Roßberg und über die Alb radeln wir weiter zum Parkplatz am Skilift von Genkingen, überqueren die Kreuzung und biegen auf ein zunächst geteertes Sträßchen rechts ab, das im Bogen eine kurze Steigung hoch- und dann um die Gemeinde Genkingen herumführt. Wir bleiben geradeaus auf diesem Weg und fahren auch an Undingen vorbei. Am Ortsende von Undingen führt der Weg in einem Bogen nach Undingen zurück, wir biegen jedoch auf einen Weg nach rechts ab und kommen zur Verbindungsstraße zwischen Undingen und Willmandingen. Der Fahrradweg verläuft hier parallel zur Straße. In Willmandingen biegen wir in der Ortsmitte nach der Kirche rechts ab und folgen kurz darauf der Radwegbeschilderung nach Salmendingen an der Bankfiliale nach links. Nach knapp einem Kilometer fahren wir nach links zur Kreisstraße, der wir bis Melchingen folgen.

Melchingen, Kultur- und Theaterfreunden wohl bekannt durch das Theater Lindenhof, hat eine Burgruine und ein Dorfmuseum, das einem das bäuerliche Leben aus früheren Zeiten nahebringt. Öffnungszeiten nach Vereinbarung, Tel. (0 71 26) 9 22 30.

Wir fahren am Theater vorbei und biegen kurz danach nach rechts zum Sportplatz ab. Nach dem Sportplatz biegen wir links ab und folgen ab hier dem Laucherttal-Radweg. Er führt an der Melchinger Mühle vorbei über die Lauchert, danach scharf rechts und weiter nach Stetten. Auf der Hauptstraße fahren wir durch den Ort, am Ortsausgang links und gleich wieder rechts weiter nach Hörschwag. Hier ist das Tal besonders schön. Da passt auch der Rastplatz kurz vor Hörschwag gut zum Pause machen und genießen. In Hörschwag biegen wir rechts ab und fahren geradeaus den Berg hinauf. An der Weggabelung nehmen wir den Weg nach rechts. Durch Wald und Feld geht es hinauf zum Rastplatz Kreuzbühl. Dort überqueren wir die Straße und radeln geradeaus weiter bis zum Waldrand. Hier fahren wir halblinks in den Wald hinein und an der Schutzhütte gleich wieder rechts. Diesem Weg folgen wir durch den Wald ein Stück den Berg hinauf und wieder hinunter bis zur Kreisstraße zwischen Burladingen und Ringingen. Auf ihr geht es nach rechts Richtung Ringingen. Nach 500 m erreichen wir einen Wanderparkplatz.

Wer Lust auf Burg und schöne Aussicht hat, stelle hier sein Rad ab und ersteige die Burgruine Hohenringingen.

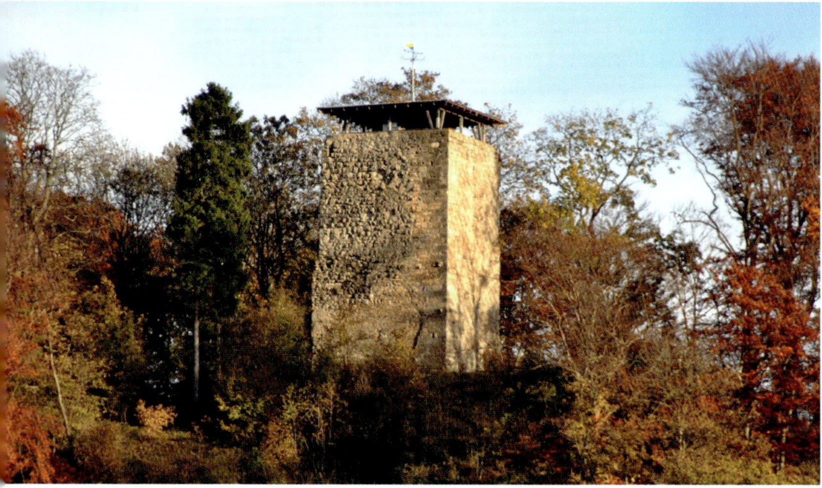

Hohenringingen

Wir bleiben auf der Hauptstraße, fahren bei der Linkskurve jedoch geradeaus an der Kirche vorbei und danach nach rechts. Kurz darauf zweigt der Radweg nach Salmendingen und zum Kornbühl links ab. Diesem folgen wir, immer wieder den Kornbühl mit der Salmendinger Kapelle auf seiner Spitze im Blick. Kurz vor dem Kornbühl überqueren wir die Straße und umrunden den Hügel bis zum nächsten Abzweig nach rechts. Durch den Wald geht es Richtung Salmendingen. Immer wieder öffnet sich ein Ausblick ins Tal und Richtung Bolberg. Am Waldrand fahren wir links zwischen den Schuppen durch, dann gleich wieder rechts und wieder links und hinunter zur Straße. Auf sie biegen wir nach links ein und genießen die Fahrt talabwärts nach Talheim. Am Ortsende von Talheim biegen wir nach links ab auf den Radweg nach Mössingen.

Auf dem Hof im Eingangsbereich des Vogelschutzzentrums des NABU gibt es zwei kleine Ausstellungen. Ein Zutritt zur Vogelpflegestation ist für Gruppen nach Voranmeldung möglich. www.NABU-Vogelschutzzentrum.de

In Mössingen radeln wir geradeaus weiter durch den Ort bis zum Bahnhof. Hier kann, wer mag, in den Zug steigen. Wer heim radelt, biegt vor der Bahnlinie nach rechts ab, an der Straße links auf den Radweg, der parallel zu ihr verläuft, und folgt der Radwegbeschreibung nach Ofterdingen bzw. Tübingen. Hier geht es an der Steinlach entlang, am Ortsende kurz nach links den Berg hinauf und wieder rechts nach Dußlingen. Auch in Dußlingen bleiben wir meistens am Bach und fahren durchs Industriegebiet zurück zur Kreuzung, an der wir vorhin nach Gomaringen abgebogen sind. Von da aus geht es nach Tübingen auf demselben Weg zurück.

Variante Start- und Endpunkt Mössingen:

Vom Bahnhof Mössingen fahren wir geradeaus weg, beim Rathaus durch und über die Kreuzung. Dieser Straße folgen wir zuerst geradeaus und folgen dann den Schildern zur Ortsmitte. Wir radeln am Altenheim vorbei den Hügel hinauf und nach rechts auf die Straße nach Talheim und Öschingen. Am Ortsende wechseln wir nach links auf den Radweg nach Öschingen. Von Öschingen folgen wir der Radwegbeschilderung nach Gönningen bis zum Rathaus Gönningen.

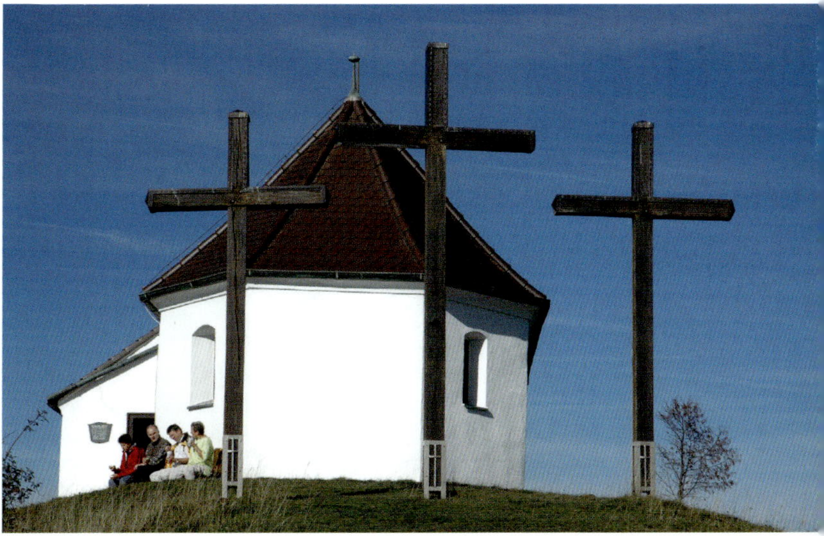

Kornbühl – Salmendinger Kapelle

Tour 16: Zur Weilerkirche bei Haigerloch-Owingen

Der ältesten Kirche der Region Hohenzollern mit nicht nur für Zimmerleute beeindruckender Dachkonstruktion statten wir mit dieser Tour einen Besuch ab. Unterwegs genießen wir das Panorama der Zollernalb und der Balinger Berge.

Start- und Endpunkt: Mössingen Bahnhof

Streckenverlauf:
Mössingen Bhf – Ofterdingen – Bodelshausen – Hirrlingen – Trillfingen – Weilerkirche – Hechingen – Mössingen Bhf

: Am Bhf und am Freibad Mössingen; Am Freibad Haigerloch

Gesamtstrecke: 56 km

Schwierigkeitsgrad:
Höhendifferenz: 430 Hm

Dauer: 4 Stunden

Kürzere Variante: bis Bisingen Bahnhof 38 km

Einkehrmöglichkeiten:
Krone Hirrlingen; in Haigerloch; in Hechingen

Rastplätze:
Bei Bodelshausen, bei Owingen

Badeplätze:
Freibad Hechingen;
Freibad Haigerloch

Hechingen beim Kaufland an der B 27

Los geht's: Vom Bahnhof in Mössingen fahren wir nach links die Eisenbahnstraße bis zu ihrem Ende, biegen links ab und an der Landesstraße nach Ofterdingen noch einmal links. Hier gibt es einen Radweg parallel zur Straße. Dieser biegt nach dem Sportplatz rechts ab nach Ofterdingen. An der Steinlach können Wissbegierige absteigen und in der Steinlach schauen, ob sie Fossilien sehen. Das „Ofterdinger Pflaster" ist in Fachkreisen berühmt. Das Bachbett ist voll mit herrlichen Ammoniten aus der Urzeit. Auf einer Infotafel wird erklärt, wie es dazu kommt. Dann geht es links auf den Radweg nach Bodelshausen. Dieser führt durch ein Wohngebiet den Berg hinauf und dann über die Höhe nach Bodelshausen.

In Bodelshausen folgen wir der Straße bis zur Hauptstraße, überqueren diese und fahren die nächste Möglichkeit nach rechts. Wir folgen dem Weg an einem Spiel- und Rastplatz vorbei, biegen dann rechts ab, über die Brücke und nach links am Bach entlang. Nochmals über den Bach und

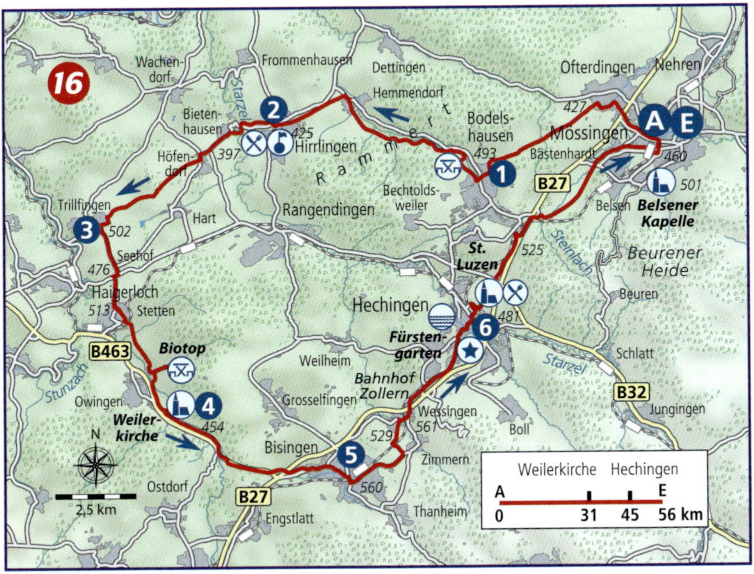
16
Wachendorf
Frommenhausen
Dettingen
Hemmendorf
Ofterdingen
Nehren
Bietenhausen
Starzel
Hirrlingen
425
397
Höfendorf
Rammert
Bodelshausen
493
Mössingen
427
Bästenhardt
460
A
E
1
2
3
4
5
6
B27
Bechtoldsweiler
Trillfingen
502
Hart
Rangendingen
Belsen
Belsener Kapelle
501
Seehof
476
Haigerloch
513
Stetten
St. Luzen
525
Steinlach
Beurener Heide
Beuren
Hechingen
481
Fürstengarten
Biotop
B463
Weilheim
Bahnhof Zollern
Schlatt
Starzel
Stunzach
Grosselfingen
B32
Owingen
Weilerkirche
454
Wessingen
561
Boll
Jungingen
N
529
Bisingen
Zimmern
Ostdorf
560
2,5 km
B27
Engstlatt
Thanheim
Weilerkirche
Hechingen
A
E
0
31
45
56 km

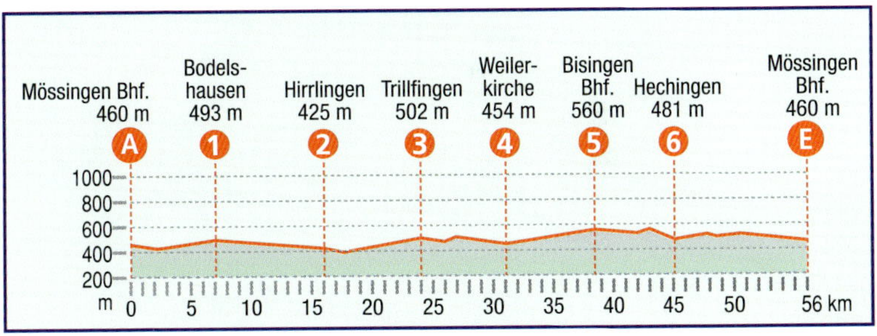
Mössingen Bhf. 460 m
Bodelshausen 493 m
Hirrlingen 425 m
Trillfingen 502 m
Weilerkirche 454 m
Bisingen Bhf. 560 m
Hechingen 481 m
Mössingen Bhf. 460 m
A
1
2
3
4
5
6
E
1000
800
600
400
200
m
0
5
10
15
20
25
30
35
40
45
50
56 km

durch Felder und Wiesen bringt uns der Weg nach Hemmendorf.

In Hemmendorf fahren wir an der Hauptstraße links und am Ortsende wieder links nach Hirrlingen. Die Hauptstraße in Hirrlingen überqueren wir und fahren geradeaus durchs alte Tor in den Hof des Hirrlinger Schlosses.

Vom 13. bis zum 18. Jahrhundert prägte die Familie von Ow die Geschichte von Hirrlingen. Im 16. Jahrhundert wurde das Schloss erbaut, das heute der kommunalen Verwaltung als Unterkunft dient. Schlosshof und Schlossgraben sind jederzeit zugänglich.

Zurück durchs Tor fahren wir links und durch das Schul- und Sportgelände vor zur Straße nach Bietenhausen. Ein Radweg führt parallel zur Straße bis zur Brücke über die Starzel. Hier fahren wir zurück auf die Straße, den Berg hinauf an Bietenhausen vorbei nach Höfendorf. In Höfendorf biegen wir an der Kirche rechts ab auf den Radweg nach Hart und

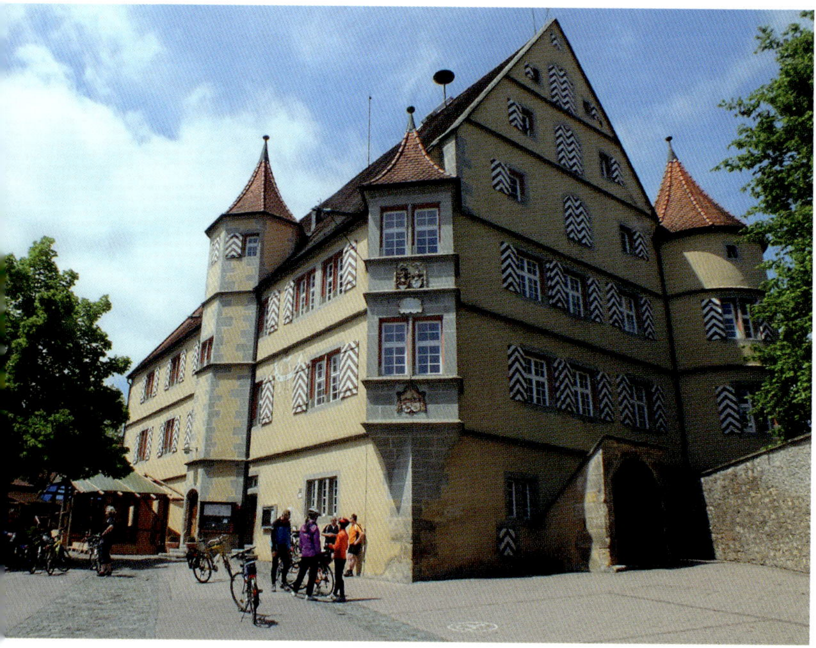

Das Hirrlinger Schloss

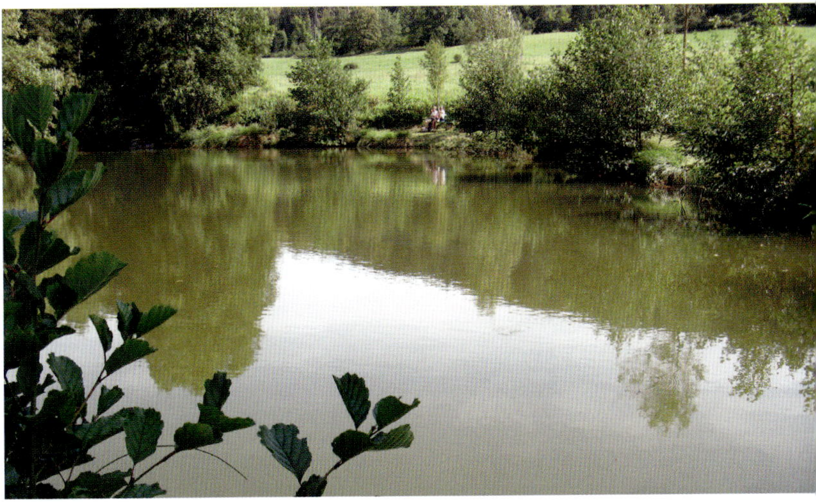

Biotop bei Haigerloch-Owingen

Trillfingen. Wir folgen dem Weg über die Höhe mit toller Aussicht auf die Zollernalb und die Balinger Berge nach Trillfingen. Am Ortseingang von Trillfingen geht es links und in einem Bogen am Ortsrand entlang Richtung Seehof. Wir biegen nach links auf die Kreisstraße ab und folgen ihr bis zur Landesstraße zwischen Rangendingen und Haigerloch. Hier geht es rechts ab und gleich wieder links hinauf nach Stetten. Am Ortseingang von Stetten biegen wir links ab und fahren in steiler Fahrt hinunter durchs Dorf weiter Richtung Owingen. Kurz vor der Brücke, die nach Owingen führt, biegen wir links ab.

Wenn man diesem Weg geradeaus weiter folgt, erreicht man nach kurzer Zeit auf der rechten Seite ein sehr schön angelegtes Biotop. Ein kleiner Teich mit Bänken und einem Spazierweg rundherum lädt zum Verweilen ein.

Zur Weilerkirche geht es allerdings gleich wieder nach rechts, über den Bach und parallel zur Straße weiter.

Die romanische Kirche ist die älteste Kirche Hohenzollerns. Sie wurde am 27. April 1152 dem heiligen Georg geweiht. Erbauer war wahrscheinlich die Familie von Ow, die wir ja schon vom Hirrlinger Schloss kennen. Sehr viel später kam das heute so charakte-

ristische Dach hinzu mit einer beeindruckenden offen sichtbaren Holzkonstruktion. Jeden zweiten Sonntag im Monat um 14 Uhr gibt es eine Führung durch die Kirche oder nach Vereinbarung.
Tel. (07474) 6622.

Von der Weilerkirche fahren wir zurück zur Straße und parallel zu ihr weiter auf dem Radweg nach Steinhofen und Bisingen. Wir unterqueren den Bach, fahren an der Gießmühle vorbei und bleiben weiter an der B463 bis zur Einmündung der Kreisstraße, die nach Steinhofen führt. In Steinhofen biegen wir vor der Kirche rechts ab nach Bisingen, fahren in Bisingen unter der Eisenbahnbrücke hindurch und biegen nach links ab.

Wer mag, kann ab hier mit dem Zug zurückfahren.

Für uns geht es über Wessingen und den Bahnhof Zollern nach Hechingen.

Hier radeln wir am Fürstengarten und der Villa Eugenia vorbei. Die Villa Eugenia wurde im 18. Jahrhundert als sommerliches Lust-Garten-Haus errichtet. Später diente es als Wohnhaus derer von Hohenzollern-Hechingen. Heute ist

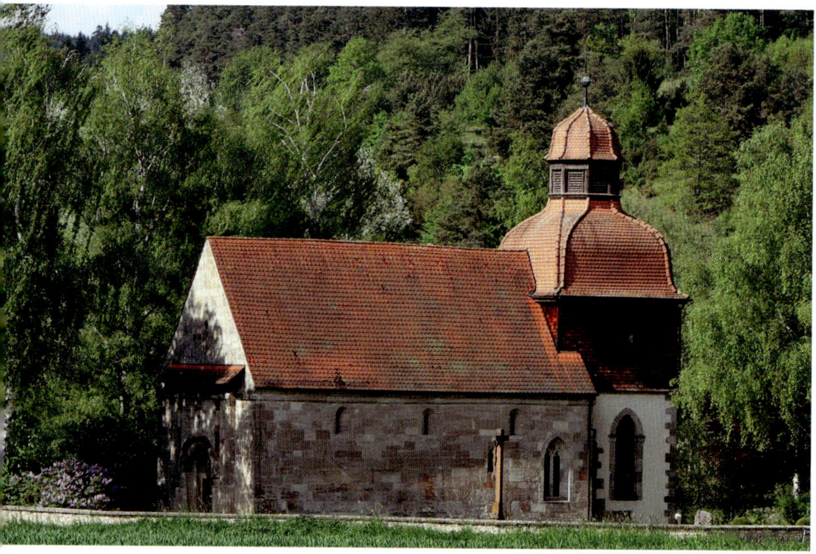

Die romanische Weilerkirche – die erst 1913 gebaute Turmhaube ist eine Reminiszenz an den in der wilhelminischen Zeit üblichen Pickelhelm.

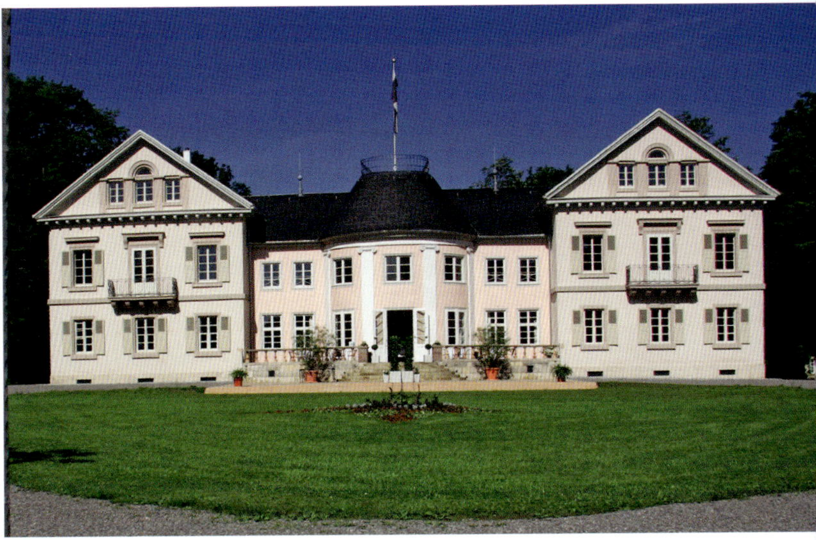

Villa Eugenia in Hechingen

die Villa Eugenia ein Kultur- und Tagungshaus, in dem immer wieder Ausstellungen, Konzerte und andere kulturelle Veranstaltungen stattfinden. Der ansehnliche Fürstengarten ist für die Öffentlichkeit zugänglich.

Vom Obertorplatz in Hechingen führt der Weg kurvig und durch schmale Gässchen mitten durch die Altstadt hinunter in die Unterstadt. Wir überqueren beim Eiscafé Piccola Venezia die Starzel, fahren dann nach der Brücke gleich nach rechts in die Gutleuthausstraße und diese entlang bis zur Kreisstraße. Hier biegen wir links ab und fahren bis zum Kreisel. Am Kreisel biegen wir die erste Möglichkeit rechts ab Richtung Bahnhof, fahren dann aber geradeaus weiter unter der Bahnlinie durch und danach links den Berg hinauf Richtung Bodelshausen. Kurz vor Bodelshausen führt der Radweg nach Mössingen rechts über die B 27, gleich danach links und nach kurzer, steiler Abfahrt scharf links unter der Eisenbahnlinie durch. Über Felder und Wiesen an einem Pferdehof vorbei, können wir die Räder bis Bästenhardt rollen lassen. Parallel zur Straße geht es zurück zum Bahnhof Mössingen.

Tour 17: Nach Balingen

Diese Tour beginnt in Mössingen und führt am sehenswerten Freilichtmuseum der römischen Villa Rustica bei Stein vorbei nach Balingen mit seiner schönen Innenstadt und den weit über Balingen hinaus bekannten Ausstellungen in der Stadthalle.

Start- und Endpunkt: Mössingen Bahnhof

Streckenverlauf:
Mössingen Bhf – Ofterdingen – Bodelshausen – Villa Rustica – Weilheim – Bisingen – Balingen – Hechingen – Mössingen Bhf

: Am Bhf und am Freibad Mössingen

Gesamtstrecke: 60 km

Schwierigkeitsgrad:
Höhendifferenz: 584 Hm

Dauer: 4 Stunden

Kürzere Variante: bis Balingen Bahnhof 33 km

Einkehrmöglichkeiten:
Kiosk Villa Rustica, Freizeit- und Spielpark Seerosengarten, in Balingen, in Hechingen

Rastplätze:
Bei Bechtoldsweiler

Badeplätze:
Freibad Hechingen, Freibad Engstlatt, Freibad Mössingen

Balingen am Bahnhof, Hechingen Kaufland an der B 27

Los geht's: Vom Bahnhof in Mössingen fahren wir nach links zur Straße, hier links und dann auf den Radweg parallel zur Straße. Dieser biegt nach dem Sportplatz nach rechts ab nach Ofterdingen. Kurz nach Ortsbeginn biegen wir links ab auf den Radweg nach Bodelshausen. Dieser führt durch ein Wohngebiet den Berg hinauf und dann über Felder und Wiesen nach Bodelshausen. In Bodelshausen folgen wir der Straße bis zur Hauptstraße, überqueren diese, fahren an der zweiten Möglichkeit links und gleich wieder rechts auf den Radweg über Oberhausen nach Bechtoldsweiler. Bis Oberhausen geht es nochmal den Berg hinauf, dafür gibt es rundum herrlich was zu gucken.

Am Sportplatz von Bechtoldsweiler ist auch ein schöner Rastplatz für die, die gerne Pause machen und die Aussicht genießen wollen.

Am Ortseingang von Bechtoldsweiler biegen wir rechts ab, am Wanderweg links und radeln den Berg durch den Wald hinunter.

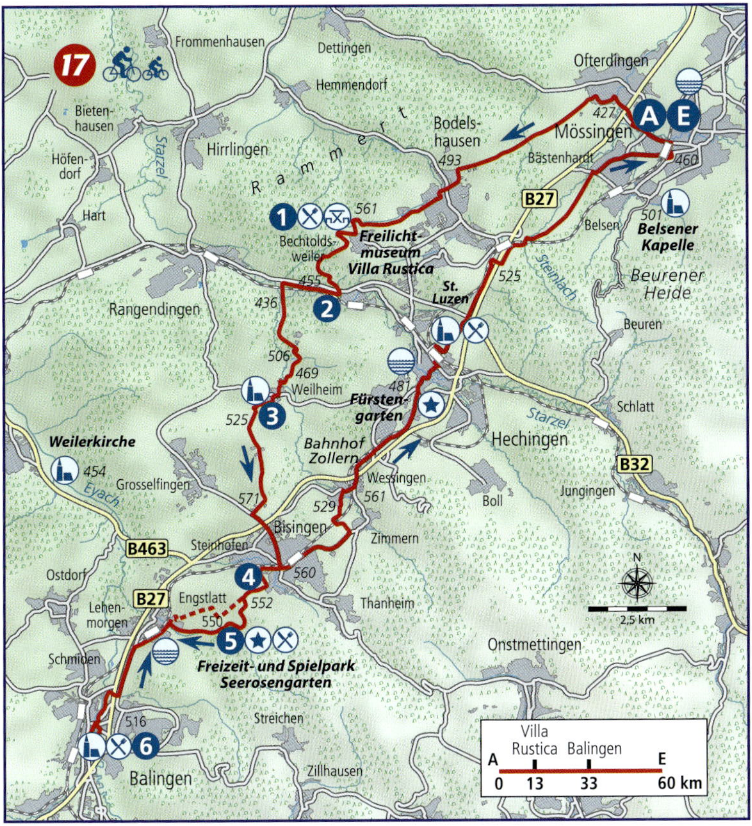
17
Frommenhausen
Dettingen
Hemmendorf
Ofterdingen
Bieten-
hausen
Höfen-
dorf
Starzel
Hirrlingen
R a m m e r t
Bodels-
hausen
493
427
Mössingen
A
E
Bästenhardt
460
Hart
B27
1
561
Bechtolds-
weiler
Freilicht-
museum
Villa Rustica
Belsen
501
Belsener
Kapelle
Rangendingen
455
436
2
525
St.
Luzen
Steinlach
Beurener
Heide
Beuren
506
469
Weilheim
481
3
525
Fürsten-
garten
Schlatt
Starzel
Hechingen
Weilerkirche
454
Eyach
Grosselfingen
Bahnhof
Zollern
Wessingen
561
B32
Jungingen
571
529
Bisingen
Boll
B463
Steinhofen
Zimmern
Ostdorf
4
560
B27
Engstlatt
552
550
Thanheim
Lehen-
morgen
5
Freizeit- und Spielpark
Seerosengarten
2,5 km
Onstmettingen
Schmiden
516
Streichen
6
Balingen
Zillhausen
Villa
Rustica
Balingen
A
E
0
13
33
60 km

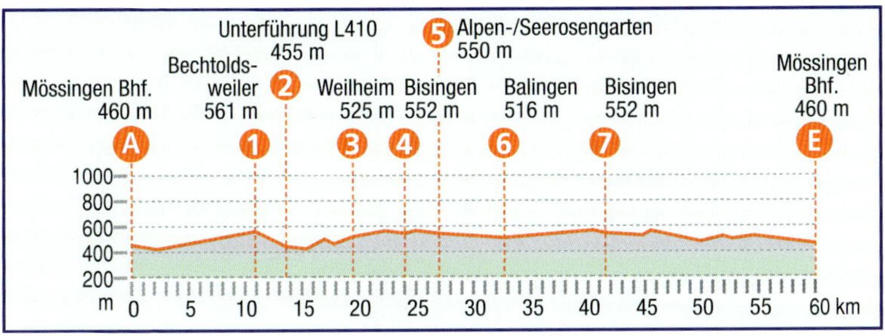
Unterführung L410
455 m
5 Alpen-/Seerosengarten
550 m
Bechtolds-
weiler
561 m
Mössingen Bhf.
460 m
2
Weilheim
525 m
Bisingen
552 m
Balingen
516 m
Bisingen
552 m
Mössingen
Bhf.
460 m
A
1
3
4
6
7
E
1000
800
600
400
200
m
0
5
10
15
20
25
30
35
40
45
50
55
60 km

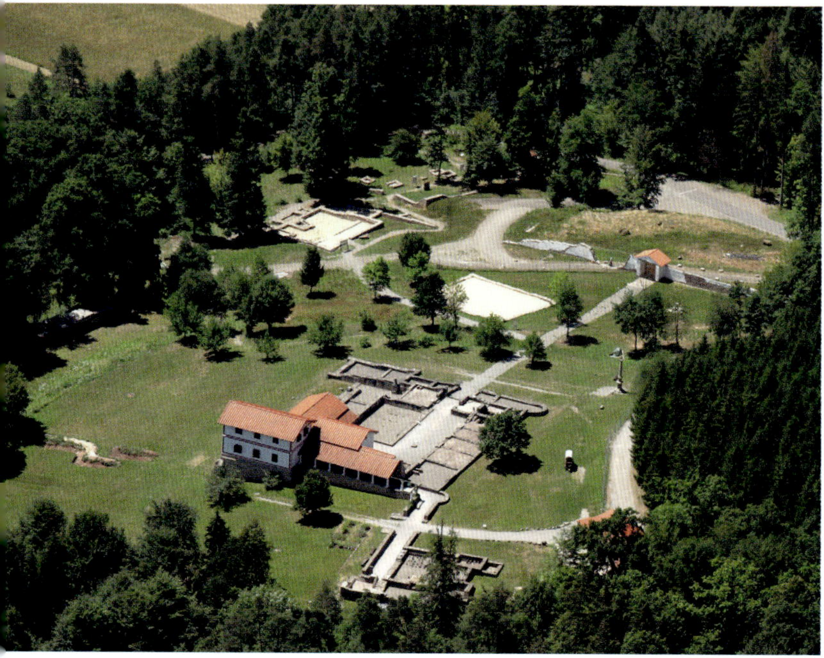

Römisches Freilichtmuseum Villa Rustica bei Hechingen

Hier haben Archäologen Überreste einer römischen Siedlung gefunden. Diese war vom ersten bis zum dritten Jahrhundert nach Christus bewohnt. Ein Gutshof – Villa Rustica – wurde für ein Freilichtmuseum wieder aufgebaut und eingerichtet. So kann man einen Eindruck gewinnen, wie die Römer vor etwa 2000 Jahren gelebt haben. Ein Tempelbezirk mit vier Tempeln wurde nachgebaut und 2021 eröffnet. Er gibt Einblick in die Glaubenswelt der Römer. In der Mitte überblickt eine sechs Meter hohe, bunt bemalte Jupitersäule das Gelände. Die Villa und das Gelände können besichtigt werden. Öffnungszeiten: April bis 1. November Di bis So 10–17 Uhr. www.villa-rustica.de

Weiter geht es hinunter zur Straße, unter ihr hindurch und dann nach rechts Richtung Rangendingen. Wir biegen auf das nächste Sträßchen, das von links kommt, ab. Durch ein schönes Tal fahren wir den Berg hinauf, dann nach rechts, kurz darauf über einen Bach und hinauf nach Weilheim, das ebenfalls seit Römerzeiten besiedelt ist.

Von dieser Seite aus präsentiert sich Weilheim besonders schön. Herausragend die Kirche St. Marien, die von festen Wehrmauern umgeben ist und früher Teil einer Befestigungslinie der Zollerngrafen war.

In Weilheim radeln wir an der Kirche vorbei, über die Hauptstraße, am Ortsende links und am Wegkreuz wieder links auf den Radweg nach Bisingen. Nach einem kleinen Industriegebiet erreichen wir die Landesstraße, auf die wir nach links abbiegen. Unter der B 27 geht es hinunter nach Bisingen. Nachdem wir auch noch die Eisenbahnlinie unterquert haben, biegen wir rechts ab und erreichen nach kurzer Zeit den Freizeit- und Spielpark Seerosengarten. Der kleine Freizeitpark liegt wunderschön und bietet einiges für Kinder wie Tiere beobachten, Gold waschen, mit der Seilbahn über den Seerosenteich gondeln, Tretboot fahren und mehr. Auf der Terrasse des Ausflugslokals kann man die Blüte der Seerosen im Juni genießen. www.seerosengarten-balingen.de.

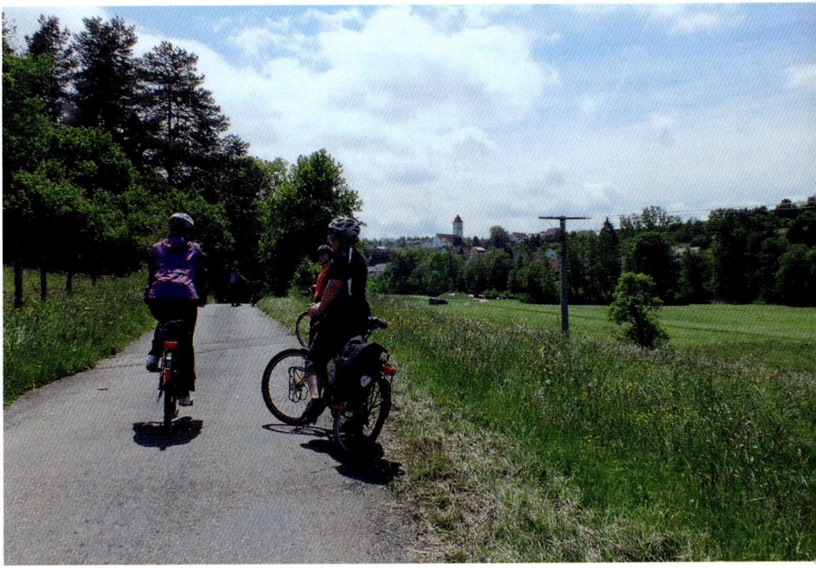

Auf dem Radweg nach Weilheim

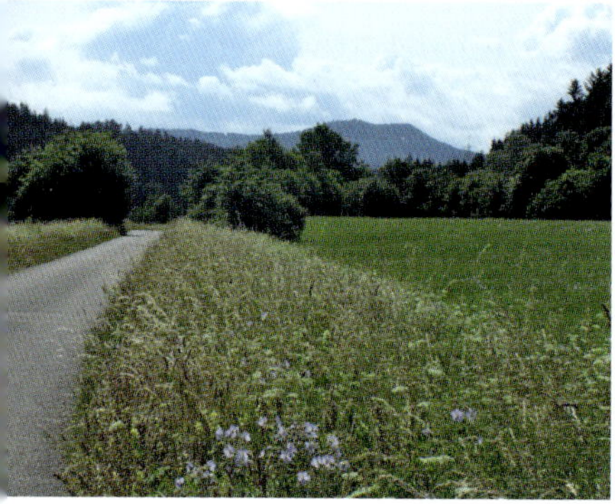

Auf dem Weg nach Balingen …

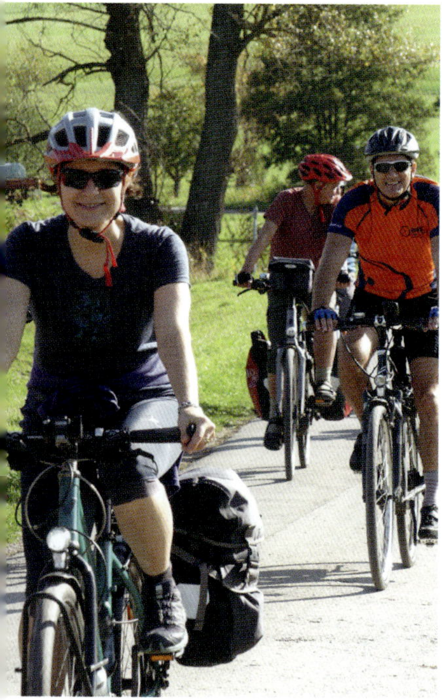

… radeln wir …

Vom Alpen- und Seerosengarten fahren wir weiter bachabwärts und vor der Bahnlinie links auf den Radweg nach Balingen. Kurz vor Balingen geht es rechts, unter der B 27 hindurch und dann nach links an der Eyach entlang in die Innenstadt.

Ein kleiner Wasserlauf führt durch die Fußgängerzone hindurch, zahlreiche Geschäfte und Cafés beleben die Innenstadt. Zentral am Marktplatz gelegen steht die spätgotische Hallenkirche. Hier befindet sich auch der Marktbrunnen mit dem „Herzog Ulrich". Die Stadthalle Balingen ein paar Meter weiter Richtung Schömberg lockt mit ihren Ausstellungen immer wieder zahlreiche Kunstliebhaber. Wer mag, kann vom Bahnhof Balingen aus mit dem Zug zurück fahren.

Wir radeln auf demselben Weg zurück nach Engstlatt und von da den Berg hinauf nach Bisingen. Ab hier folgen wir dem gut ausgeschilderten Radweg nach Hechingen über Wessingen und den Bahnhof Zollern. Vom Obertorplatz in Hechingen führt der Weg kurvig und durch schmale Gässchen mitten durch die Altstadt hinunter in die Unterstadt.

Wir überqueren beim Eiscafé Piccola Venezia die Starzel, fahren dann nach der Brücke gleich nach rechts in die Gutleuthausstraße und diese entlang bis zur Kreisstraße. Hier biegen wir links ab und fahren bis zum Kreisel. Am Kreisel biegen wir die erste Möglichkeit rechts ab Richtung Bahnhof, fahren dann aber geradeaus weiter unter der Bahnlinie durch und danach links den Berg hinauf Richtung Bodelshausen.

Kurz vor Bodelshausen führt der Radweg nach Mössingen rechts über die B27, gleich danach links und nach kurzer, steiler Abfahrt scharf links unter der Eisenbahnlinie durch. Über Felder und Wiesen an einem Pferdehof vorbei, können wir die Räder bis Bästenhardt rollen lassen. Parallel zur Straße geht es zurück zum Bahnhof Mössingen.

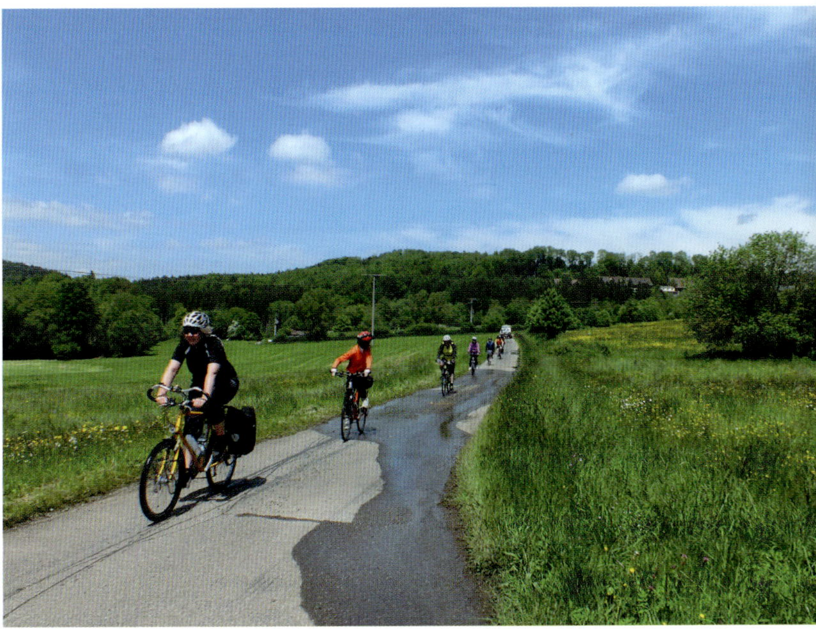

... durch üppig bunte Wiesen

Tour 18: Zum Freilichtmuseum Beuren

Von Metzingen geht es hinauf nach Beuren mit vielen Ausblicken über das Albvorland. Zurück fahren wir über Nürtingen und durchs Neckartal. Im Sommer unbedingt Badezeug einpacken!

Start- und Endpunkt: Metzingen Bahnhof

Streckenverlauf:
Metzingen Bhf – Neuffen – Freilichtmuseum Beuren – Nürtingen – Aileswasensee – Ermstal – Metzingen Bhf

: Am Bhf und an Stadthalle Metzingen; Kohlberg Sportplatz; Neuffen-Beuren Therme; Nürtingen-Oberensingen Festplatz

Gesamtstrecke: 46 km

Schwierigkeitsgrad:

Höhendifferenz: 384 Hm

Dauer: 3 Stunden

Kürzere Variante: bis Nürtingen Bahnhof 26 km

Einkehrmöglichkeiten:
Naturfreundehaus Falkenberg, in Neuffen, Landhaus Engelberg Freilichtmuseum Beuren, Seehaus Aileswasensee Neckartailfingen

Rastplätze: keine

Badeplätze: Freibad Neuffen, Aileswasensee Neckartailfingen

Neuffen Restaurant Stadt Neuffen; am Freilichtmuseum Beuren; Nürtingen Best Western am Schlossberg; am Seehaus Aileswasensee

Los geht's: In Metzingen überqueren wir den Bahnhofsvorplatz und fahren rechts an der Volksbank vorbei. An der nächsten Querstraße geht es links und durch die Unterführung für Radler und Fußgänger. Nach der Unterführung fahren wir links und folgen der Beschilderung nach Dettingen. Der Radweg nach Dettingen biegt am Steinerweg nach rechts ab, wir fahren jedoch geradeaus weiter (Wegweiser Nürtingen – Kohlberg). An der Weggabelung mit Sitzbank nehmen wir den Weg rechts und folgen ihm den Weinberg hinauf. Der Weg führt mitten durch das Weinbaugebiet Metzingens.

Übrigens ein gutes Tröpfchen, das hier angebaut wird! Die Metzinger Hofsteige ist inzwischen nicht nur in Metzingen bekannt. Den Wein bekommt man bei der Weingärtnergenossenschaft am Kelternplatz in Metzingen – allerdings nur unter der Woche. Am Wochenende kann man ihn im Weinbaumuseum auf dem Kelternplatz immerhin probieren. www.weinbaumuseum-metzingen.de

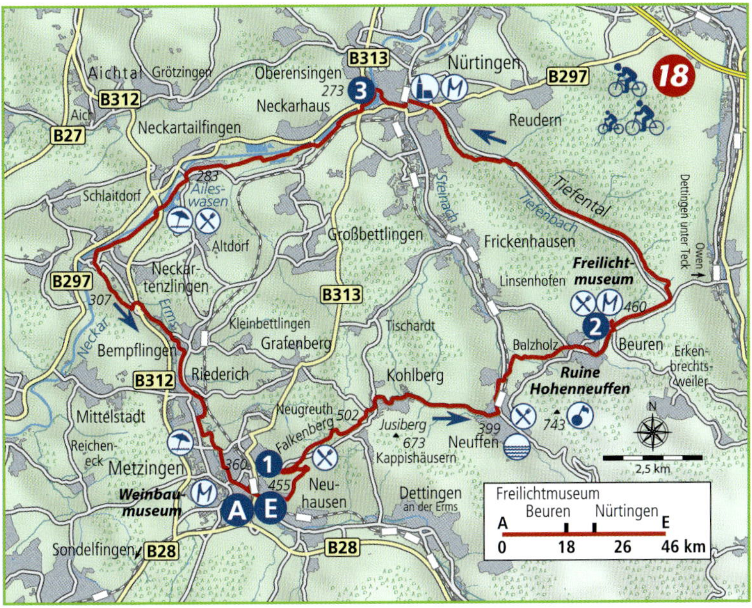
18
B313
Nürtingen
Oberensingen
273
3
Neckarhaus
B297
Reudern
Aichtal
Grötzingen
B312
Aich
B27
Neckartailfingen
283
Ailes-
wasen
Schlaitdorf
Altdorf
Großbettlingen
Steinach
Tiefental
Tiefenbach
Frickenhausen
Dettingen unter Teck
Owen
Freilicht-
museum
Linsenhofen
460
2
Beuren
B297
307
Neckar-
tenzlingen
Neckar
Erms
Bempflingen
Kleinbettlingen
Grafenberg
B313
Tischardt
Balzholz
Erken-
brechts-
weiler
Ruine
Hohenneuffen
B312
Riederich
Kohlberg
Mittelstadt
Neugreuth
502
Falkenberg
Jusiberg
673
Kappishäusern
399
Neuffen
743
Reichen-
eck
Metzingen
360
1
455
Neu-
hausen
Weinbau-
museum
A
E
Dettingen
an der Erms
Sondelfingen
B28
B28
2,5 km
Freilichtmuseum
Beuren
Nürtingen
A
E
0
18
26
46 km

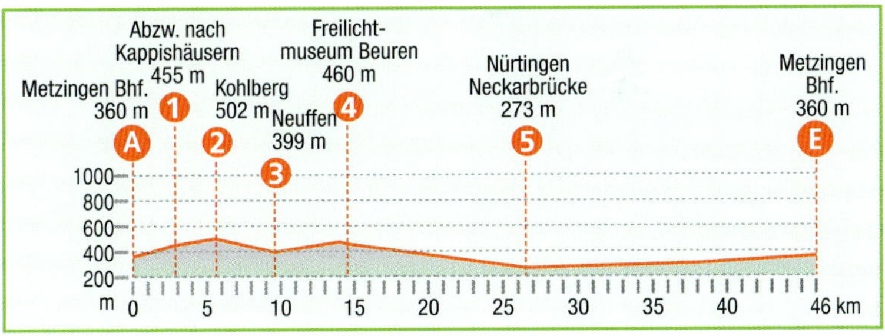
Metzingen Bhf.
360 m
A
Abzw. nach
Kappishäusern
455 m
1
Kohlberg
502 m
2
Neuffen
399 m
3
Freilicht-
museum Beuren
460 m
4
Nürtingen
Neckarbrücke
273 m
5
Metzingen
Bhf.
360 m
E
1000
800
600
400
200
m
0
5
10
15
20
25
30
35
40
46 km

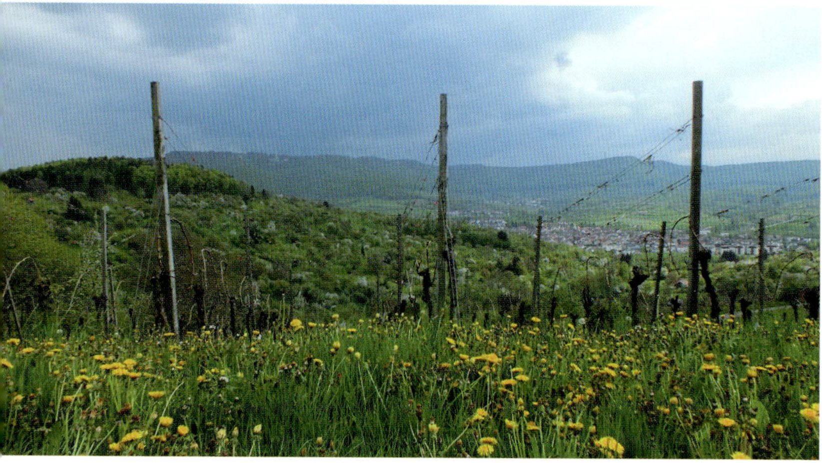

Weinberge und Streuobstwiesen bei Kappishäusern

An der Einmündung des Weinbergweges geht es nach rechts und weiter den Berg hinauf. Am Falkenberghaus, in dessen Biergarten es sich toll Pause machen lässt, erreichen wir die Landstraße. Wir überqueren diese und folgen den Radwegschildern vorbei am Sportheim von Kappishäusern weiter nach Kohlberg und Neuffen. Immer wieder gibt es dabei herrliche Ausblicke auf das Albvorland, den Hohenneuffen und den Albtrauf. In Neuffen radeln wir kurz auf der Hauptstraße und dann nach links den Wegweisern nach Balzholz und Beuren nach. In Beuren geht es hinauf in den hübschen Ortskern und von dort nach links zum Freilichtmuseum Beuren.

Dort sind über zwanzig historische Gebäude zu besichtigen. Weberhaus und Waschhaus, Backhaus und Schreinerwerkstatt kann man betreten und ein Gefühl dafür bekommen, wie die Menschen hier in der Region früher gelebt haben. Außerdem gibt es Äcker und Gärten mit alten Kulturpflanzen zu bestaunen. Und wer mag, kann sich an Mitmachaktionen für Kinder und Erwachsene beteiligen. Öffnungszeiten: Ende März bis Anfang November Di bis So 11–18 Uhr. www.freilichtmuseum-beuren.de

Vom Parkplatz des Freilichtmuseums aus folgen wir der Radwegbeschilderung Nürtingen / Owen und biegen nach rund zwei Kilometern links ab ins schattige, schöne Tiefental, dem wir bis Nürtingen folgen.

In Nürtingen lohnt auf jeden Fall ein Blick in die Altstadt mit der gotischen Kirche St. Laurentius, dem Schützenhaus aus dem 16. Jahrhundert, in dem das Stadtmuseum untergebracht ist und vielen anderen historischen Gebäuden. Friedrich Hölderlin hat in Nürtingen Kindheit und Jugend verbracht, Peter Härtling ist auf dasselbe Gymnasium gegangen.

Lesetipp: Peter Härtling, *Hölderlin*, München: dtv. Härtling sucht Hölderlins Wirkungsorte auf, zitiert aus Briefen und Schriften von ihm und seinen Zeitgenossen. Auch Nürtingen und das Leben im ausgehenden 18. Jahrhundert werden hier lebendig.

Von der Altstadt fahren wir hinunter an den Neckar und über die Brücke nach links auf den Neckartalradweg, dem wir bis Neckartenzlingen folgen. Unterwegs kann, wer mag, beim Aileswasensee eine Badepause einlegen oder im Seehaus einkehren. In Neckartenzlingen verlassen wir den Neckar und folgen der Erms auf dem gut ausgeschilderten Ermstalradweg talaufwärts über Bempflingen und Riederich zurück nach Metzingen.

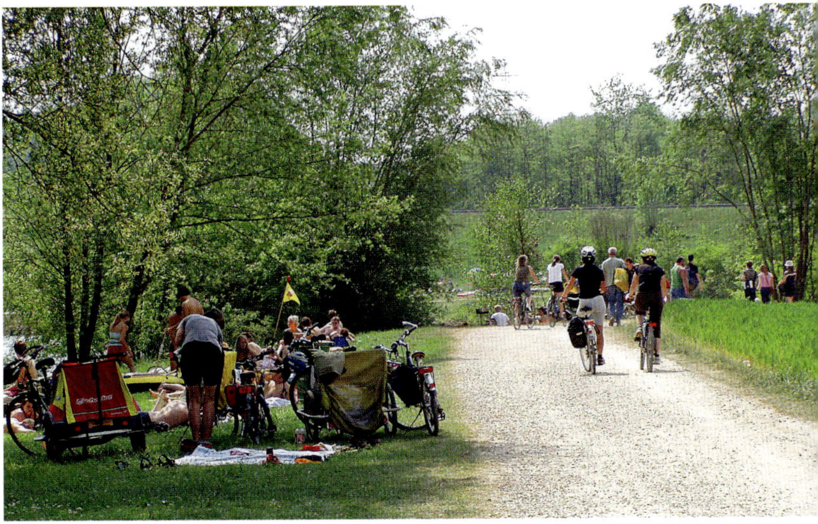

Am Aileswasensee

Tour 19: Auf Rulamans Spuren

Zum eindrücklichen Heidengrabenzentrum mit 18 m hohem Turm und multimedialer Ausstellung, auf den 6 km langen Kelten-Erlebnis-Pfad und zu einem Weg, der uns das Leben in der Steinzeit nahebringt, führt diese Radtour. Wir gehen also auf Zeitreise..

Start- und Endpunkt: Metzingen Bahnhof

Streckenverlauf:
Metzingen Bhf – Heidengraben – Grabenstetten – Wittlingen – Rulamanweg – Bad Urach – Metzingen Bhf

: am Bhf und an der Stadthalle Metzingen; Bad Urach bei den Thermen

Gesamtstrecke: 44 km

Schwierigkeitsgrad:
Höhendifferenz: 526 Hm

Dauer: 3 Stunden

Kürzere Variante: Bis Bahnhof Bad Urach 31 km

Einkehrmöglichkeiten:
Lamm Hengen; in Bad Urach

Rastplätze:
Am Heidengraben kurz hinter Hülben

Badeplätze:
Höhenfreibad Bad Urach, Dettingen Freibad, Metzingen Freibad

Dettingen Rathausplatz, Bad Urach Entdeckerwelt Tourist Info

Los geht's: In Metzingen überqueren wir den Bahnhofsvorplatz und fahren rechts an der Volksbank vorbei. An der nächsten Querstraße geht es links und durch die Unterführung für Radler und Fußgänger. Nach der Unterführung fahren wir links und folgen der Beschilderung nach Dettingen. Hier geht es über die Kappishäuser Straße und den Hammerweg ein Stück an der Erms entlang, bevor der Radweg in die Hülbener Straße mündet. Hier links, an der zweiten Möglichkeit wieder links – Wanderwegweiser Schillingskreuz – und auf der alten Steige nach Hülben auf die Schwäbische Alb hinauffahren. Die Steige ist seit 2023 autofrei mit sanfter Steigung, aber die 300 Höhenmeter auf die Alb müssen natürlich trotzdem bewältigt werden. Am Segelfluggelände von Hülben haben wir's geschafft! Kurze Zeit später erreichen wir die Landesstraße. Hier biegen wir links ab und gleich wieder rechts auf den Verbindungsweg zum Burrenhof.

Wer gerne einen Rastplatz möchte, um die Steigung zu

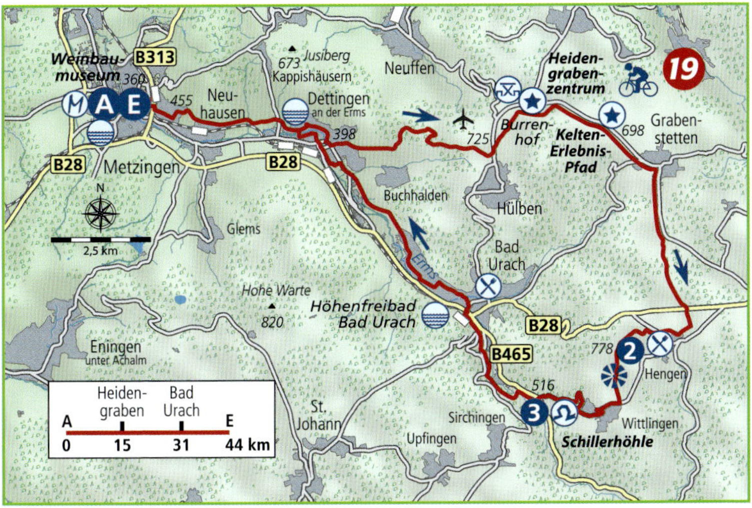
Weinbau-museum
B313
360
455
Neu-hausen
673 Jusiberg
Kappishäusern
Dettingen an der Erms
398
Neuffen
725
Burren-hof
Heiden-graben-zentrum
Kelten-Erlebnis-Pfad
698
Graben-stetten
19
B28
Metzingen
B28
2,5 km
Glems
Buchhalden
Hülben
Bad Urach
Erms
Hohe Warte
820
Höhenfreibad Bad Urach
B28
778
Hengen
B465
Eningen unter Achalm
516
Sirchingen
Schillerhöhle
Wittlingen
St. Johann
Upfingen
Heiden-graben
Bad Urach
A
E
0
15
31
44 km

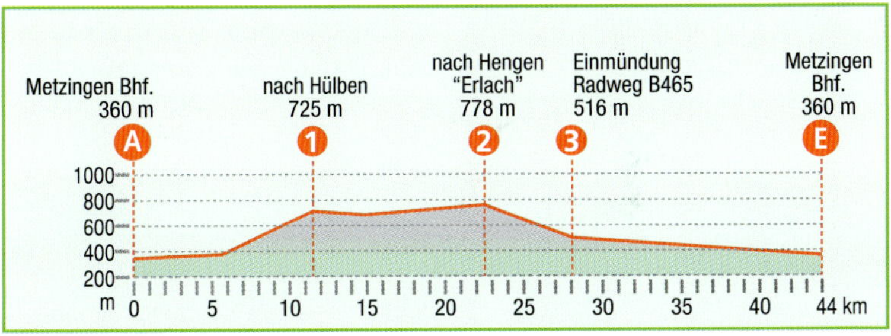
Metzingen Bhf.
360 m
nach Hülben
725 m
nach Hengen
"Erlach"
778 m
Einmündung
Radweg B465
516 m
Metzingen
Bhf.
360 m
A
1
2
3
E
1000
800
600
400
200
m
0
5
10
15
20
25
30
35
40
44 km

verschnaufen, folge der Kreisstraße ein paar Meter nach links. Dort befindet sich am Heidengraben ein Rastplatz.

Am Burrenhof befindet sich das eindrückliche Informationszentrum zum Oppidum Heidengraben, der größten Keltensiedlung Europas mit interaktiver Ausstellung. Hier startet auch der 6 km lange Kelten-Erlebnis-Pfad. Die Halbinsel der Schwäbischen Alb, auf der wir uns jetzt befinden, war in grauer Vorzeit eine Großstadt! Gut geschützt durch die Wallanlagen und gesegnet mit eigener Trinkwasserversorgung, entstand hier ein Handelszentrum, das eines der größten Zentren nördlich der Alpen war. Handelsverbindungen liefen von hier bis ans Mittelmeer und nach Ungarn. Elsachstadt war weltbekannt! Allerdings ist das bereits rund 2200 Jahre her. Neben den noch erkennbaren Wallanlagen mit den Toren, wird an verschiedenen Stationen die Bedeutung dieser Keltensiedlung sichtbar.

Am Burrenhof geht es rechts auf die Kreisstraße nach Grabenstetten. Auch unterwegs kann man die keltischen Wallanlagen bestaunen. In Grabenstetten biegen wir in der Ortsmitte nach rechts auf die Kreisstraße nach Römerstein-Böhringen ab. Der Radweg verläuft parallel zur Straße und wir passieren nach kurzer Zeit erneut den Heidengraben, der ja rund um die keltische Siedlung verlief. Nach knapp einem Kilometer zweigt ein Sträßchen nach rechts ab, dem wir

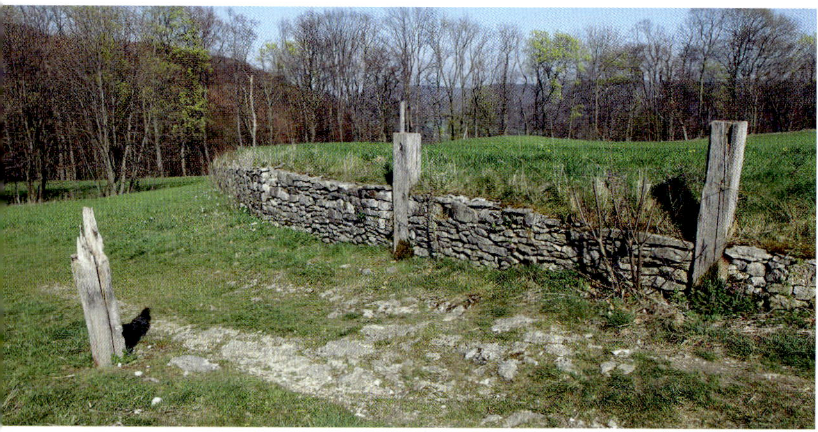

Das Nordtor des Oppidum Heidengraben mit keltischem Originalweg.

folgen. Leider gibt es hier keine Beschilderung. Das Sträßchen führt uns nach Hengen. Kurz vor Hengen weist uns ein Radwanderschild nach Wittlingen den Weg um Hengen herum. Auf dem Weg nach Wittlingen kommen wir bei zwei sehr schönen Aussichtspunkten vorbei. Wahlweise kann man jedoch auch durch den Ort Hengen und auf der Kreisstraße nach Wittlingen fahren. In Wittlingen begeben wir uns auf die Kreisstraße und rollen auf ihr hinunter ins Seeburger Tal.

An der Kreuzung befindet sich linker Hand ein Wanderparkplatz. Hier empfiehlt es sich, die Räder abzustellen und dem Rulamanweg wenigstens ein Stück zu Fuß zu folgen. Auf fünf Zeittafeln beginnt hier eine Zeitreise in die Steinzeit, die an der Schillerhöhle, in der Rulaman laut Roman gelebt haben soll, endet.

Lesetipp: David Friedrich Weinland, *Rulaman*. Weinland hat diesen Roman im Jahre 1878 veröffentlicht und wollte darin seinen Söhnen Natur und Geschichte ihrer Heimat näherbringen. Er selbst hat mit seiner Familie auf dem Hofgut Hohenwittlingen gewohnt, das direkt oberhalb der Schillerhöhle liegt. Der Roman stellt mit viel Fantasie dar, wie unsere Vorfahren in der Steinzeit vielleicht gelebt haben könnten.

Am Wanderparkplatz überqueren wir die Bundesstraße und fahren ein kurzes Stück talabwärts auf einem Wanderweg, passieren die Erms und folgen dann dem Grünen Weg nach Bad Urach. Wer schon müde ist, kann hier in den Zug steigen. Allerdings geht es jetzt sowieso nur noch bergab. Über den Marktplatz von Bad Urach, hinunter zur Kurklinik, an der Erms entlang über Dettingen nach Metzingen. Das ist ganz wunderbar ausgeschildert. Hier braucht man nur den Wegweisern zu folgen.

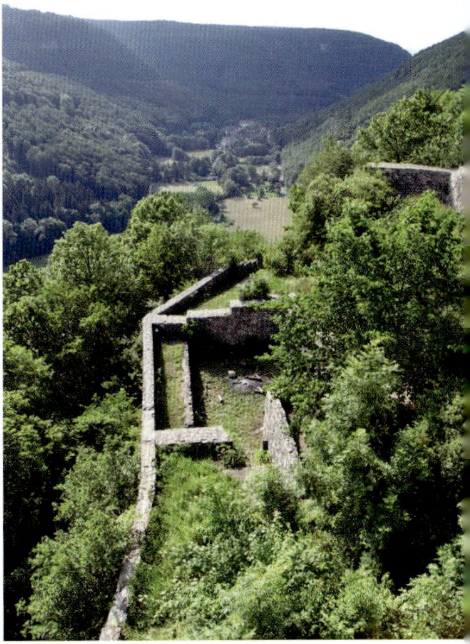

Hohenwittlingen

Tour 20: Ins Lautertal

Jeden Sonntag lockt das Lautertal zahlreiche Besucher an. Kein Wunder: Burgen und Ruinen, das plätschernde Flüsschen, Badeplätze, schöne Rad- und Wanderwege, Wirtschaften und zahlreiche Sehenswürdigkeiten machen es zu einem beliebten Ausflugsziel.

Start- und Endpunkt: Münsingen Bahnhof

Streckenverlauf:
Münsingen Bhf – Erbstetten – Anhausen – Buttenhausen – Grafeneck – Münsingen Bhf

: Im Wiesental Grafenecker Straße; Hayingen-Indelhausen Mühlstraße, Lauterdörfle Hayingen; Hohenstein-Eglingen Beim Rudis Hühnerhof Hartweg 13

Gesamtstrecke: 54 km

Schwierigkeitsgrad:
Höhendifferenz: 575 Hm

Dauer: 4 Stunden

Varianten:
Streckentour Mehrstetten – Marbach 45 km ; die Tour ist von Hayingen aus möglich 58 km

Einkehrmöglichkeiten:
Gasthaus Adler Anhausen, Bauhof-Stüble Gundelfingen, Lagerhaus an der Lauter Dapfen

Rastplätze:
Anhausen
Buttenhausen

Badeplätze:
im Gumpen beim Wasserfall bei Anhausen, Freibad Münsingen

Münsingen Bahnhof, Gundelfingen Bauhof-Stüble, Bichishausen Bootshaus an der Lauter, Buttenhausen Haus am Berg, Dapfen Lagerhaus an der Lauter

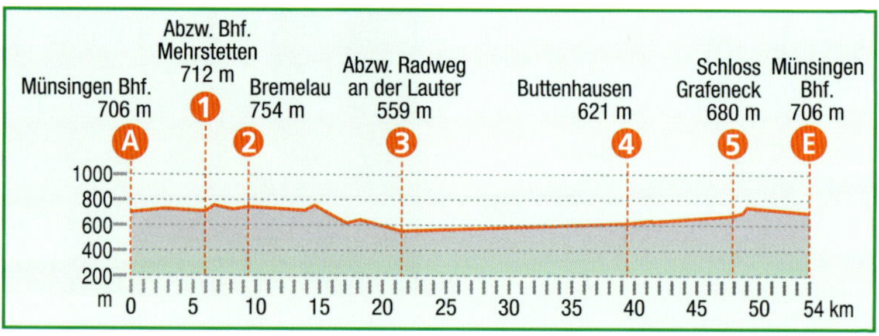

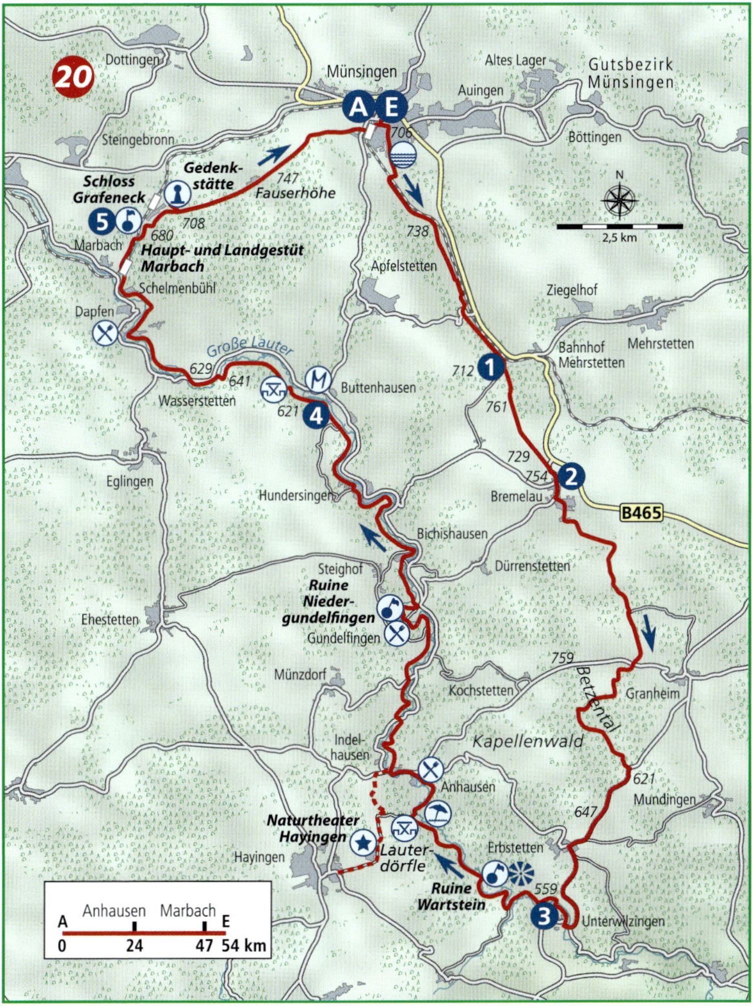
20
Dottingen
Münsingen
Altes Lager
Gutsbezirk Münsingen
Auingen
A
E
706
Steingebronn
Böttingen
Gedenk-stätte
747
Fauserhöhe
Schloss Grafeneck
5
708
680
Marbach
Haupt- und Landgestüt Marbach
738
2,5 km
N
Apfelstetten
Schelmenbühl
Ziegelhof
Dapfen
Große Lauter
Bahnhof Mehrstetten
Mehrstetten
629
712
1
641
Buttenhausen
Wasserstetten
621
4
761
729
754
2
Eglingen
Hundersingen
Bremelau
B465
Bichishausen
Steighof
Dürrenstetten
Ruine Nieder-gundelfingen
Ehestetten
Gundelfingen
759
Münzdorf
Betzental
Kochstetten
Granheim
Kapellenwald
Indel-hausen
621
Anhausen
Mundingen
Naturtheater Hayingen
647
Lauter-dörfle
Erbstetten
Hayingen
559
Ruine Wartstein
3
Unterwilzingen
Anhausen
Marbach
A
E
0
24
47
54 km

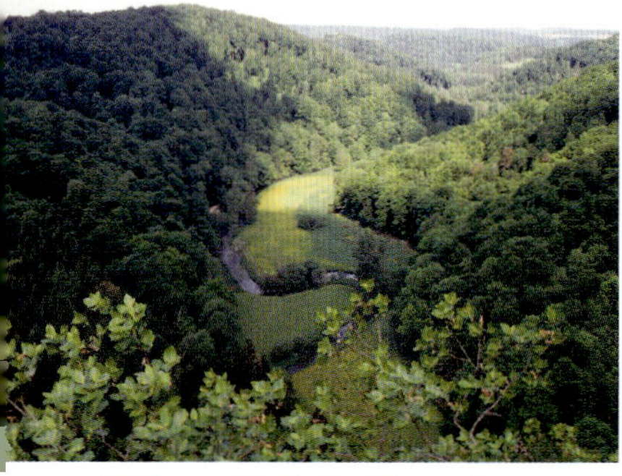

Blick von der Ruine Wartstein

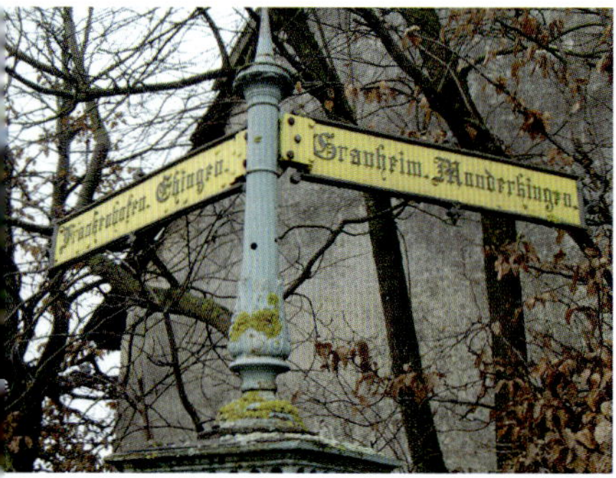

Historischer Wegweiser Granheim-Munderkingen

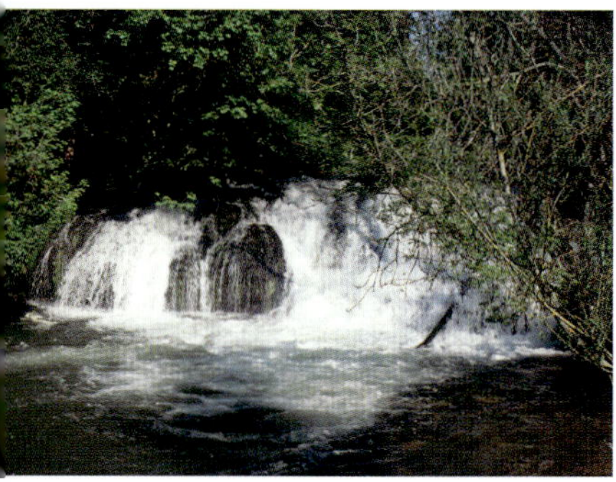

Wasserfall und Gumpen bei Anhausen

Anreise mit ÖPNV:
Von Reutlingen mit dem Radbus zum Bhf Kleinengstingen und von dort mit dem „Ulmer Spatz" nach Münsingen.
Von Metzingen mit der Ermstalbahn bis Bad Urach und von dort mit dem Radbus nach Münsingen.

Fahrplanauskunft:
www.bahn.de und www.naldo.de.

Los geht's: Vom Bahnhof Münsingen aus fahren wir zunächst der Radweg-Beschilderung Richtung Seeburg und Bad Urach in die Schillerstraße nach. Am Kreisel biegen wir nach rechts ab und folgen der Beschilderung des R8 aus dem Ort heraus, über die Bahngleise und parallel dazu nach Unterheutal. Von dort radeln wir den Berg hinauf nach Bremelau.

In Bremelau geht es an der Kirche vorbei Richtung Dürrenstetten, dann aber entlang der Ehinger Straße bis zum historischen Wegweiser Granheim-Munderkingen. Dort biegen wir nach rechts ab und folgen weiter der Radweg-Beschilderung des R8 bis zu seiner Einmündung in die Kreisstraße zwischen Granheim und Indelhausen. Hier verlassen wir den R8, überqueren die Kreisstraße und fahren geradeaus weiter durch den Kapellenwald und das Betzental zum oberen Ende der Finsteren Steige.

Nun wenden wir uns nach rechts und radeln auf der Straße nach Erbstetten. Am Ortseingang biegen wir nach links ab und fahren auf der Straße die Steige hinunter nach Unterwilzingen im Lautertal.

Nach der Brücke über die Lauter biegen wir nach rechts ab auf den Lautertal-Radwanderweg, dem wir bis Marbach folgen. Hier präsentiert sich das Lautertal für Radler und Fußgänger von seiner schönsten Seite, denn dieser Teil des Tales ist autofrei.

Wer mag, kann nach 3 km über die Brücke fahren, das Rad abstellen und zur Ruine Wartstein aufsteigen. Von hier hat man einen wunderbaren Blick über die Schlaufen und Schlingen der Lauter und das Tal. Außerdem kann man auf dieser Seite des Tales dem Wanderweg folgen und kommt am Wasserfall von Anhausen vorbei. Dieser ergießt sich in einen natürlichen Gumpen, in dem es sich im Sommer herrlich plantschen lässt. Aber Vorsicht: kalt!

Der eigentliche Weg für Radler bleibt jedoch auf der anderen Seite der Lauter. Kurz vor Anhausen erreichen wir einen schönen, großen Rastplatz mit Grillstelle. Wir folgen dem Lautertalweg weiter über Indelhausen nach Gundelfingen. Die Burg Niedergundelfingen liegt fast wie auf einer Insel, die wir mit dem Rad umrunden. Direkt am Radweg liegt die Gaststätte Brauhof-Stüble, mit der zurecht sehr beliebten, idyllischen Gartenwirtschaft. Hier kann man leckeren Kuchen und Vesper mit selbstgemachtem Bauernbrot genießen.

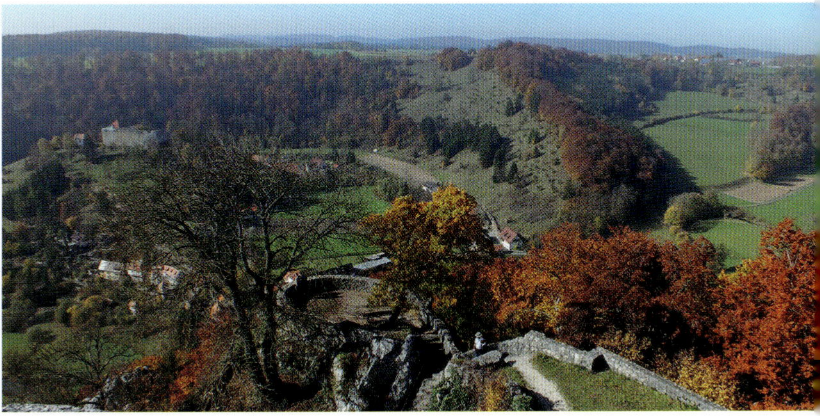

Hohengundelfingen mit Panorama Blick

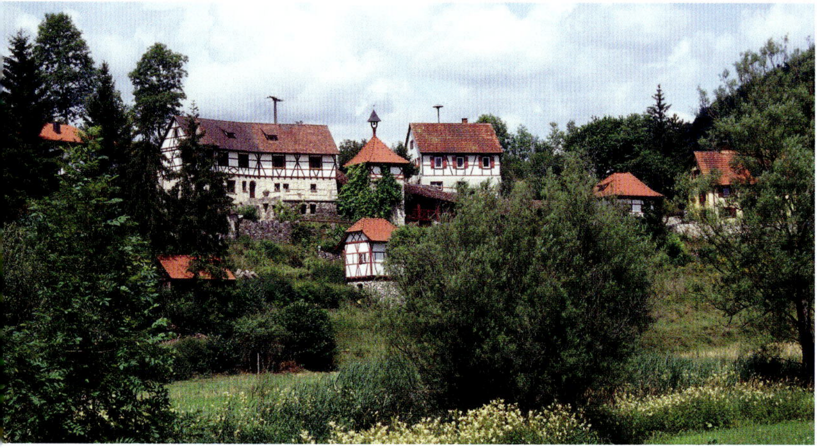

Niedergundelfingen liegt in einer Schlaufe der Lauter – fast schon ein Wasserschloss.

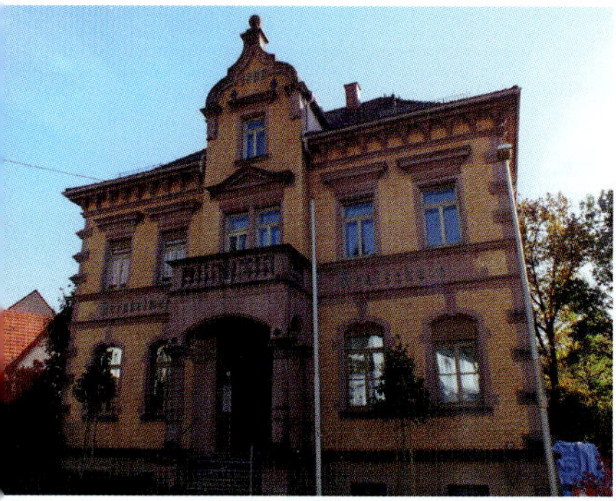

Das Jüdische Museum in Buttenhausen

Wir fahren weiter über Hundersingen nach Buttenhausen, das vor der Judenverfolgung durch die Nationalsozialisten eine blühende, zum überwiegenden Teil jüdisch bevölkerte Gemeinde war.

Juden und Christen lebten dort trotz unterschiedlicher Religion und Kultur über 140 Jahre friedlich nebeneinander. In der Bernheimerschen Realschule, einem schönen Backsteinbau in der Ortsmitte, ist das Museum "Juden in Buttenhausen" eingerichtet.

Im Geburtshaus von Matthias Erzberger, einem Demokraten der ersten Stunde, befindet sich eine Gedenkstätte. Öffnungszeiten jeweils: April bis Oktober Sonn- und Feiertag 13 bis 17 Uhr. Durch den ganzen Ort führt ein circa einstündiger historischer Rundgang zu den Stätten jüdischer und christlicher Geschichte Buttenhausens. Auch ein jüdischer Friedhof gehört dazu. www.muensingen.de

Am Ortsausgang von Buttenhausen befindet sich noch einmal ein schöner Rastplatz mit Zugang zum Wasser. Wir folgen der Lauter weiter über Wasserstetten und Dapfen nach Marbach.

Hier befindet sich das Haupt- und Landgestüt Baden-Württembergs – und das seit 500 Jahren! Früher wurden dort die Pferde für den Adel gezüchtet. Heute sind es in der Regel edle Sport- und Freizeitpferde. Gestütshöfe und Vorwerke sind von 8–17 Uhr frei zugänglich. www.hul.landwirtschaft-bw.de

Kurz vor Marbach biegen wir nach dem Überqueren der Gleise nach rechts ab und radeln den Berg hinauf nach Grafeneck.

Dort wurden während der nationalsozialistischen Herrschaft 10.654 Menschen mit geistigen Behinderungen oder psychischen Erkrankungen ermordet. Eine Gedenkstätte und ein Dokumentationszentrum erinnern an die Opfer.

Von Grafeneck führt der Weg weiter durch den Wald und über die Fauserhöhe. Danach geht es dann wieder hinab nach Münsingen und zurück zum Bahnhof.
Start von Hayingen: Von Hayingen Richtung Lauterdörfle fahren, von dort die Steige hinunter nach Indelhausen radeln, die Lauter überqueren und nach links in die Tour einsteigen.

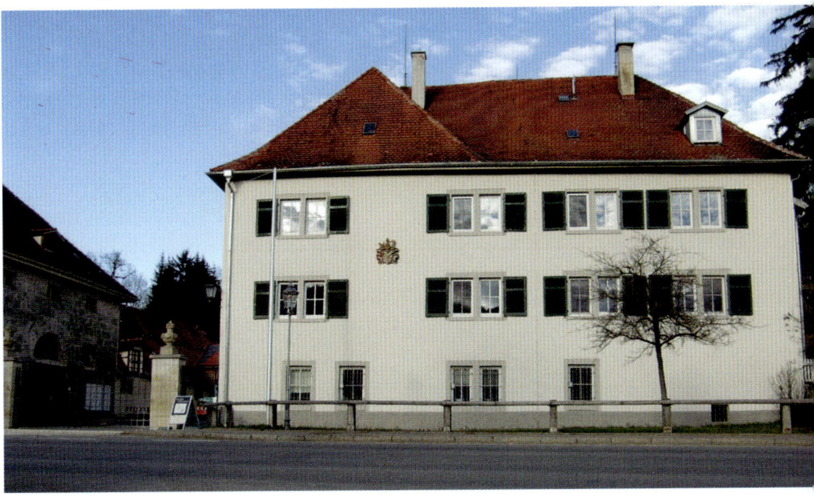

Haupt- und Landgestüt Marbach

Tour 21: Blautopf und Sontheimer Höhle

Durch ein idyllisches Trockental, zu einem Biosphären-Informationszentrum mit Wildkräutergarten im Schmiechtal, einer Höhle der Steinzeitjäger, zur schönen Lau am geheimnisvollen Blautopf, einem Urzeitmuseum in Blaubeuren und zur Sontheimer Höhle führt diese Tour.

Start- und Endpunkt: Münsingen Bahnhof

Streckenverlauf: Münsingen Bhf – Hütten – Schelklingen – Blaubeuren – Sontheimer Höhle – Münsingen Bhf

: Im Wiesental Grafenecker Straße; Blaubeuren Dodelweg beim Hallenbad

Gesamtstrecke: 73 km

Schwierigkeitsgrad: Höhendifferenz: 673 Hm

Dauer: 5 Stunden

Variante: von Blaubeuren mit dem Zug zurück 32 km

Einkehrmöglichkeiten: Bären in Hütten; Austermanns Landgasthaus Schmiechen; Café Kuhn Blaubeuren

Rastplätze: Am Beginn des Schandentals, Blautopf, Sontheimer Höhle

Badeplätze: Freibad Schelklingen, Freibad Blaubeuren, Freibad Münsingen

Schelklingen Heinrich-Günther-Str. 3; Blaubeuren Kirchplatz 2 beim Café Kuhn; Münsingen Bahnhof

Anreise mit ÖPNV:
Von Reutlingen mit dem Radbus zum Bhf Kleinengstingen und von dort mit dem „Ulmer Spatz" nach Münsingen.
Von Metzingen: mit der Ermstalbahn bis Bad Urach und von dort mit dem Radbus nach Münsingen.

Fahrplanauskunft:
www.bahn.de und www.naldo.de.

Los geht's: Vom Bahnhof Münsingen aus fahren wir zunächst der Radweg-Beschilderung Richtung Seeburg und Bad Urach in die Schillerstraße nach. Am Kreisel biegen wir nach rechts ab und folgen der Beschilderung des R8 aus dem Ort heraus, über die Bahngleise und parallel dazu nach Unterheutal. Ab hier folgen wir der Beschilderung nach Sondernach. Wir überqueren die Gleise und die Straße, biegen ab Richtung Mehrstetten und gleich wieder nach rechts zu einem Wanderparkplatz. Ab hier führt der Weg entlang der Bahnstrecke durch das Schandental, ein autofreies Trockental.

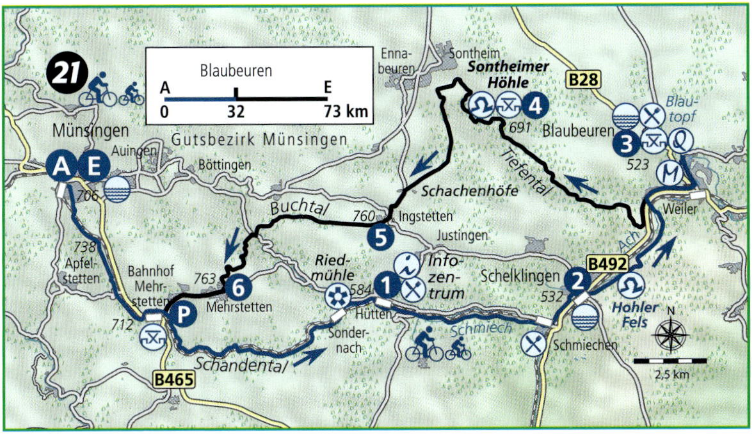
21
Blaubeuren
A
E
0
32
73 km
Münsingen
Auingen
Gutsbezirk Münsingen
Böttingen
706
738
Apfel-
stetten
Bahnhof
Mehr-
stetten
712
P
B465
763
6
Mehrstetten
Buchtal
760
5
Ingstetten
Justingen
Schachenhöfe
Enna-
beuren
Sontheim
Sontheimer
Höhle
4
691
Blaubeuren
Tiefental
B28
Blau-
topf
3
523
Weiler
Ach
B492
2
532
Schelklingen
Hohler
Fels
Schmiechen
Ried-
mühle
584
1
Info-
zen-
trum
Hütten
Sonder-
nach
Schandental
Schmiech
N
2,5 km

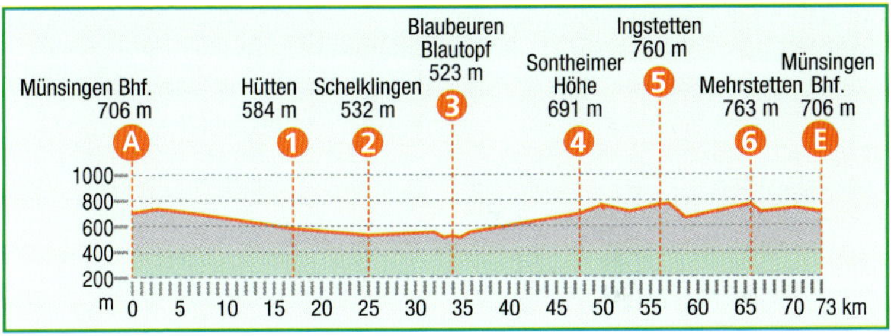
Münsingen Bhf.
706 m
A
Hütten
584 m
1
Schelklingen
532 m
2
Blaubeuren
Blautopf
523 m
3
Sontheimer
Höhe
691 m
4
Ingstetten
760 m
5
Mehrstetten
763 m
6
Münsingen
Bhf.
706 m
E
1000
800
600
400
200
m
0
5
10
15
20
25
30
35
40
45
50
55
60
65
70
73 km

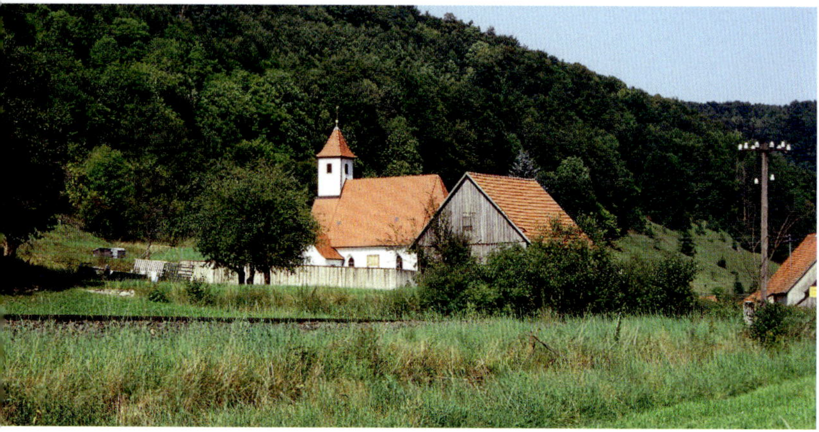

Sondernach am Ausgang des Schandentals

Auch hier hat, wie beim Lonsinger Tal, der karstige Untergrund der Alb dazu geführt, dass der größte Teil des Wassers versickerte. Auf halber Strecke befindet sich ein Wasserreservoir. Früher befand sich an dieser Stelle ein Hungerbrunnen. Hungerbrunnen deswegen, weil er nur alle paar Jahre Wasser führte. Menschen, die sich an einem Hungerbrunnen in wasserreichen Zeiten niedergelassen hatten, konnten sich in Trockenzeiten aufgrund des Wassermangels nicht mehr ernähren.

In Sondernach überqueren wir die Bahnlinie und folgen der Hauptstraße Richtung Mehrstetten und Schelklingen. Wir passieren die alte Riedmühle, die fast gänzlich von Wasser umflossen ist. Kurz nach der Mühle und vor der Einmündung in die Straße biegt ein Radweg nach rechts ab, dem wir bis Hütten folgen.

Im Infozentrum Hütten kann man einen Wildkräutergarten besuchen, die heimische Tier- und Pflanzenwelt kennenlernen und sich auf Zeitreise begeben. Öffnungszeiten: April bis Oktober Sonn- und Feiertag 10 – 16 Uhr, www.infozentrum-huetten.de. Das Gasthaus Bären oben an der Straße lädt mit freundlicher Atmosphäre zur Pause ein. Ansonsten in Hütten auf den Schmiechtal-Radweg nach rechts abbiegen und talabwärts bis Schmiechen fahren.

Er führt an der Schmiech entlang, oft parallel zur Bahnstrecke, mit Blick auf Wacholderheiden und die Laubwälder des

Albtraufs. In Schmiechen trifft unser Weg auf den großen Donau-Radwanderweg, dem wir nach Schelklingen folgen. Kurz nach dem Bahnhof überqueren wir die Gleise und fahren die Ach entlang zum Hohlen Fels.

Hinter einem 25 m langen Tunnel öffnet sich eine der größten Höhlenhallen der Schwäbischen Alb. Sie war, wie archäologische Ausgrabungen ergaben, seit der Eiszeit immer wieder von Menschen bewohnt. Neuere Funde weisen darauf hin, dass auch in unserer Region von den Menschen der Steinzeit Höhlenmalerei betrieben wurde.

Wir folgen der Ach weiter bis Weiler, wo wir die Eisenbahngleise und die Bundesstraße überqueren und nach rechts weiter Richtung Blaubeuren fahren. In Blaubeuren radeln wir durchs historische Stadtzentrum mit vielen Fachwerkhäusern zum Blautopf.

Die berühmteste Quelle der Schwäbischen Alb ist seit 2025 wieder gefahrlos begehbar. Neue Brücken erschließen das Kleinod. Wunderschön schimmert das Wasser aus der Tiefe blau und grün herauf. Unendlich tief, mit seltsamen Strömungen sorgt der Blautopf seit Jahrhunderten für mystische Geschichten. Die bekannteste ist wohl die Sage von der schönen Lau, von der Eduard Mörike 1853 in seinem *Stuttgarter Hutzelmännlein* erzählt.

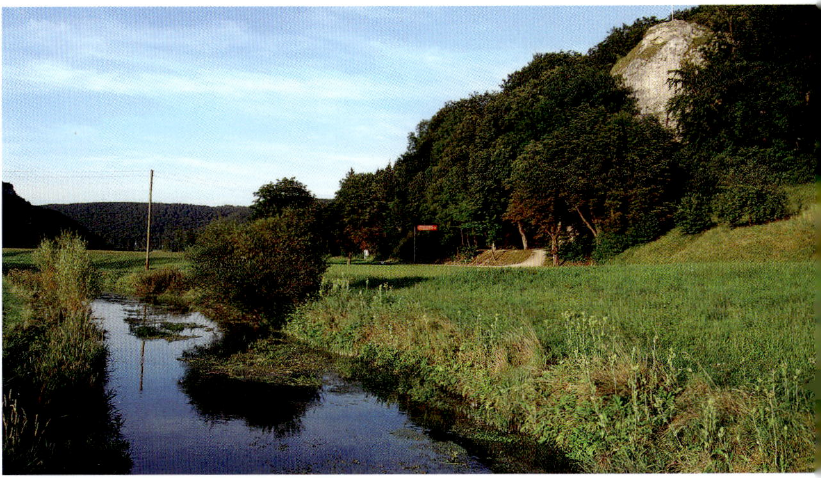

Radweg entlang der Aach zum Hohlen Fels

Lesetipp: Eduard Mörike, *Die Geschichte von der schönen Lau,* mit Illustrationen von Daniela Drescher, Urachhaus. Ein Bilderbuch zum Vor- und Selberlesen mit wunderschönen Illustrationen.

Wer selbst einmal wie die schöne Lau zum Lachen gebracht werden will, kann sich ja während des Radelns am berühmten Blaubeurener Zungenbrecher versuchen:
„'s leit a Klötzle Blei glei bei Blaubeura, glei bei Blaubeura leit a Klötzle Blei".
Viel Spaß!
Wer gerne noch ins Museum möchte, dem sei das Urgeschichtliche Museum in Blaubeuren wärmstens empfohlen. In sehenswert eingerichteten Räumen erfährt man alles über die faszinierende Welt der Eiszeit und Lebensweise unserer Vorfahren. Hier gibt's Geschichte zum Anfassen und Mitmachen.
Öffnungszeiten: April bis Oktober Di bis So 10–17 Uhr; Nov bis März Di bis Fr 10–12 Uhr, Sa + So 11–16 Uhr.
www.urmu.de

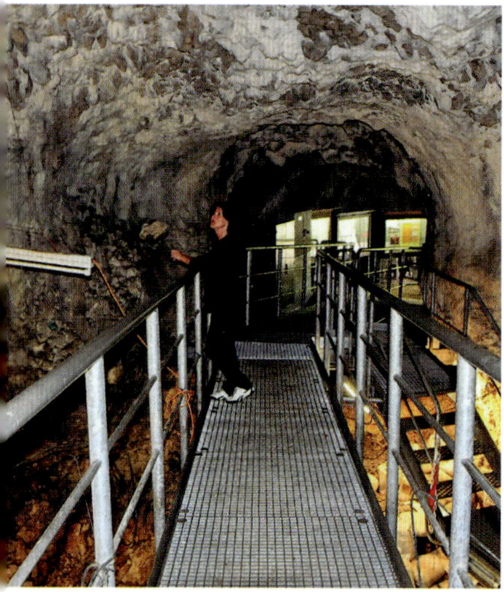
Der Hohle Fels bei Schelklingen

Wir radeln vom Blautopf zurück nach Weiler und fahren, wenn der Donauradweg nach links abbiegt, einfach geradeaus weiter. Der Wanderweg durchs schattige Tiefental zur Sontheimer Höhle ist ausgeschildert und kann gut auch mit dem Rad befahren werden. Auch dies ist eine autofreie Strecke auf fast 8 km durch den Wald.

Die Sontheimer Höhle ist die älteste Schauhöhle Deutschlands. Sie war in der Keltenzeit besiedelt und ist es heute noch. Allerdings nicht mehr von Menschen. Heute wohnen dort das Große Mausohr und das Braune Langohr samt Familien. Die Sontheimer Höhle ist das bedeutendste Fledermaus-Winterquartier der Schwäbischen Alb!
www.sontheimer-hoehle.de

Von der Sontheimer Höhle aus folgen wir weiter unserem Weg Richtung Sontheim, biegen jedoch

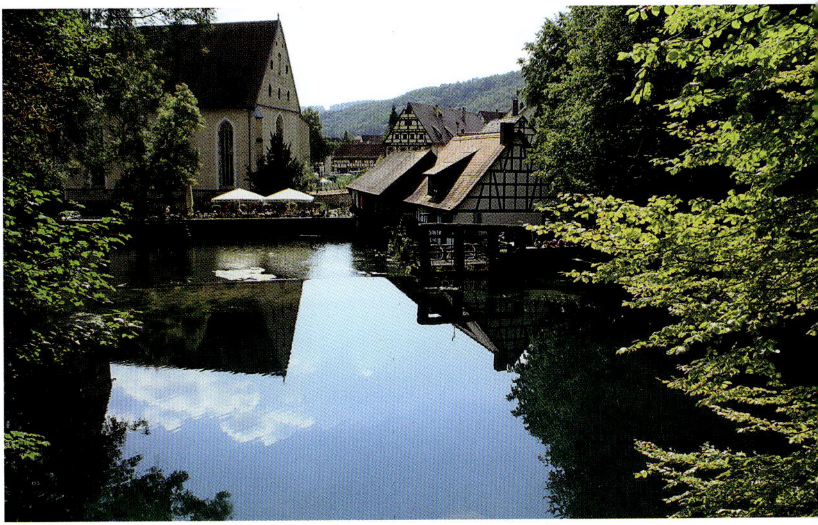

Der Blautopf in Blaubeuren

an der ersten Gelegenheit nach links ab und nach knapp einem Kilometer wieder nach links (Wanderweg gelbe Gabel nach Justingen). Der Wanderweg biegt kurz darauf nach rechts weg, wir bleiben noch geradeaus auf diesem Weg und biegen erst bei nächster Gelegenheit nach rechts ab. Diesem Weg folgen wir zunächst durch offenes Gelände und dann durch den Wald 4 km bis zur Einmündung auf Höhe des Abzweigs „Schachenhöfe" in die Landesstraße zwischen Laichingen und Ingstetten. Hier biegen wir nach links ab.

In Ingstetten fahren wir geradeaus durch den Ort und biegen an der dritten Möglichkeit nach der Kirche nach rechts ab auf ein Verbindungssträßchen nach Mehrstetten (Wanderweg gelbe Gabel nach Böttingen und Münsingen). Die Straße führt durchs Buchtal ins obere Schmiechtal und stößt hier auf die Kreisstraße zwischen Böttingen und Schelklingen-Hütten. Wir überqueren die Kreisstraße und fahren geradeaus auf dem Rad- und Wanderweg weiter nach Mehrstetten. In Mehrstetten biegen wir nach rechts auf die Hauptstraße ein und folgen ihr bis zum Bahnhof Mehrstetten. Von da radeln wir an der Bahnlinie entlang zurück nach Münsingen.

Tour 22: Zur Burg Derneck

Noch einmal ins schöne Lautertal führt diese Tour. Hinauf auf die Burg Derneck mit ihrem schönen Ausblick und der netten Bewirtung. Durch ruhige Täler geht es über Ehestetten nach Ödenwaldstetten mit seinem Bauernhausmuseum und der kleinsten Brauerei Deutschlands.

Start- und Endpunkt: Kleinengstingen Bahnhof

Streckenverlauf:
Kleinengstingen Bhf – Gomadingen – Lautertal – Burg Derneck – Ödenwaldstetten – Kleinengstingen Bhf

: am Bhf Kleinengstingen; Hohenstein-Ödenwaldstetten Ortsmitte, am Bauernhausmuseum; Hohenstein-Eglingen Beim Rudis Hühnerhof Hartweg 13; Hayingen-Indelhausen Mühlstraße; Lauterdörfle Hayingen; Hotel Lamm Hohenstein-Ödenwaldstetten

Gesamtstrecke: 55 km

Schwierigkeitsgrad:
Höhendifferenz: 387 Hm

Dauer: 4 Stunden

Varianten:
Start ab Marbach – Kleinengstingen 45 km
Endpunkt Reutlingen 75 km

Einkehrmöglichkeiten:
Lagerhaus an der Lauter Dapfen, Bauhof-Stüble Gundelfingen, Burgschänke Derneck, Gasthaus Rose Ehestetten, Gasthof Lamm Ödenwaldstetten

Rastplätze:
Gomadingen, Buttenhausen, Burg Derneck

Dapfen Lagerhaus an der Lauter, Buttenhausen Haus am Berg, Bichishausen Bootshaus an der Lauter, Gundelfingen Bauhof-Stüble, Ödenwaldstetten Gasthof Lamm

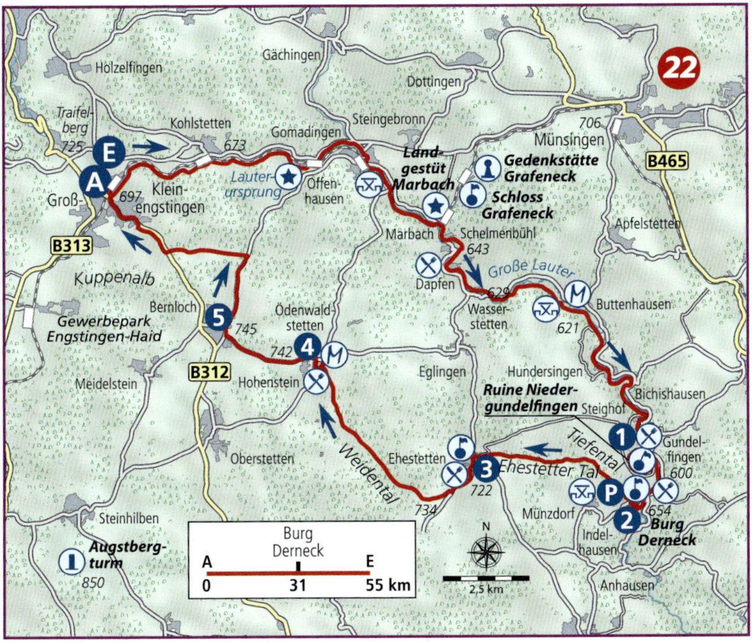
22
Holzelfingen
Gächingen
Dottingen
Traifelberg 725
Kohlstetten
Gomadingen
Steingebronn
Münsingen
706
B465
673
Lauterursprung
Offenhausen
Landgestüt Marbach
Gedenkstätte Grafeneck
Schloss Grafeneck
Groß-
697
Kleinengstingen
Marbach
Schelmenbühl
643
Apfelstetten
B313
Kuppenalb
Dapfen
Große Lauter
629
Wasserstetten
Buttenhausen
621
Bernloch
745
Gewerbepark Engstingen-Haid
Ödenwaldstetten
742
Meidelstein
B312
Hohenstein
Eglingen
Hundersingen
Bichishausen
Ruine Niedergundelfingen
Steighof
Tiefental
Gundelfingen
600
Oberstetten
Weidental
Ehestetten
Ehestetter Tal
722
734
Münzdorf
654
Burg Derneck
Indelhausen
Steinhilben
Augstbergturm
850
Burg Derneck
A
E
0
31
55 km
N
2,5 km
Anhausen

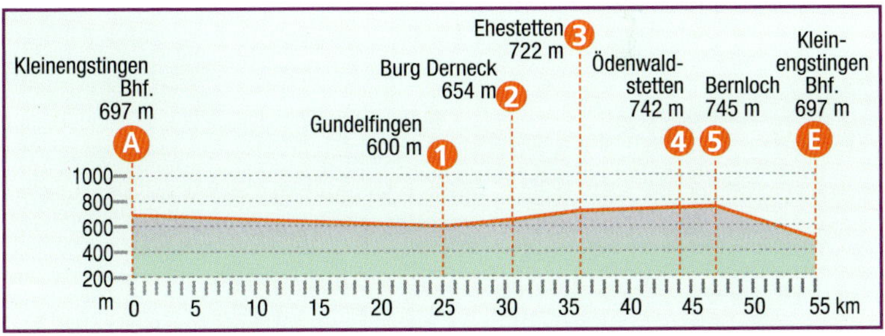
Kleinengstingen Bhf. 697 m
A
Gundelfingen 600 m
1
Burg Derneck 654 m
2
Ehestetten 722 m
3
Ödenwaldstetten 742 m
4
Bernloch 745 m
5
Kleinengstingen Bhf. 697 m
E
1000
800
600
400
200
m
0
5
10
15
20
25
30
35
40
45
50
55 km

Anreise mit dem ÖPNV:
Von Reutlingen mit dem Radbus zum Bahnhof Kleinengstingen; von Münsingen mit dem „Ulmer Spatz“.
Von Mössingen mit dem Zug über Hechingen und Gammertingen.

Fahrplanauskunft:
www.bahn.de und www.naldo.de.

Los geht's: Vom Bahnhof Kleinengstingen geht es zunächst links weg Richtung Engstingen, dann links über die Eisenbahngleise und gleich darauf wieder links – wir radeln sozusagen um den Bahnhof herum. An der Bahnlinie entlang führt der Weg nach Offenhausen zur Quelle der Lauter und zum Gestütsmuseum Marbach (s. Tour 3). Von Offenhausen aus bleiben wir weiter an der Bahnlinie und folgen dem Weg nach Gomadingen und dort am Bahnhof vorbei. Am Ortsausgang von Gomadingen befindet sich eine schöne Freizeitanlage mit kleinem See, Bänken und Spielgeräten.
Wir radeln an Bahnlinie und Lauter entlang weiter nach Marbach.

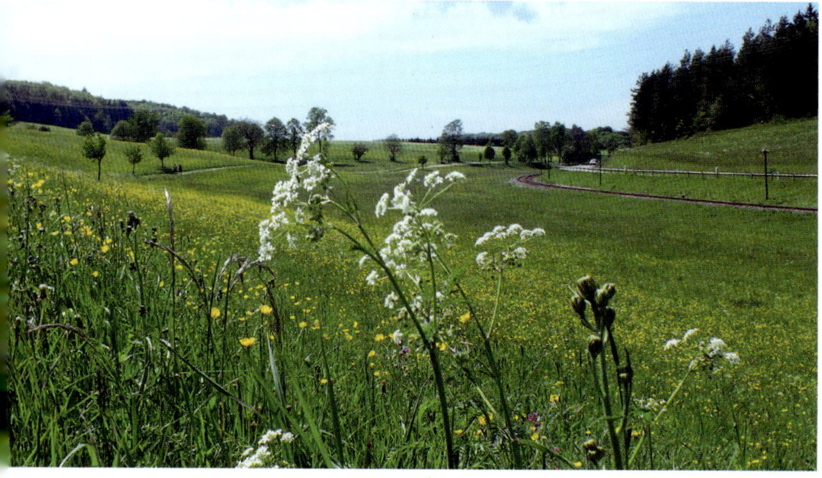

Blumenwiesen am Radweg bei Offenhausen

In Marbach fährt, wer das Gestüt und die Pferde besichtigen möchte (s. Tour 20) nach links auf die Straße – der Lautertal-Radweg führt um Marbach herum – und stößt erst am Ortsende auf die Straße. Hier die Straße überqueren und auf dem Radweg weiter nach Dapfen radeln. In der Ortsmitte von Dapfen kann, wer einkehren mag, nach rechts über die Holzbrücke einen Abstecher zum Lagerhaus an der Lauter machen. Ansonsten geht es geradeaus weiter und nach Wasserstetten.

Hier an der Brücke war einst eine der größten Schafwäschereien Süddeutschlands. Bis zu 20 000 Schafen wurden hier im Frühjahr das Fell gesäubert, damit die Wolle einen guten Preis erzielte. Die Schäfer kamen mit ihren Schafen teils von weit her aus der Pfalz oder dem Bayerischen. Eine Infotafel und ein Denkmal weisen auf den Beruf des Schafwäschers und die einstige Bedeutung der Schafzucht hin.

An der Brücke zeigt ein Schild den weiteren Weg nach Buttenhausen, an dessen Ortseingang sich ein sehr schöner und großer Rastplatz befindet. (Infos zu Buttenhausen s. Tour 20). Wir radeln weiter durchs schöne Lautertal mit seinen Felsen und Burgen über Hundersingen, Bichishausen und Gundelfingen, wo wir

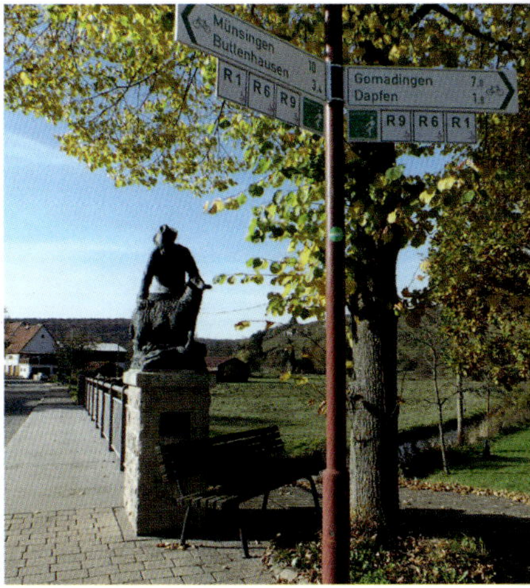

Schafwäscher-Denkmal in Wasserstetten

die Burg Niedergundelfingen umrunden (vgl. Tour 20). Knapp 2 km nach Gundelfingen stößt der Lautertalradweg auf die Straße, die nach Münzdorf und Aichelau führt. Hier verlassen wir das Lautertal, biegen rechts ab, nach rund 500 Metern noch einmal rechts und schnaufen hinauf zur Burg Derneck. Es geht steil bergauf, ist aber nicht weit.

Am Parkplatz ist auch ein Rastplatz. Der Eingang zur Burg ist ein Stück oberhalb. Durch das Tor geht es hinein in die Burganlage. Dort befindet sich ein Wanderheim, in dem man übernachten kann und die Burg-Schänke, eine

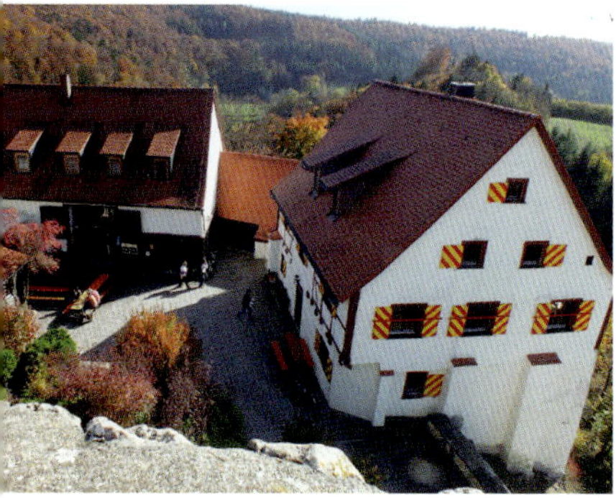

Blick auf die Burg-Schänke von Burg Derneck

kleine Wirtschaft mit einfachen Speisen, die vom Schwäbischen Albverein betrieben wird. Außerdem gibt es einen alten Bergfried, der erstiegen werden kann und von dessen Höhe aus man einen wunderbaren Blick übers Lautertal und die Schwäbische Alb hat. Ein herrlicher Platz, um Pause zu machen und sich beispielsweise einen leckeren selbst gebackenen Kuchen schmecken zu lassen.

Von der Burg Derneck aus radeln wir auf dem Sträßchen zurück bis zur ersten Kurve und hier geradeaus hinein ins Tiefental (Wanderweg gelbe Raute nach Ehestetten). Im Tiefental und Ehestetter Tal radelt es sich wunderschön durch Wacholderheide und Wald nach Ehestetten. In Ehestetten fahren wir am Schloss vorbei, an der Hauptstraße links und gleich darauf nach rechts Richtung Aichelau. Gleich nach dem Abzweig sehen wir das Gasthaus Rose, das mit seinen Speisen aus biologischem Anbau weithin bekannt ist. Auf der Straße nach Aichelau radeln wir rund 1 km bis zu einem Wegkreuz, biegen rechts ab und gleich wieder links ins Weidental. Diesem folgen wir bis kurz vor Ödenwaldstetten, dann führt das Sträßchen ein Stück bergauf und hinunter nach Ödenwaldstetten.

Hier weist in der Ortsmitte ein Schild nach rechts zum Bauernhausmuseum. Es ist in einem alten Bauernhaus untergebracht. Um 1600 erbaut, ist das Museum vom Keller bis zur Bühne voll eingerichtet. Bäuerliches Leben früherer Jahrhunderte ist hier anschaulich dargestellt. In einer großen Remise sind landwirtschaftliche Geräte ausgestellt und die alte funktionstüchtige Schmiede ist beeindruckend. Der Bauerngarten ist liebevoll angelegt und enthält eine Fülle von Heil- und Gewürzkräutern sowie Kulturpflanzen.
Öffnungszeiten: Mai bis Oktober: Mittwoch und Sonntag 14 bis 17 Uhr, in den Sommerferien auch samstags.
www.gemeinde-hohenstein.de

Vom Bauernhausmuseum geht es zurück zum Radweg, hier rechts und vor an die Hauptstraße.

Wer einkehren möchte, biegt an der Hauptstraße rechts ab und ist sofort beim Brauerei-Gasthof Lamm. Speidel's Brauereimanufaktur ist die kleinste Hausbrauerei Deutschlands. Man darf dem Braumeister über die Schulter schauen. Wer mag, kann ein Bierseminar besuchen und selbst brauen lernen. Außerdem gibt es aus der Küche schwäbische Köstlichkeiten. Übernachten kann man auch.

An der Hauptstraße geht es links, zunächst rund 1,5 km auf einem sie begleitenden Radweg, dann auf der Straße selbst nach Bernloch. Am Ende der Straße kurz vor Bernloch biegen wir rechts ab und gleich noch einmal rechts auf die Kreisstraße nach Gomadingen. Dieser folgen wir rund 2 km. Dann fahren wir an einem schönen historischen Wegweiser nach links in den Wald hinein. Nach wiederum 2 km durch Wald und Feld erreichen wir die B 312, unterqueren diese und biegen nach rechts ab auf den Radweg nach Kleinengstingen. Am Ortsbeginn von Kleinengstingen geht es auf die Bundesstraße, hinunter durch den Ort, über die Bahngleise und nach rechts zurück zum Bahnhof Kleinengstingen.

Variante:

wer von Reutlingen mit dem Radwanderbus auf die Alb gefahren ist und nach Reutlingen zurück radeln möchte, fährt nicht nach rechts zum Bahnhof, sondern geradeaus, über die Straße und links und auf diesem Weg bis zum Traifelberg. Dann auf der alten Zahnradbahntrasse hinunter ins Echaztal und auf dem Echaztalradweg über Unterhausen und Pfullingen nach Reutlingen (s. Tour 5). Das sind zwar noch rund 20 km, aber im Wesentlichen geht es nur bergab.

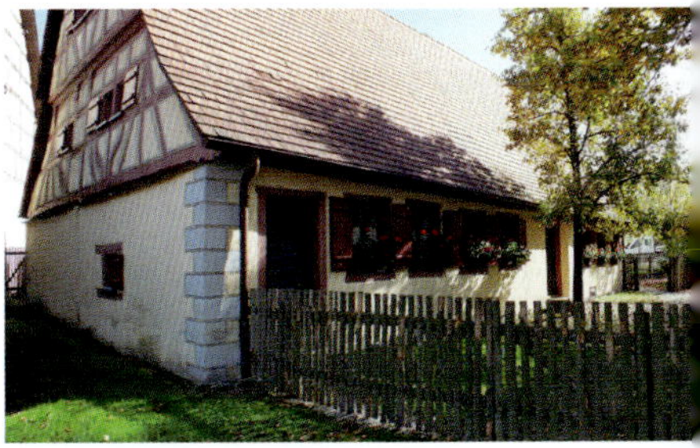

Das Bauernhausmuseum in Ödenwaldstetten

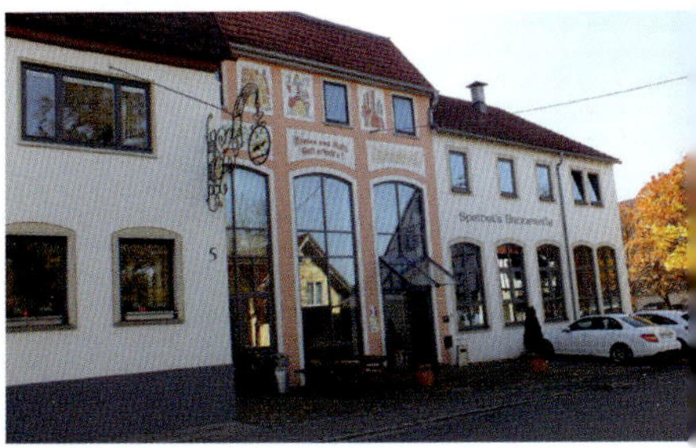

Speidels Braumanufaktur

Tour 23: Ausflug an den Bodensee
Teil 1: Durchs Laucherttal an die Donau

Mit dieser Tour folgen wir der Lauchert von der Quelle bis zu ihrer Mündung in die Donau.

Startpunkt: Reutlingen/Tübingen/Mössingen
Endpunkt: Mengen Bahnhof

Streckenverlauf:
RT Hbf / Tübingen Hbf / Mössingen Bhf – Gönningen.

Rathaus Gönningen – Roßbergsteige – Melchingen – Laucherttal bis Mündung – Donautal bis Mengen

Gesamtstrecke: 86 km

Schwierigkeitsgrad: ■
Höhendifferenz: 787 Hm 603 Tm

Dauer: 6,5 Stunden

Leichtere Variante: Mit dem Bus (nur am Wochenende) von RT nach Genkingen 70 km 370 Hm bergauf ■ und wenn man kürzere Etappen wählt ■

Einkehr- und Übernachtungsmöglichkeiten:
Landhotel Sonnenbühl Willmandingen, Hirsch Mägerkingen, Kreuz Gammertingen, Krone Hettingen, Lauchertstüble Veringenstadt, Hotel Beim Rinderwirt Sigmaringendorf

Rastplätze:
Roßbergwiesen, an der Lauchert bei Hörschwag, am Lauchertsee bei Mägerkingen, in Hermentingen und kurz vor Bingen

Mägerkingen beim Rathaus/ Gasthaus Hirsch und am Lauchertsee, Sigmaringendorf am Radweg nach Sigmaringen an der Donaubrücke, Mengen am Rathaus

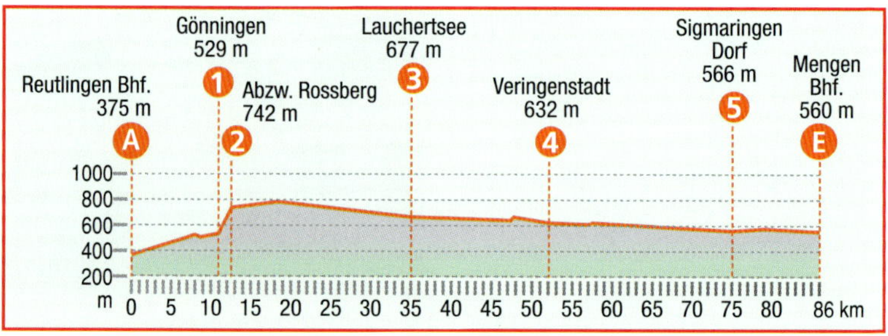

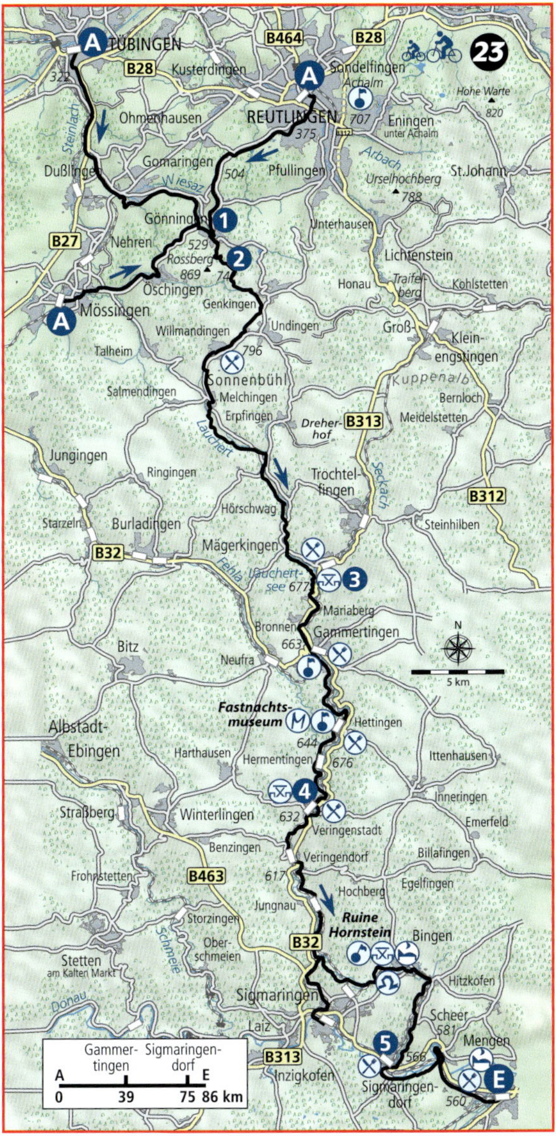
23
TÜBINGEN
Reutlingen
Sondelfingen
Achalm
707
Eningen unter Achalm
Hohe Warte 820
Ohmenhausen
Kusterdingen
Gomaringen
Pfullingen
Dußlingen
Gönningen
Nehren
Rossberg 869
Öschingen
Mössingen
Genkingen
Willmandingen
Talheim
Sonnenbühl
Melchingen
Erpfingen
Salmendingen
Undingen
Lichtenstein
Honau
Traifelberg
Kohlstetten
Groß-
Klein-engstingen
Kuppenalb
Bernloch
Meidelstetten
Dreher-hof
Jungingen
Ringingen
Trochtel-fingen
Hörschwag
Starzeln
Burladingen
Mägerkingen
Steinhilben
Lauchert-see 677
Mariaberg
Bronnen
Gammertingen
663
Bitz
Neufra
Fastnachts-museum
Hettingen
Albstadt-Ebingen
Harthausen
Hermentingen
676
644
Ittenhausen
Inneringen
Emerfeld
Straßberg
Winterlingen
632
Veringenstadt
Benzingen
Veringendorf
Billafingen
Frohnstetten
B463
617
Hochberg
Egelfingen
Jungnau
Ruine Hornstein
Bingen
Storzingen
Ober-schmeien
Stetten am Kalten Markt
Sigmaringen
Hitzkofen
Scheer
581
Laiz
Mengen
Inzigkofen
Sigmaringen-dorf
566
560
B28
B464
B27
B32
B313
B312
5 km
Gammer-tingen
Sigmaringen-dorf
A
E
0
39
75 86 km

Diese Tour ist der erste Teil einer Zweitagestour. Sie kann aber auch gut als Tagestour oder Mehrtagestour gefahren werden. Von Gammertingen, Sigmaringendorf und Mengen fahren regelmäßig Züge zurück nach Mössingen, Tübingen und Reutlingen.

Los geht's:

Von Reutlingen:

Vom Reutlinger Hauptbahnhof nach rechts wegfahren, gleich wieder links, an der E-Bike-Ladestation vorbei und geradeaus über die Karlstraße in die Metzgerstraße fahren. Kurz vor deren Ende und der Ampel nach rechts in die Jos-Weiß-Str. abbiegen, dieser an der ehemaligen Stadtmauer und einer Schule vorbei bis zum Ende folgen, dann nach links und über die Lederstaße und die Echaz fahren. Direkt danach rechts abbiegen, bergauf radeln, auf Höhe des Parks links in die Fahrradstraße Bellinostraße fahren. Nach ein paar Metern rechts in die Paul-Pfizer-Straße wechseln – Wegweiser Freibad. Nach der Schule links und gleich wieder rechts. Die Peter-Rosegger-Str. überqueren und in einem Bogen zur Ringelbachstraße fahren. Hier rechts, am Supermarkt nochmal rechts und geradeaus am Parkplatz Kreuzeiche, dem Fußballstadion und später dem Bogenschießplatz vorbeifahren – Wegweiser Gönningen. Bergauf nach Gönningen und dort zum Rathaus in der Ortsmitte fahren.

Von Tübingen:

Anfahrt bis Gönningen und weiter bis Hörschwag (s. Tour 15).

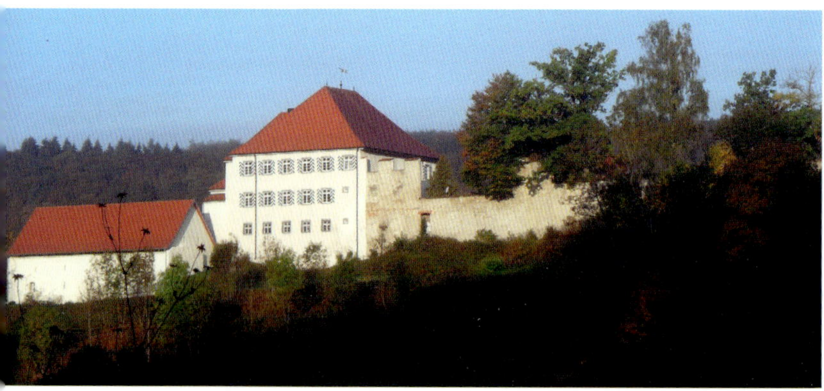

Schloss Hettingen

Von Mössingen:
Vom Bahnhof Mössingen fahren wir geradeaus weg, beim Rathaus vorbei und über die Kreuzung. Dieser Straße folgen wir zuerst geradeaus und dann den Schildern zur Ortsmitte. Wir radeln am Altenheim vorbei den Hügel hinauf und nach rechts auf die Straße nach Talheim und Öschingen. Am Ortsende wechseln wir nach links auf den Radweg nach Öschingen. Von Öschingen folgen wir der Radwegbeschilderung nach Gönningen bis zum Rathaus.

Am Rathaus Gönningen fahren wir geradeaus, die Roßbergsteige hinauf und folgen ab hier der Beschreibung von Tour 15 bis Hörschwag. In Hörschwag biegen wir rechts ab und fahren dann die zweite Möglichkeit nach links. Der Radweg führt gut ausgeschildert durchs Laucherttal weiter zum Lauchertsee bei Mägerkingen.

Der Lauchertsee ist ein schön angelegtes Freizeitgelände.

Wer keine Pause machen will, biegt schon vor dem See über die Brücke nach rechts ab und bleibt weiter auf dem Laucherttalradweg Richtung Mariaberg. Unterhalb von Mariaberg überqueren wir die Straße und fahren weiter nach Gammertingen. An der mittelalterlichen Befestigungsanlage und am Schloß vorbei radeln wir durch

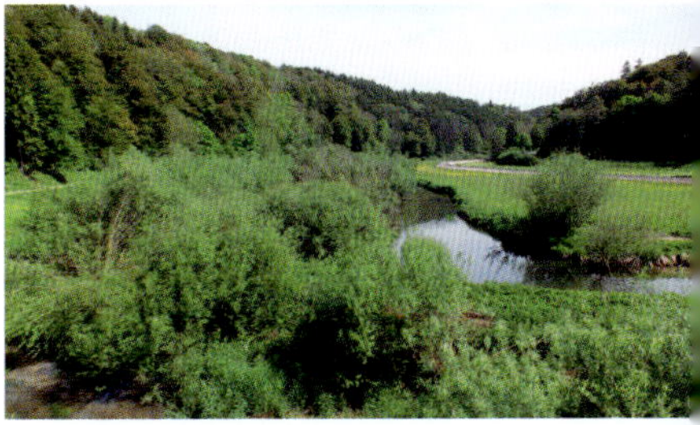

Im Tal der Lauchert

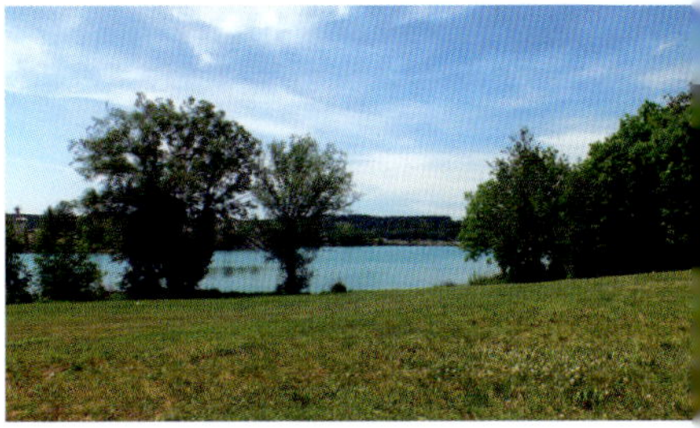

Der Lauchertsee bei Mägerkingen

den Ort und biegen an der Lauchert nach rechts ab, der wir ortsauswärts und weiter nach Hettingen folgen. Hier sehen wir schon von weitem das Schloss.

Schloss Hettingen liegt in beherrschender Lage auf einem Felsrücken östlich der Stadt. Von der mittelalterlichen Burganlage der Grafen von Gammertingen-Hettingen ist die hohe Schildmauer im Norden erhalten. In der ehemaligen Zehntscheuer des Schlosses befindet sich das Fastnachtsmuseum.
Aktuelle Öffnungszeiten:
www.fastnachtsmuseum-narrenburg.de

Wir radeln auf dem Radweg durch den Ort und weiter an Bahnlinie und Bach entlang nach Veringenstadt und Veringendorf. In Veringendorf überqueren wir die Straße und die Lauchert und fahren ein kurzes Stück auf der Straße nach Hochberg den Berg hinauf. Nach 500 m zweigt der Laucherttalradweg nach rechts ab. An der Bahnlinie geht es weiter nach Jungnau. Wir überqueren die Bahnlinie, nicht jedoch die Lauchert und bleiben weiter im Tal. Nach 3 km heißt es aufpassen: der Radweg nach Sigmaringen biegt nach rechts ab. Wer mit Tour 25 von Sigmaringen nach Überlingen an den Bodensee weiterfahren möchte, biegt hier nach rechts ab und folgt dem Radweg durch den Sigmaringer Stadtwald bis zur Altstadt und zum Schloss. Wir fahren jedoch nach links bergauf in den Wald hinein. Nach weiteren 1,5 km durch den Wald führt der Weg links unter der Bahnlinie hindurch und dann geradeaus weiter an der Lauchert entlang. Wir erreichen eine Straße, auf die wir nach links abbiegen. Kurze Zeit später liegt rechts der Wanderparkplatz Bittelschießer Täle.

Wer möchte, kann von hier aus zu Fuß eine kleine Expedition zur Bittelschießer Höhle und ins Bittelschießer Täle unternehmen. Vor der Eiszeit floss hier die Urdonau hindurch. Durch den Rückzug eines Moränengletschers haben sich Landschaft und Flusslauf verändert, die Donau fand hier

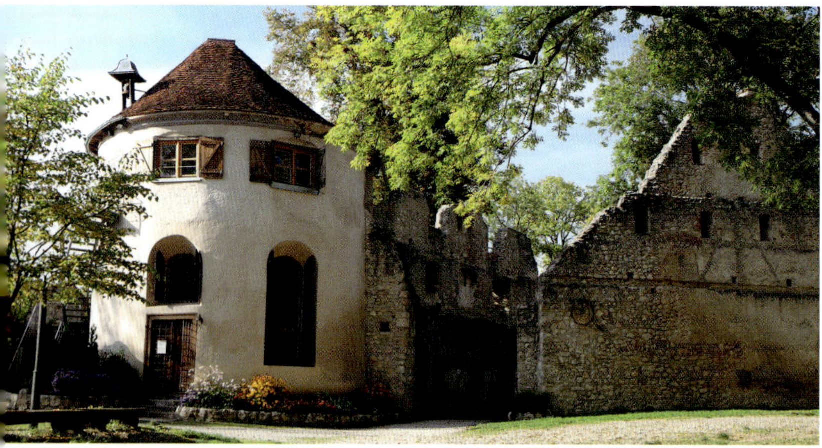

Ruine Hornstein

keinen Weg mehr. Die Lauchert wiederum hat jede Menge dafür getan, den ganzen eiszeitlichen Moränenschutt wieder abzutragen. Heraus kam, was heute zu sehen ist: ein zerklüftetes, schmales Tal, eine Klamm, wie sie in unserer Region sehr selten ist.

Wir folgen weiter der Straße, überqueren die Bahnlinie, fahren nach 200 m rechts und nach weiteren 500 m wieder rechts auf die Kreisstraße nach Bingen.

Und schon gibt es den nächsten Abstecher, diesmal für Burgfans. Vom Wanderparkplatz kann, wer mag, zu Fuß zur Ruine Hornstein aufsteigen. Im 13. Jahrhundert erbaut, im 18. Jahrhundert zu einem stattlichen Barockschloss erweitert und umgebaut, war es im 19. Jahrhundert vorbei mit der großen Zeit. Zeitweilig „Zucht- und Besserungsanstalt" wurde die Burg Hornstein 1873 zum Abbruch verkauft. Zum Glück hat sich 1987 ein Förderverein gefunden, der der Ruine neues Leben eingehaucht hat. Sie bietet heute mit ihren alten Gemäuern, Türmen und Winkeln die Kulisse für zahlreiche Veranstaltungen wie Ritterspiele, mittelalterliche Märkte, Kinderaktivitäten und das große Burgfest. www.ruine-hornstein.de

Auf der Straße fahren wir weiter nach Bingen, in der Ortsmitte rechts, an der Landesstraße

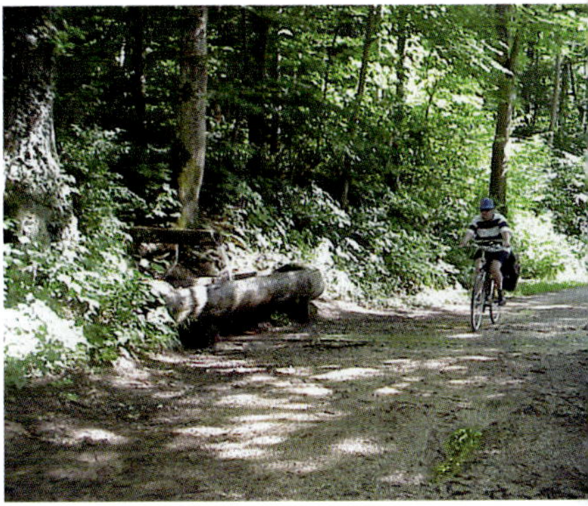

Radweg zwischen Sigmaringendorf und Scheer

links und auf ihr durch den Ort und weiter nach Hitzkofen. In Hitzkofen biegen wir an der Kreuzung scharf nach rechts ab auf den Radweg nach Laucherthal und folgen dort der Radweg-Beschilderung nach Sigmaringendorf. In Sigmaringendorf fahren wir bis zur Donaubrücke, überqueren den Fluss und biegen nach der Brücke links ab. Nach 500 m können wir, wenn wir nach links schauen, sehen, wie die Lauchert in die Donau mündet. Wir haben sie schließlich praktisch von der Quelle bei Willmandingen bis zu ihrer Mündung in die Donau begleitet. Ab jetzt fahren wir auf dem sehr gut ausgeschilderten Donauradweg über Scheer nach Mengen und dort zum Bahnhof oder ins Hotel.

Tour 24: Ausflug an den Bodensee Teil 2: Pfrunger Ried und Rotachtal

Diese Tour führt durchs Ostrachtal, das Naturschutzgebiet Pfrunger-Burgweiler-Ried, das autofreie Rotachtal an den Bodensee nach Friedrichshafen und ist an Naturschönheit fast nicht zu überbieten.

Startpunkt: Mengen Bahnhof
Endpunkt: Friedrichshafen

Streckenverlauf:
Mengen Bhf – Bremen – Ostrach – Wilhelmsdorf – Urnau – Oberteuringen – Ailingen – Friedrichshafen

Gesamtstrecke: 61 km

Schwierigkeitsgrad:
Höhendifferenz: 254 Hm 407 Tm
Kürzere Etappe

Dauer: 4,5 Stunden

Einkehr- und Übernachtungsmöglichkeiten:
Landhotel Hirsch Ostrach, Bräuhaus Zußdorf, Landgasthof „Zum Goldenen Kreuz" Pfrungen, Traube Ailingen, CAP Rotach Friedrichshafen – integrativ geführter Campingplatz mit Miethütten und Ferienzimmern

Rastplätze:
Kiesgrube im Ostrachtal, am Bannwaldturm im Pfrunger Ried, am Naturschutzzentrum Wilhelmsdorf, im Rotachtal

Badeplätze:
Kiesgrube im Ostrachtal, beim CAP Friedrichshafen im Bodensee, Seebad Friedrichshafen

Ostrach StangenSchmid beim Bahnhof, Wilhelmsdorf Naturschutzzentrum, Friedrichshafen Nähe Parkhaus am See

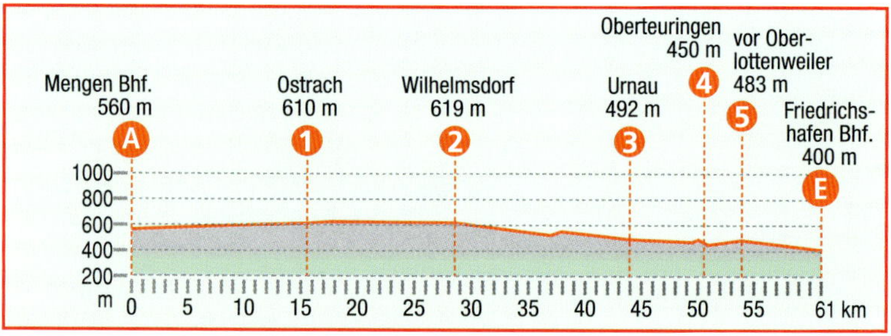

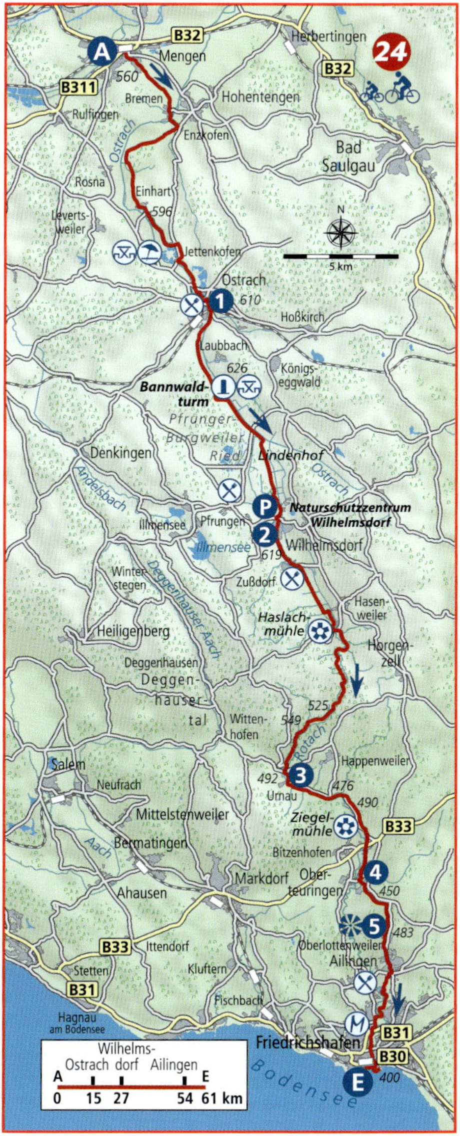
24
A
Mengen
B32
Herbertingen
B311
Bremen
Hohentengen
Rulfingen
Enzkofen
Bad Saulgau
Ostrach
Rosna
Einhart
596
Leverts-weiler
Jettenkofen
N
5 km
Ostrach
1
610
Hoßkirch
Laubbach
626
Königs-eggwald
Bannwald-turm
Pfrunger-Burgweiler Ried
Lindenhof
Denkingen
Andelsbach
Naturschutzzentrum Wilhelmsdorf
P
Illmensee
Pfrungen
2
Wilhelmsdorf
Illmensee
619
Winter-stegen
Deggenhauser Aach
Zußdorf
Hasen-weiler
Haslach-mühle
Heiligenberg
Horgen-zell
Deggenhausen
Deggen-hauser-tal
525
Witten-hofen
549
Rotach
Salem
Happenweiler
492
3
476
Neufrach
Urnau
490
Mittelstenweiler
Ziegel-mühle
B33
Aach
Bermatingen
Bitzenhofen
4
Markdorf
Ober-teuringen
Ahausen
450
5
483
B33
Ittendorf
Oberlottenweiler
Ailingen
Stetten
Kluftern
B31
Fischbach
Hagnau am Bodensee
B31
Friedrichshafen
B30
E
400
Bodensee
Wilhelms-
Ostrach dorf Ailingen
A E
0 15 27 54 61 km

Los geht's: Vom Bahnhof Mengen fahren wir geradeaus über die Straße auf einen Fuß- und Radweg, der nach ein paar Metern in die Bahnhofstraße mündet. An deren Ende biegen wir halblinks auf die Beizkofer Straße ab und dann an der dritten Möglichkeit nach rechts in die Bremer Straße. Dieser folgen wir aus der Stadt hinaus über die Felder nach Bremen.

In Bremen geht es auf der Hauptstraße weiter nach Enzkofen und dort in der Linkskurve nach rechts ab auf den Radweg nach Ostrach. Diesem folgen wir mit schönem Blick über Riedlandschaft und Ostrachtal durch den Weiler Einhart bis zur Kiesgrube.

Hier gibt es einen netten Bade- und Rastplatz.

Nach der Kiesgrube biegen wir rechts ab auf die Kreisstraße nach Jettkofen, im Ort links und radeln weiter den Radschildern folgend nach Ostrach. In Ostrach geht es auf der Sigmaringer Straße nach links ab, an der Hauptstraße rechts, am Gasthaus Hirsch vorbei, danach links und hinunter an die Ostrach. Hier rechts und durch das Ostrachtal zum Bannwaldturm, von dem aus man einen herrlichen

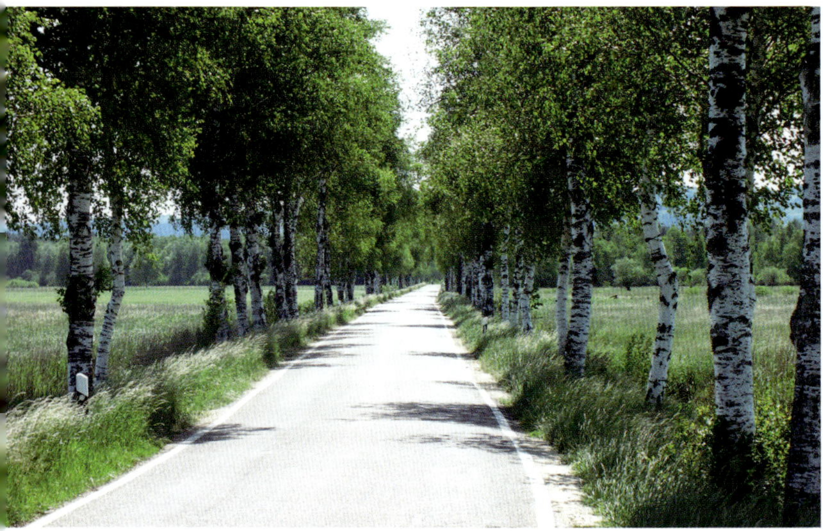

Birkenallee im Pfrunger-Burgweiler-Ried

Blick über das Pfrunger-Burgweiler Ried hat. Am Turm geht es links und durch das Ried zu einem Rastplatz an der Kreisstraße zwischen Riedhausen und Pfrungen. Über die Straße, an der Weggabelung rechts und weiter zum Lindenhof. Hier geradeaus und weiter wunderschön durch das Ried zum Naturschutzzentrum Wilhelmsdorf.

Das Pfrunger-Burgweiler-Ried ist nach dem Federsee das zweitgrößte zusammenhängende Moorgebiet Südwestdeutschlands. Es ist eine einzigartige Moorlandschaft, die von zum Teil sehr seltenen Pflanzen und Tieren bewohnt ist. Schilf, Birken und feuchte Moorwälder kennzeichnen das Naturschutzgebiet. Neue Wanderwege und Beobachtungsplattformen ermöglichen einen ungestörten Blick über das Ried und die Vögel, die dort zu finden sind.

Am Wanderparkplatz kurz vor dem Naturschutzzentrum Wilhelmsdorf kann man einen kleinen Abstecher zu Fuß auf einen Riedlehrpfad machen, der sozusagen das Pfrunger Ried en miniature vorführt. Das Naturschutzzentrum selbst liegt kurz danach auf der rechten Seite des Sräßchens. Die ständige Ausstellung des Naturschutzzentrums spannt den Bogen von der geologischen Entwicklung über die Kulturgeschichte bis hin zur Naturkunde des Pfrunger-Burgweiler-Rieds. Dies wird durch eine Sammlung paläontologischer und archäologischer Fundstücke untermauert und veranschaulicht, denn das Ried war schon zur Steinzeit besiedelt. Durch die interaktive Ausstellung Moor erleben – mit dem Moorkäpsele werden Kinder zur spielerischen Auseinandersetzung mit der Natur und zu selbstständigen Naturbeobachtungen angeregt. Gegenüber des Naturschutzzentrums befindet sich ein Spiel- und Kletterplatz für Kinder, der mit viel Naturmaterialien und Pflanzen gestaltet wurde.

Öffnungszeiten der Ausstellung:
Di bis Fr 13.30–17 Uhr, Sa + So 10–17 Uhr.
www.pfrunger-burgweiler-ried.de

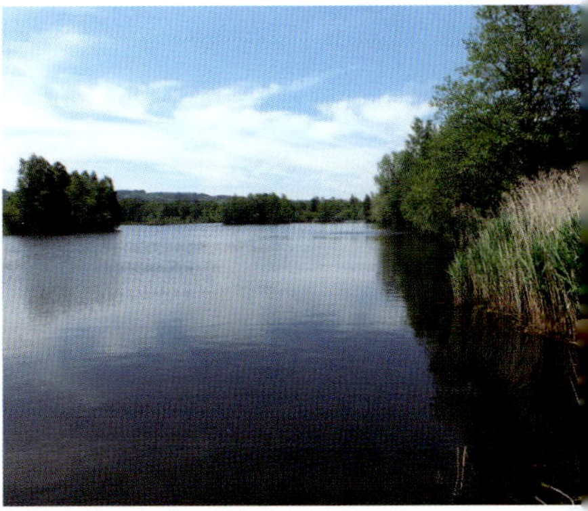

Pfrunger-Burgweiler-Ried

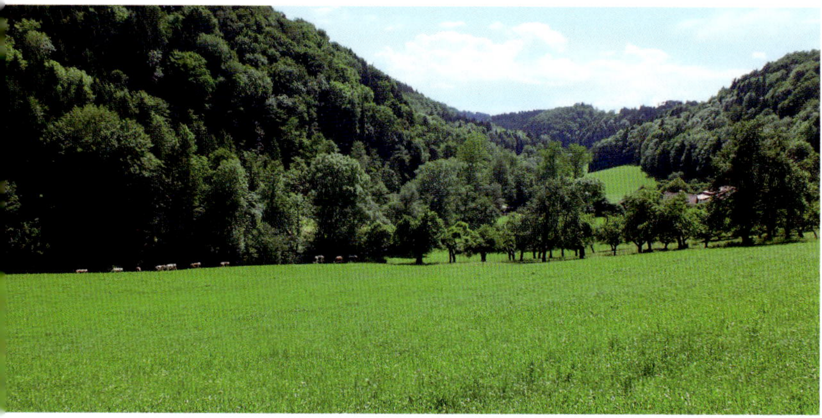

Im Rotachtal

Nach dem Naturschutzzentrum biegen wir nach rechts auf die Riedhauser Straße ein und folgen ihr bis zum Zentrum von Wilhelmsdorf. Dort radeln wir im Kreisel um die Kirche herum, nehmen die zweite Straße nach rechts und folgen ihr nach Zußdorf.

Wer Lust auf einen schönen Biergarten und gutes Essen hat, ist im Bräuhaus Zußdorf richtig.

Wir folgen der Straße durch Zußdorf und biegen am Ortsende rechts ab auf den Donau-Bodensee-Radweg, dem wir eine gute Weile treu bleiben werden. An der Haslachmühle fahren wir links über die Rotach und dann rechts. Diesem Sträßchen folgen bergauf und bergab. Ab dem Schullandheim ist der Radweg nach Urnau durch das Rotachtal autofrei.

Die Rotach schlängelt sich hier durch ein enges Tal, das sich immer mal wieder kurz weitet. Hier haben Bauern dem Wald jeweils ein Stück Kulturlandschaft abgewonnen. Wie mühselig das früher war, kann man hier noch gut erkennen. Heute genießen wir Radler oder Wanderer den Weg durch Wald und Wiese entlang der Rotach.

Am Ortsende von Urnau geht es rechts und an einem Kleintierfriedhof vorbei zum Fuchstobel. Hier geradeaus auf dem neuen Radweg bis zur Brücke über die Rotach fahren und dann auf die Straße wechseln. Kurz nach der Ziegelmühle nach rechts auf die Kreisstraße nach Neuhaus und Oberteuringen abbiegen. Die B 33 überqueren, in Oberteuringen am

Gasthaus Hirsch vorbei fahren, danach rechts und kurz darauf an der Kirche links in die Pfaffenbergstraße auf den Radweg nach Ailingen abbiegen. Ab dem Ortsende von Oberteuringen verläuft der Radweg parallel zur Straße nach Ailingen.

Kurz vor Ailingen, in Oberlottenweiler, empfiehlt es sich, kurz anzuhalten und zu schauen. Das Panorama ist überwältigend. Zu Füßen liegt einem hier der Bodensee und Friedrichshafen, gegenüber das Appenzeller Land und die Berge mit Säntis und Churfürsten.

In rasanter Fahrt geht es dann hinunter nach Ailingen. Am Kreisel biegen wir nach rechts ab und gleich wieder links auf den Radweg nach Friedrichshafen, dem wir bis in die Stadt hinein oder zum Bahnhof folgen. Vom Bahnhof Friedrichshafen gibt es stündlich eine Zugverbindung über Aulendorf nach Mössingen, Tübingen und Reutlingen.

Wer in Friedrichshafen noch Zeit und Lust hat, setzt sich in eines der Cafés am See, besucht das Zeppelinmuseum oder fährt mit dem Schiff hinüber in die Schweiz nach Romanshorn. Denn auch dort gibt es für Radfahrer viel zu entdecken. Aber, um mit einem leicht abgewandelten Zitat aus Michael Endes *Die unendliche Geschichte* zu schließen: „Das sind andere Touren. Von denen ein andermal erzählt werden kann."

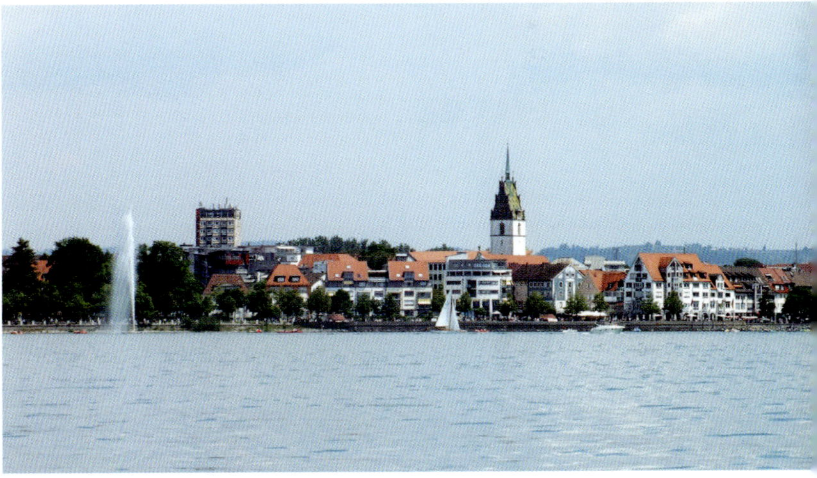

Bodensee – Friedrichshafen

Tour 25: Ausflug an den Bodensee
Teil 3: Von Sigmaringen nach Überlingen

Erstaunlich, wie viele der Rückmeldungen, die ich zur ersten Auflage dieses Buchs erhalten habe, die Tour zum Bodensee zum Thema hatten. Immer wieder erreichte mich die Frage, ob ich auch einen schönen Weg nach Überlingen an den Bodensee wüsste. Natürlich! Mehrere sogar. Diese Tour führt zu einer mittelalterlichen Klosterstadt, die noch im Aufbau ist: der Campus Galli. Weiter geht es durch ein schönes Naturschutzgebiet und von dort hinauf nach Hohenfels mit dem Korbinian-Brodman-Museum und dem schönen Naturbad, das manche aus meinem Buch *Radtouren Bodensee mit Hinterland* schon kennen.

Startpunkt: Bahnhof Sigmaringen
Endpunkt: Bahnhof Überlingen

Streckenverlauf:
Sigmaringen Bhf – Inzigkofen – Campus Galli – Meßkirch – Hohenfels – Nesselwangen – Überlingen Bhf

Gesamtstrecke: 55 km

Schwierigkeitsgrad:
Höhendifferenz: 490 Hm 651 Tm
wenn man
kürzere Etappen wählt

Dauer: 4 Stunden

Übernachtungsmöglichkeiten:
Traube Sigmaringen, in Überlingen Bürgerbräu, Ochsen und Campingplatz Nell

Einkehrmöglichkeiten:
Parkstüble Inzigkofen, auf dem Campus Galli, Froben am Schloss in Meßkirch, Naturbad Hohenfels

Badeplätze:
Naturbad Hohenfels
Strandbad Überlingen

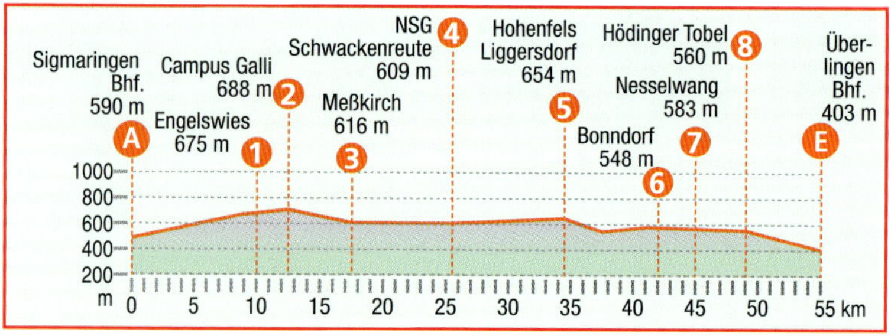

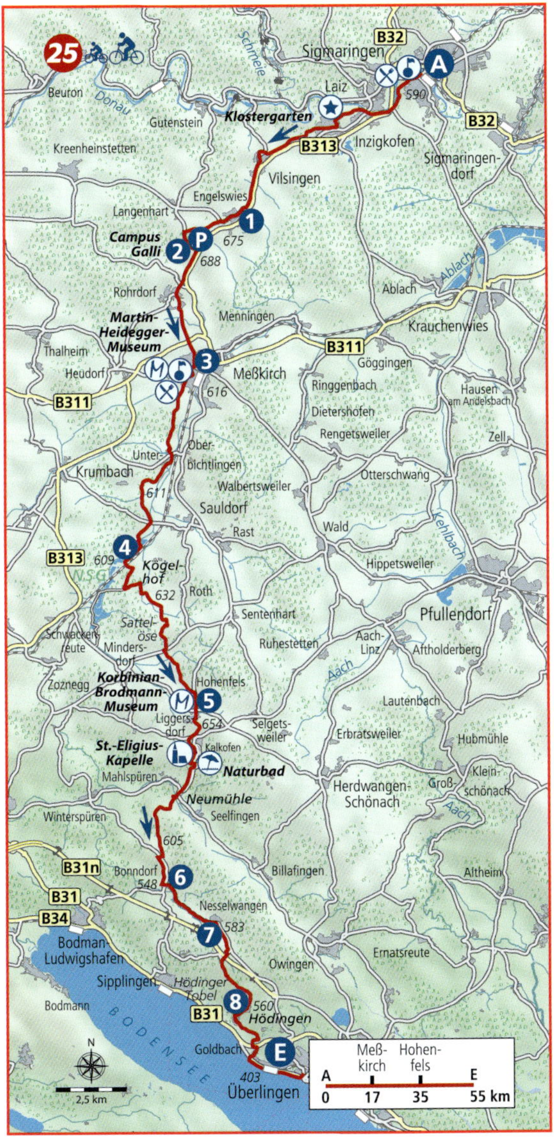
25
Sigmaringen
B32
A
590
Laiz
Klostergarten
B313
Inzigkofen
Sigmaringendorf
Beuron
Donau
Schmeie
Gutenstein
Kreenheinstetten
Vilsingen
Engelswies
Langenhart
1
675
Campus Galli
2
P
688
Rohrdorf
Martin-Heidegger-Museum
Menningen
Ablach
Krauchenwies
B311
3
Meßkirch
616
Thalheim
Heudorf
Göggingen
Ringgenbach
Dietershofen
Rengetsweiler
Hausen am Andelsbach
Zell
Oberbichtlingen
Unter-
Krumbach
611
Walbertsweiler
Otterschwang
Sauldorf
Rast
Wald
Kehlbach
4
609
B313
WSG
Kögelhof
632
Roth
Hippetsweiler
Sentenhart
Pfullendorf
Sattelöse
Schwackenreute
Mindersdorf
Ruhestetten
Aach-Linz
Aftholderberg
Aach
Zoznegg
Korbinian-Brodmann-Museum
Hohenfels
5
Liggersdorf
654
Selgetsweiler
Lautenbach
Erbratsweiler
Hubmühle
St.-Eligius-Kapelle
Kalkofen
Naturbad
Mahlspüren
Herdwangen-Schönach
Groß-
Klein-schönach
Neumühle
Seelfingen
Winterspüren
605
B31n
Bonndorf
548
6
Billafingen
Altheim
B31
B34
Nesselwangen
583
7
Bodman-Ludwigshafen
Owingen
Ernatsreute
Sipplingen
Hödinger Tobel
8
560
Hödingen
Bodmann
BODENSEE
B31
Goldbach
E
403
Überlingen
N
2,5 km
Meß-kirch
Hohen-fels
A
E
0
17
35
55 km

Los geht's: Vom Bahnhof in Sigmaringen geht es rechts und gleich darauf links in die Altstadt und zum Schloss.

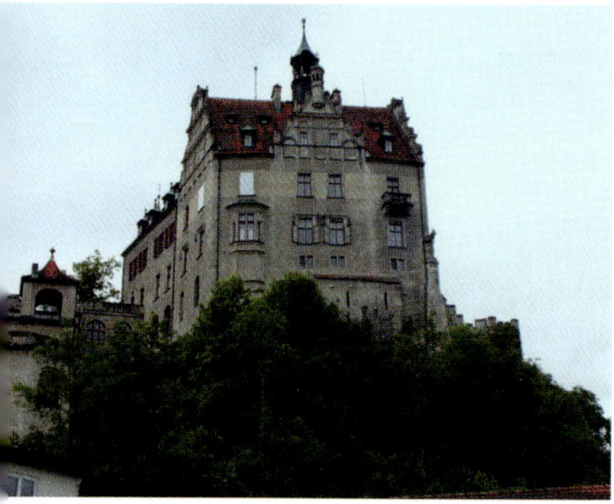

Schloss Sigmaringen

Exponiert liegt es auf einem Felssporn über dem Donautal. Burgtor, Palas und Bergfried stammen aus der Stauferzeit, das Hauptschloss ist deutlich jünger und wurde im Stil der Renaissance erbaut. Ende des 19. Jahrhunderts ist das meiste davon abgebrannt, sodass ein Nachbau erforderlich war. Das Schloss kann im Rahmen einer Führung besichtigt werden. Aktuelle Öffnungszeiten: www.hohenzollern-schloss.de

Wir radeln am Schloss vorbei geradeaus durch die Altstadt. Unten an der Kreuzung geht es halb links auf den Donautal-Radweg Richtung Laiz. Am Ufer der

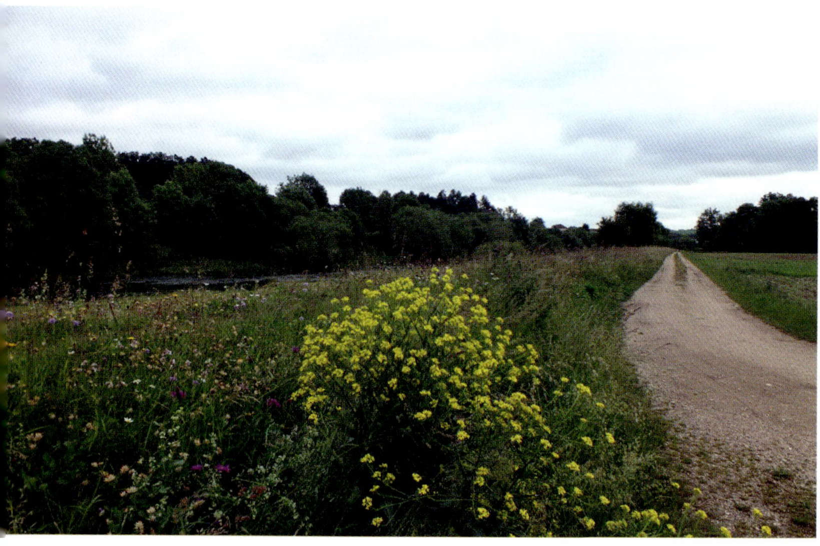

Schön radelt es sich an der Donau entlang

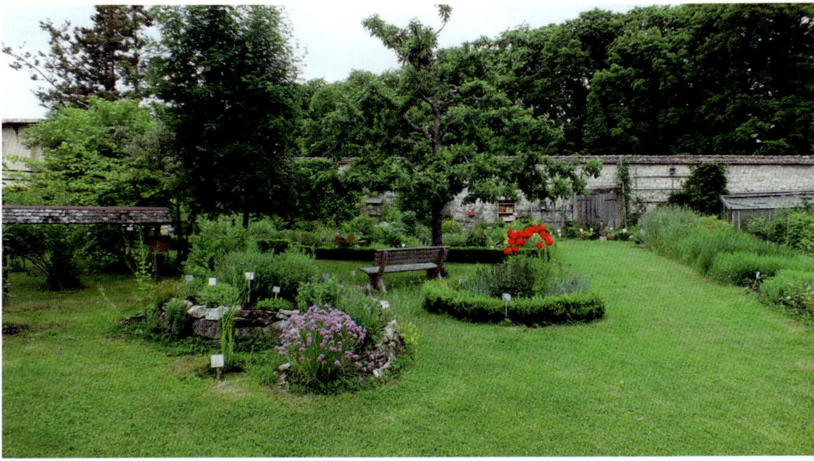

Der Klostergarten bei Schloss Inzigkofen

Donau entlang führt der Weg stadtauswärts. In Laiz überqueren wir die Straße und folgen den Schildern nach Inzigkofen.

In Inzigkofen fährt, wer dem Klostergarten, der wirklich sehenswert ist, einen Besuch abstatten möchte, nach rechts und erreicht diesen nach ein paar Metern.

Ansonsten geht es links, dann nach rechts und geradeaus bis zum Waldrand – Wegweiser nach Vilsingen. Auf der Höhe radelt es sich mit schönem Blick über die Landschaft nach Vilsingen und von dort weiter nach Engelswies. Am Ortseingang von Engelswies geht es rechts auf die Kreisstraße nach Langenhart, der wir durch den Ort und aus ihm hinaus bis zu einer Rechtskurve und einem

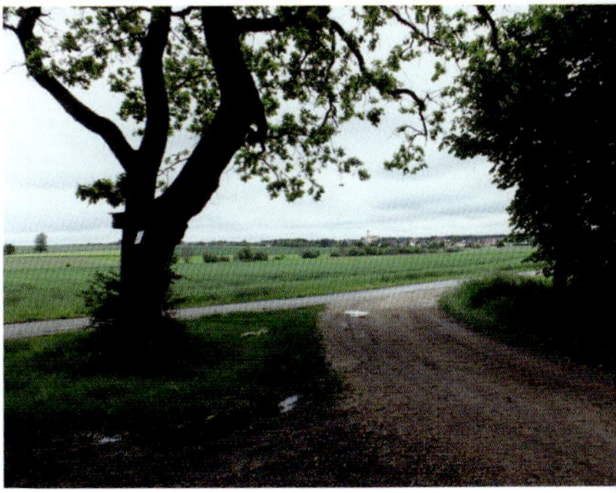

Auf dem Weg nach Engelswies

Wegkreuz folgen. Hier radeln wir geradeaus und folgen dem Weg rund 1,5 km bis zur Kreisstraße, die Langenhart mit der B 313 verbindet. Wir biegen links ab und sehen kurz darauf auf der rechten Seite den Parkplatz und den Eingang zum Campus Galli.

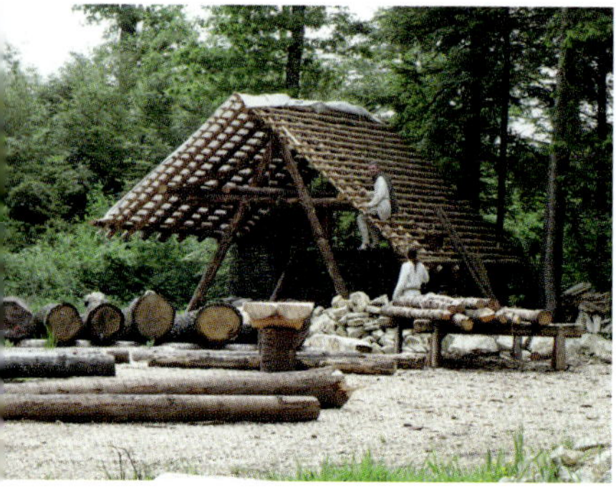

Campus Galli – Ein Dach wird gedeckt

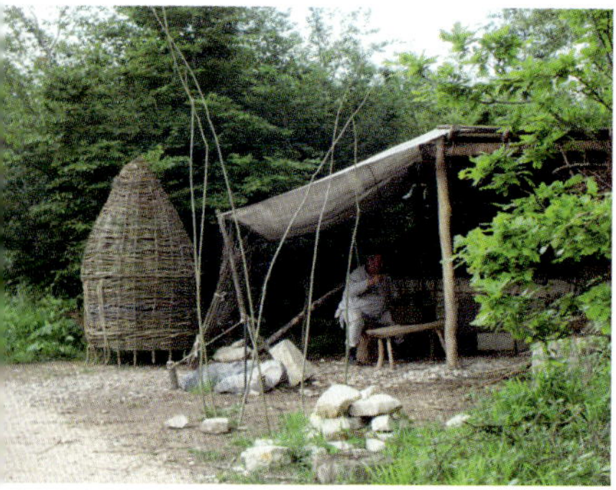

Campus Galli – Beim Korbflechter

Im Campus Galli wird eine karolingische Klosterstadt nach dem Vorbild eines einzigartigen Klosterplanes von Sankt Gallen aufgebaut. Er ist die älteste überlieferte Architekturzeichnung Mitteleuropas. Gezeichnet wurde der Plan von Mönchen vor 830 n.Chr. auf der Insel Reichenau. Der Clou: Es darf nur mit den technischen Möglichkeiten, die das 9. Jahrhundert bot, gebaut werden! Alle Baumaterialien wie Stein, Lehm und Holz werden direkt auf der Baustelle gewonnen. Bei einem Rundgang kann man Handwerkern – vom Korbmacher über den Schindelmacher zum Seiler – bei der Arbeit zusehen. Mitten auf dem Gelände befindet sich ein Markt, wo auch für Bewirtung gesorgt ist. So wird das Mittelalter lebendig. Aktuelle Öffnungszeiten auf: www.campus-galli.de

Vom Campus Galli aus radeln wir an der Kreisstraße entlang bis vor zur Bundesstraße. Hier geht es rechts nach Rohrdorf und dort geradeaus weiter nach Meßkirch. In Meßkirch biegen wir rechts ab zum Schloss.

Das Schloss beherbergt unter anderem ein Museum, das dem Philosophen Martin Heidegger gewidmet ist. Neben einer Lebenschronik werden die wichtigen Stationen der philosophischen Entwicklung Heideggers vorgestellt. Werke von Otto Dix und Georges Braque sind zu sehen, die mit ihm befreundet waren. Kleinere Abteilungen der Ausstellung befassen sich mit den Themen „Heidegger als Sohn Meßkirchs" und „Heidegger und die Kunst". Auch seine Verstrickung mit dem Nationalsozialismus ist Thema. Öffnungszeiten: Freitag bis Sonntag und Feiertag 14 bis 17 Uhr, www.messkirch.de.

Durch einen Torbogen geht es in den wunderschönen Schlosspark, den wir geradeaus durchqueren und durch ein weiteres kleines Tor verlassen. Hier fahren wir auf der Straße „Am Feldweg", die nach an einem Gedicht von Heidegger benannt wurde, geradeaus aus Meßkirch hinaus – Wegweiser Schwäbischer Alb Radweg. Wir durchqueren Unterbichtlingen und kommen ins Naturschutzgebiet Schwackenreute, das mit kleinen Seen, Feuchtgebieten und seltenen Pflanzen durchzogen ist. Mitten drin weiden Kühe. An einem kleinen Parkplatz geht es links über die Bahnlinie und gleich darauf rechts durch einen Wald. Nach 700 Metern schwenkt der Schwäbische-Alb-Radweg nach rechts ab. Wir fahren hier links, an einem Gehöft rechts. Nach 250 Metern führt der Weg wieder links am Kögelhof vorbei. Nach dem Hof biegen wir rechts ab auf ein kleines Sträßchen. Am Wegkreuz rund 600 Meter später geht es rechts zur Sattelöse hinauf. Hier rechts und weiter bis zur Kreisstraße, die Mindersdorf mit Sentenhart verbindet. Hier rechts und gleich wieder links auf eine kleine Straße, die uns mit schönem Blick über den Linzgau nach Liggersdorf bringt – Wanderwegweiser Liggersdorf. In Liggersdorf biegen wir auf die Hauptstraße nach rechts ein und lassen die Räder den Berg hinunter rollen. In der Ortsmitte, kurz vor dem Abzweig der Straße nach Mindersdorf, befindet sich an einem kleinen Platz auf der rechten Seite das Rathaus.

Im Obergeschoss des Rathauses ist das Korbinian-Brodmann-Museum untergebracht. Korbinian Brodmann aus Liggersdorf war ein Pionier der Hirnforschung, ein Wissenschaftler von internationalem Format. Er war der erste Forscher, der topographische Karten des Gehirns erstellte. Sein Buch *Vergleichende Lokalisationslehre der Großhirnrinde* aus dem Jahre 1909 ist heute noch – nach über hundert Jahren! – ein Standardwerk für Hirnforscher. Seine Karten gelten als Grundlage, verschiedene Funktionen und Fähigkeiten den einzelnen Hirn-

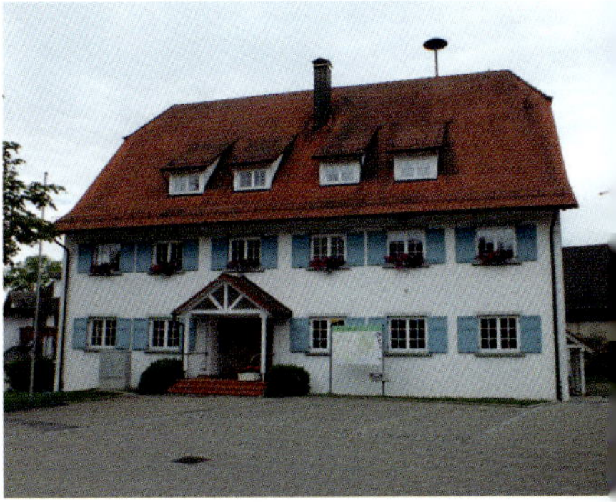

Das Korbinian-Brodmann-Museum im Rathaus Liggersdorf

arealen zuzuordnen. Mit welchen zum Teil primitiven Methoden ihm dies gelang, wie viel Arbeitseinsatz, Fleiß und Begeisterung dafür nötig waren, kann man beim Besuch des Museums erahnen. Das Museum wurde unter viel ehrenamtlichem Engagement aufgebaut und 2009 eröffnet. Es enthält Informationen zum Leben und Werk Brodmanns, Durchlichtbilder, Druckfahnen, Werkzeuge sowie ein speziell angefertigtes Hirnschnittmikroskop. Öffnungszeiten nach Vereinbarung, gerne auch für Einzelpersonen und kurzfristig möglich, Kontakt Tel. 015202071320, www.brodmannmuseum.de

Vom Museum der Straße geradeaus weiter zum Ortsteil Kalkofen folgen. Vor dem Ort befindet sich links ein ehemals stattliches Gebäude, das Haus Schernegg. Hier wuchs Korbinian Brodmann auf. Rechts sehen wir eine kleine Kapelle, die Sankt-Eligius-Kapelle. Von dort hat man einen schönen Blick über den Linzgau und hinüber zum Hegau. Dann führt die Straße rasant bergab durch Kalkofen und geradeaus weiter.

Wer zum Naturbad möchte, biegt kurz vor dem Ortsende nach links ab und folgt dem Wegweiser. Nach rund 500 Metern ist das Naturbad erreicht, in dem man im Übrigen auch wunderbar (ohne Badebesuch) einkehren kann. Das Naturbad ist eine Erfolgsgeschichte bürgerschaftlichen Engagements. Aus Kostengründen hätte das damalige Freibad 2004 geschlossen werden sollen. Gemeinsam hat man sich an die Arbeit gemacht

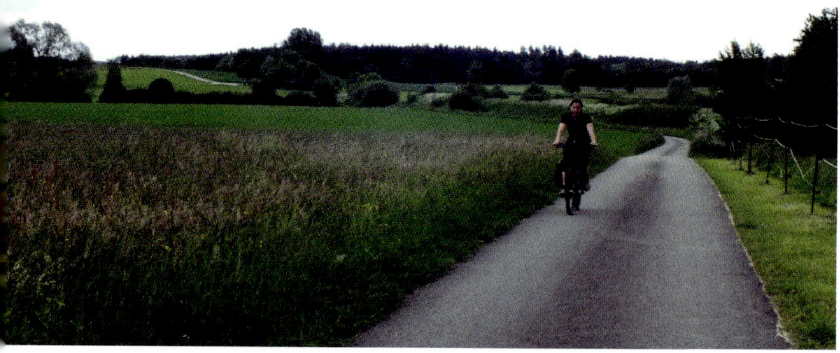

Auf dem Weg nach Hohenfels

und ein Bad errichtet, das gänzlich ohne Chemikalien auskommt und sich selbst reinigt. Schöner als zuvor lädt das Naturbad zum Baden ein, die liebevoll gepflegten Blumen drum herum sind eine Augenweide, die Aussichtsterrasse der Wirtschaft herrlich.
Aktuelle Öffnungszeiten auf:
www.naturbad-hohenfels.de

Vom Naturbad fährt man über den Parkplatz und einen kleinen Weg hinunter an die Straße. Hier biegen wir links auf den Radweg ab und lassen das Rad den Berg hinunter rollen. Fast schon unten im Tal angekommen, macht die Straße eine Rechtskurve. Hier geradeaus weiter zur Neumühle fahren, dann rechts und gleich darauf links über die Brücke der Mahlspürer Aach. Wir folgen dem Sträßchen bergauf, hinein in den Wald, an der Kreisstraße links und hinunter nach Bonndorf. In Bonndorf radeln wir auf der Kreisstraße weiter Richtung Überlingen nach Nesselwangen. Rund 1 km nach Nesselwangen führt ein Radweg nach rechts weg von der Kreisstraße, dem wir folgen. Nach Überquerung der B 31 radeln wir nach links weiter Richtung Hödingen.

Wer dem Hödinger Tobel einen Besuch abstatten möchte, biegt am Ortseingang rechts ab in den Fichtenweg. An seinem Ende die Räder abstellen und zu Fuß nach rechts auf den Wanderweg zum Hödinger Tobel gehen. Es ist nicht weit. Eine kleine Brücke wird erreicht. Hier kann der Bach überquert werden. Wer mag, folgt dem Weg ein Stück bergab in den Tobel hinein. Der tiefe Einschnitt kam durch Wassererosion nach der Eiszeit zustande. Spektakulär stürzt sich der Bach zu Tal. Auf einer Länge von 2 km bewältigt er das Gefälle, für das der Rhein die Strecke vom Kaiserstuhl bis zur Nordsee braucht. Über Eisentreppen auf den Felsen führt der Weg nah am Wasser entlang. Auf demselben Weg geht es zurück zu den Rädern und vom Fichtenweg zurück auf den Radweg.

In Hödingen radeln wir geradeaus an der Kirche vorbei durch den Ort und folgen dem Sträßchen hinunter nach Goldbach. In Goldbach biegen wir links auf die Kreisstraße und radeln auf dem Bodensee-Radweg die restlichen 2 km bis nach Überlingen. Zum Bahnhof in Überlingen gelangt man am Eingang der Altstadt nach links, am Stadttor vorbei zum Kreisel, und hier nach rechts. Nach ein paar Metern ist rechts der ZOB und der Bahnhof erreicht. Zur Promenade und zu den Kursschiffen am Landeplatz geht es geradeaus und am Ende der Fußgängerzone rechts.

Register

Mit Eva Eckstein unterwegs ...

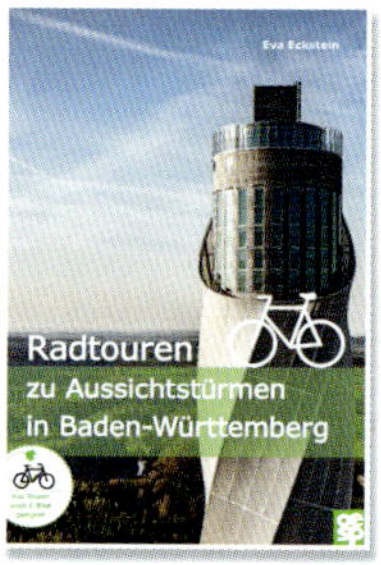

ISBN
978-3-96555-095-7

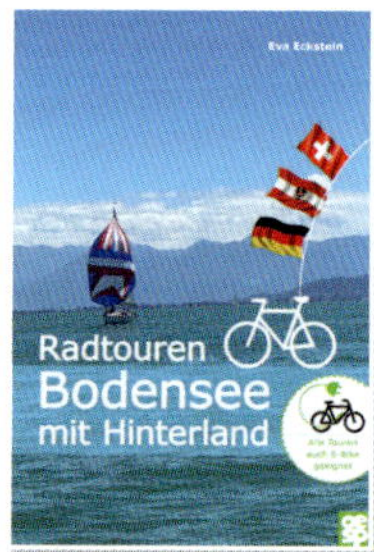

ISBN
978-3-88627-346-1

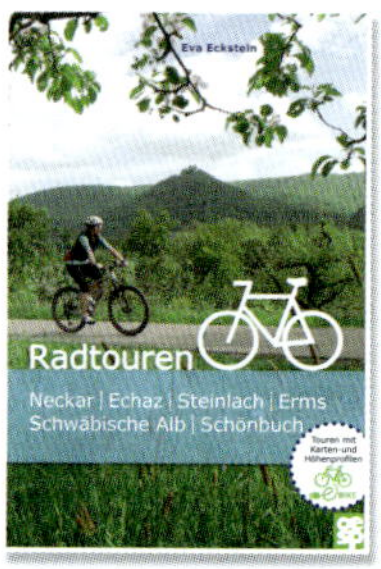

ISBN
978-3-96555-189-3

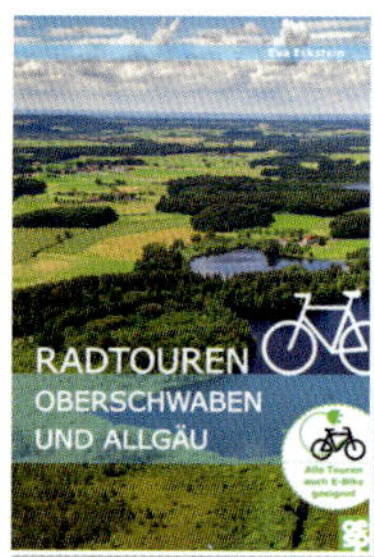

ISBN
978-3-96555-003-2

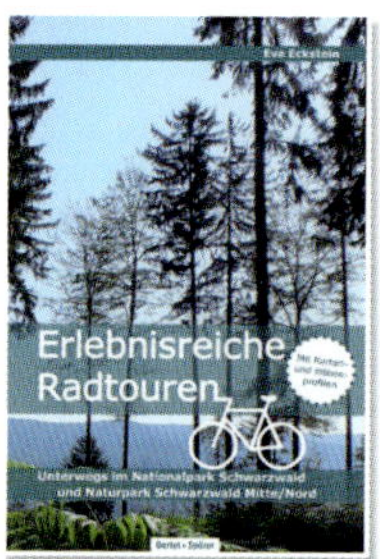

ISBN
978-3-88627-776-6

www.oertel-spoerer.de

Bildnachweis

Titelbild: Pesch Graphic Design
Sämtliche Fotos von Eva Eckstein, bis auf:
Jürgen Meyer: S. 20, 21, 35, 87, 88, 98, 100, 101, 120, 121, 132; Emanuel Schürer: S. 22; Stadtverwaltung Bad Urach: S. 23; Gemeinde Gomadingen: S. 28, 29; Gerlinde Trinkhaus: S. 46; Gemeinde Lichtenstein: S. 47; Gemeindeverwaltung Gomaringen: S. 58; Roland Bengel: S. 62, 63, 69, 70; Heiner Keller: S. 64; Stadt Herrenberg: S. 68; Kloster Bebenhausen: S. 71; Werner Reischmann: S. 2; Steffen Schlüter: S. 83; Philipp Förder: S. 86; WTG Rottenburg Tourismus Fotografin Marlies Wagner: S. 89, 95; Stadt Hechingen: S. 94; Paul Bossenmaier: S. 106; www.foto-keidel.de: S. 107; Villa Rustica: S. 110; Oliver Mitsch: S. 112 unten; Archiv Stadt Schelklingen: S. 131; Stadt Blaubeuren: S. 133; Stadtverwaltung Hettingen: S. 142: Förderverein Ruine Hornstein e.V.: S. 144; Stadt Scheer: S. 145.

Kartografie: Anneli Nau, München

Alle Angaben dieses Werkes wurden von der Autorin sorgfältig recherchiert sowie vom Verlag geprüft. Für die Richtigkeit der Angaben kann jedoch keine Haftung übernommen werden.
Für Hinweise und Anregungen sind wir jederzeit dankbar.

5., akt. Auflage 2025
Postfach 1642, 72706 Reutlingen

Layout und Satz: Uhl + Massopust, Aalen
Druck und Einband: FINIDR, s.r.o., Tschechische Republik
ISBN 978-3-88627-986-9